따뜻한 신앙인들

따뜻한 신앙인들

정직하고 성실한 그리스도인으로 사는 법

신앙의 뿌리를 재점검하다

크리스천투데이

머리말

먼저 책을 펴낼 수 있도록 믿음과 지혜와 감동을 주신 하나님께 감사와 영광을 돌립니다.

특히 책을 출간할 수 있도록 기도해 주시고 편찬에 최선을 다해주신 크리스천투데이 신문사 이종원 사장님과 직원들에게 뜨거운 감사를 드립니다. 아울러 조선일보와 경향신문, 부산일보에도 감사드리며, 서울 연신교회 이순창 목사님께도 깊은 감사를 드립니다.

그리고 현재 필자가 근무하고 있는 부산 미용고등학교 재단이사장이신 박진길 교장선생님께 진심으로 감사드리며, 늘 사랑해주시고 도와주시는 학교 선생님들과 학교를 위해 수고하시는 종사자 모든 분들에게 깊은 감사를 드립니다.

그리고 늘 곁에서 지켜봐주시고 아낌없는 격려와 충고, 그리고 사랑해 주신 부산 덕천교회 성도님들과 예장 통합 부산남노회 목사님, 장로님 그리고 남노회 모든 성도님들에게 감사를 드립니다. 덕천교회를 개척하시고 창립하신 故 양경열 목사님과 사모님, 아들 양충석 목사님과 박효숙 사모님에게도 감사드립니다. 특히 부산진구 성안교회 장태수 목사님과 당회, 그리고 김수한 안수집사님과 족구 선교회 회원들, 모든 성도님들에게 감사를 드립니다.

진주 사범부속초등학교 제23회 동창생들에게도 진심으로 감사드립니다. 친척들인 정중상(박선자, 정욱, 정은욱), 정시권(박선애, 정성, 정진, 정철), 김영권, 박신애, 김수미, 김창성), 박신규(김미숙, 박종은, 박창화) 등에게도 감사를 드립니다. 특히 조광수(김이심) 박병준(조윤미, 박시언, 박시우, 박시아) 딸 현미와 남편 조윤호, 외손자 조한결과 조한겸, 아들 대웅과 아내 조은혜, 손녀 예원, 은혜의 부모님 조중우·정다복, 그리고 제 아내 박신자를 비롯하여 사랑하는 가족 모두에게도 감사를 드립니다.

부산 부전역 매주 목·금요일마다 무료급식을 함께해 온 우정도 목사님과 오진환 사장님, 대원들에게 감사를 드립니다. 부산 덕천3동 지구촌교회 김용희 목사님과 매주 토요일마다 무료급식을 함께 하는 성도님들에게 감사를 드립니다.

위암으로 투병 중이던 필자를 위해 많은 수고를 아끼지 않으셨던 부산 세계로 병원 이승도 박사님께도 감사를 드리며, 불철주야 사랑으로 간호해 주신 간호사님들과 종사자들에게 감사를 드립니다. 그리고 덕천동 이계실 원장님께도 감사를 드립니다.

늘 말씀으로 충고해주시고 위로 해주시는 범어중앙교회 배춘일 목사님, 청석교회 박영계 목사님께도 감사를 드립니다. 그리고 제주에서 신앙생활을 하고 계시는 김혜정 집사님에게 감사를 드리며, 사직동교회 이달호 은퇴장로님에게도 감사를 드립니다.

필자는 경남 진주 출생으로 초등학교 3학년 시절 옆방에 사는 두 모녀께서 일 년 중 하루도 빠짐없이 새벽기도회에 나가시는 모습에 감동하여, 어머니와 함께 진주시 계동 구세군교회에서 처음으로 신앙생활을 하게 되었습니다.

어린 저를 신앙생활을 잘 할 수 있도록 물심양면으로 도와주시고 믿음으로 이끌어주시며 기도해주신 진주 구세군교회 목사님과 김영림 전도사님, 박판구 정교, 한춘자 부교, 하숙자 부교, 김형갑 정교, 그리고 성도님들에게 진심으로 깊은 감사를 드립니다. 특히 장길선 어머님의 병간호를 위해 물심양면으로 도와주신 구세군 사관님을 비롯하여 정교님, 부교님들에게 감사를 드리며, 김선애, 황주호, 이강희 당시 청년에게도 깊은 감사를 드립니다.

어린 시절 가난과 외로움 속에 꿋꿋이 신앙생활을 하면서, 훗날 어렵고 힘든 이들을 위해 봉사하며 살겠다는 소박한 꿈을 실천하기 위해 부족하지만 지금까지 나눔과 배려의 삶을 살았고, 부르심 받는 그 순간까지 최선을 다해 피와 땀과 눈물을, 아파하는 세상을 위해 따뜻한 신앙인으로 살아갈 것입니다.

그리고 저를 위해, 자신의 행복을 뒤로 한 채, 훌륭하게 키워주신 장길선 어머니께 이 책을 바칩니다. 끝까지 효도를 다하지 못한 불효를 진심으로 하나님께 회개하며, 지면을 통해 심려를 끼쳤던 지난 일에 대해 깊이 반성하며, 앞으로 더욱 하나님의 영광과 이웃을 위해 최선을 다해 섬길 것을 다짐합니다.

저는 신앙생활을 하면서 아파하고 힘들어했던 지난 시절을 회상하며, 현재 교회가 안고 있는 문제들을 소신껏 전하고 싶어 글을 쓰게 되었습니다. 부족하지만 함께 간증하는 시간들이 되었으면 좋겠습니다.

이 땅에 일궈놓은 선배들의 신앙의 뿌리를 다시 한 번 재점검하며, 초대교회의 정신으로 돌아 갈 수 있는, 순교의 정신과 거듭나는 변화의 시간들이 되기를 갈망하며, 이 땅에 모든 신앙인들의 가슴속에 따뜻한 믿음의 신앙인들이 되어, 아파하는 세상을 향해 주님의 위로와 사랑을 전달하며, 다짐하는 귀한 은혜의 시간이 되기를 간절히 소망하며 인사를 드립니다.

감사합니다.

이효준 은퇴장로 드림
부산 덕천교회 장로
임직: 1998년 10월 25일
은퇴: 2010년 11월 28일

목차

추천사

이 세상 어디에도 우리 인간에게 있어서 하나님 말씀보다 더 귀하고 소중한 것은 없을 것이다. 왜냐하면 하나님께서는 말씀으로 천지만물을 창조하셨고(창 1장), 세상을 끊임없이 위협하는 혼돈과 흑암의 세력을 말씀으로 제어하셨기 때문이다.

또한 말씀으로 인간의 고통과 질병을 치료하시고 말씀이라는 수단을 통하여 인간과 대화하시며, 무엇보다도 하나님께서는 말씀 자신으로서(요 1:1) 우리를 죄와 사망의 권세에서 구원하시기 위하여 친히 육신을 입고 오셨다.

진정 하나님 말씀은 우리의 구세주이신 예수님만큼이나 신비하고 가치 있는 것임을 생각하게 된다.

이 책에 수록된 수십 편의 주옥 같은 메시지는 남쪽 부산에서 지역사회와 교회, 노회, 그리고 어려운 이웃들을 묵묵히 섬겨 왔던 이효준 장로께서 지난 수 년간 지역의 성도와 크리스천투데이를 통해, 나아가 일천만 성도 향해 보내신 메시지이다.

이효준 장로님의 글은 언제나 정감 있는 말씨를 사용하고, 누구나 알아듣기 쉬우며, 지루하지 않고 감동적이다.

그래서 이 책의 글을 통해 고향의 외삼촌같이 포근한 인품의 장로님을 만나 뵙는 기쁨도 감격도 맛보게 될 것이다.

이효준 장로님의 글에 한 가지 특징적인 요소가 있다면, '언중유언(言中有言)'이라는 격언에서도 볼 수 있듯, 순하디 순한 장로님의 글에서 이따금 날

카롭게 드러나는 예언자적 메시지라 할 수 있다.

특히 반기독교적 정서와 포스트모더니즘이 이 한국 사회를 위협하고 있는 현 상황에서, 그리고 하나님을 믿는다고 말하면서도 진정한 기독교적 삶의 실천이 없어 비난받고 있는 오늘의 시대적 경향 속에서, 이 시대를 사는 기독교인들이 실천해야 될 참되고 성경적인 윤리적 가치가 무엇인가를 예리하게 제시하고 있다.

이 점에서 우리는 이효준 장로님의 글은 단지 한 교회의 장로로서가 아니라, 이 시대 한국교회를 향해 외치는 예언자적 메시지라고 할 수 있다.

아무쪼록 이 책의 글을 접하는 모든 분들이 이효준 장로님의 훌륭한 신앙과 그리고 삶의 비전을 통해 새로운 용기와 위로을 얻고, 한걸음 더 나아가 장로님이 만나뵌 놀라우신 주님을 더욱 감동적으로 만나뵐 수 있는 계기가 되시길 기대하면서, 부족한 추천의 글을 마친다.

배춘일 목사(범어중앙교회)

추천사

따뜻한 봄 소식과 더불어 우리 사회를 훈훈하게 해줄 한 권의 책이 세상으로 나오게 됨을 진심으로 축하드립니다. 오랜 직장생활을 마무리하고 편안하게 쉬어도 좋을 시기에 또 다시 교육현장에 지원하여, 학생들의 등하교길 안전지도와 학교 주변 교통지도와 환경 정화를 위해 고군분투하시는 모습을 보며 늘 고맙게 생각하고 있습니다.

종교적으로 신앙심이 두터워 착실하게 기도생활을 하는 모습은 늘 타인의 귀감이 되며, 우리 사회 곳곳의 제반 문제에도 관심을 가지고 열심히 글을 쓰고 신문에 투고하며 적극적인 태도로 사회의 변화와 발전을 위하여 노력하는 모습은 교직자로서도 배우고 본받아야 할 행동이라고 생각해 왔습니다.

부디 세상을 향해 외치는 이 바른 소리 하나 하나가 여러 사람의 공감을 얻어, 우리 사회가 조금이라도 변화 발전할 수 있는 또 하나의 밑거름이 되기를 기원합니다.

박진길
부산미용고등학교 재단이사장
부산미용고등학교 교장

추천사

사명자의 삶으로 부여받은 달란트를 존경과 축복의 열매로 맺어 가시는 장로님의 앞길에 무궁한 광영을 기원합니다. 매주 하나님이 주신 말씀의 길 안에서 우리 삶의 순간 순간과 우리 사회 요소 요소를 신앙의 고백으로 풀어내는 기쁨은 말씀의 설렘으로 기다리는 한 주 한 주가 행복했습니다.

이제 그 은혜의 알맹이들을 모아 오래오래 기억될 작품으로 완성하여 세상으로 보내 함께하는 즐거움을 누리고자 합니다. 교회 안에만 모셔둘 보물이 아니라 세상으로 나아가 더 큰 빛으로 비추어야 할 말씀의 보석들이 더 당당하고 강하게, 더 큰 울림으로 전파되길 기원합니다.

장로님의 말씀은 언제나 어리석은 자신을 돌아보며 기도하게 하고, 한없이 연약한 자신을 들여다보게 하고, 교만함의 순간을 회개하게 합니다. 장로님의 희생은 언제 어디서나 세상에 보내신 하나님의 뜻을 깨닫게 하는 힘을 지녔습니다.

따뜻한 봄날 찾아와 온 천지를 꽃향기로 덮어버린 봄꽃의 향기처럼, 보이지는 않지만 세상을 변화시키는 선두 자리를 내내 지키시기를 바라며, 더 큰 사랑과 은혜의 마음을 담아 축복합니다.

김수한
부산 미용고등학교 교감
부산 성안교회 피택장로

제1장

아름다운 신앙인들

KBS 1TV에서 방영된, 의료 선교인들의 하늘

주일이자 크리스마스 이브를 맞아 집에서 TV를 틀었는데, 우연히 KBS 1TV에서 특집으로 방영하는 프로그램을 시청했습니다. 그런데, 캄보디아 의료선교에 대한 내용이 나오고 있었습니다. 놀라움을 금치 못했습니다. 오후 9시 20분부터 방영된 '성탄특집 UHD 다큐 어꾼 헤브론'이었습니다.

천주교나 불교 관련 내용은 자주 방영되는 것을 목격했지만, 우리 개신교 관련 내용을 TV에서 본 것은 실로 오랜만이었습니다. 우리 개신교의 미담들도 공영방송 프로그램에서 더 많이 방영됐으면 하는 생각을 하고 있었는데, 때마침 방영되어 참으로 감격했습니다.

이는 참으로 개신교를 알리는데 큰 역할을 할 것이고, 하나님의 복음 전파에도 엄청난 파급 효과를 기대할 수 있는 프로그램이었습니다. 그러므로 향후 지속적으로 이어져 나가야 할 것입니다.

최근 우리 개신교의 현실이 사면초가와 같은 처지에 있다는 것은, 신앙인이라면 누구도 부인할 수 없을 것입니다. 문제는 시청률입니다. 이러한 프로그램을 방영하기 전에 한국 모든 교회에 알려, 가급적 성도들이 이 프로그램을 많이 시청할 수 있도록 적극 홍보를 해야겠습니다.

프로그램을 기획하는 방송국 내 신우들에게도 큰 격려가 될 뿐 아니라 힘도 실리게 되어, 하나님의 복음을 전하는데 큰 효과를 기대할 수 있을 것입니다. 그러므로 함께 힘을 모아야 할 것입니다.

캄보디아 프놈펜에 세워진 헤브론 병원 설립자이신 김우정 장로님께서는 서울에서 20여년간 소아과 병원을 운영하던 중견 의사였습니다. 서울 회현동 충무교회에 시무하시며, 가톨릭대 의대를 졸업하고 평생 아이들과 함께해 온 인생이었습니다. 2004년 우연한 기회에 캄보디아 의료선교를 갔다 온 것이, 그에게는 인생의 전환점이 되었습니다.

그곳에서 짧게 의료봉사를 하던 중 접하게 된 캄보디아인들의 모습은 너무나 참혹했습니다. 하지만 그럼에도 불구하고 아이들의 천진난만한 눈동자는 그에게 무척 인상적이었습니다. 그는 모든 것이 풍족하고 보장된 한국에서의 편안한 생활보다, 자신을 필요로 하는 수많은 환자들에게 마음을 빼앗겨 버렸습니다.

결국 한시가 급하게 그곳에 가기로 마음을 굳혔습니다. 그런 결심에도, 아내에게 동의를 받아내야 하는 어려움이 있었습니다. 하지만 아내 박정희 선교사는 이내 동의해 줬고, 오지의 땅에 헤브론 병원을 설립하게 됩니다.

"양화진에 가면 '나에게 천 개의 목숨이 있다면'이라고 시를 쓴 선교사님도 있어요!"라고 말씀하시는 선교사님을 보면, 존경을 넘어 나 자신이 부끄러워집니다.

그는 지금의 연세대학교처럼 훗날 현지인들에게 이 헤브론 병원을 물려주고 고국으로 돌아올 계획입니다. 현지인들을 위해 간호대학을 설립하면서, 정상적인 병원으로 운영될 수 있을 때까지 열심히 의료선교를 통해 복음을 전하시겠다는 선교사님의 그 열정은 참으로 우리의 가슴을 뭉클 하게 합니다. 아무나 할 수 없는, 그리고 갈 수 없는 그 길을 당당히 걸어가시는 김우정 선교사님께 격려의 박수를 보내드립니다.

지금으로부터 120-130년 전, 우리나라에도 많은 선교사들이 들어오셨습니다. 그 중 4분의 1이 의료선교사였다고 합니다. 당시 건립한 광혜원을 비롯해 지금의 연세세브란스 병원과 많은 학교와 고아원을 설립하고 헌신하셨기에 오늘의 우리가 있습니다.

그들의 희생 덕분에 헐벗고 가난하던 빈민의 나라에서 오늘날과 같은 부강한 나라가 되어 행복하게 살고 있음을 부인할 수 없습니다. 그러므로 우리도 받은 만큼 그 은혜를 나누는 나라가 되어, 국내는 물론 해외로 복음을 전파하는데 소홀함이 없어야겠습니다.

"상처와 아픔의 땅" 캄보디아에 10년 전에 가셔서 사랑과 헌신, 희생을 통해 하나님 나라를 확장시키시는 선교사님 부부의 활동은 우리에게 많은 감동을 안겨줍니다. 김우정 선교사님은 선교사가 되겠다고 꿈꾸고 생각해 본 적이 없었다고 합니다. '선교사'라는 이름은 그에게 오랫동안 낯설고 아득한 말이었다고 합니다. 그럼에도 불구하고 캄보디아 헤브론 병원 안에 거처를 정하여 가난한 환자들을 치료하고 돌보며, 병원까지 오기 힘든 환자들은 시골로 직접 찾아가 건강 상태를 점검하며 치료까지 해 주고 계십니다.

특히 캄보디아는 국민의 96%가 불교신자들입니다. 광야처럼 낯설은 미지의 땅에서 부모와 형제, 친지들을 멀리 떠나, 인생의 소욕과 그 설계를 신앙 속에 묻어버리고, 오직 성령에 이끌려 2006년 1월 부인 박정희 선교사와 함께 캄보디아에 정착하여 의료 선교사들과 연합하여 헤브론 병원을 세운 김우정 선교사. 그 외에도 이름도 빛도 없이 헌신하는 선교사들의 이야기들을 듣다 보면, 밤새 이야기해도 끝이 없습니다.

2014년 8월에는 심장센터를 개설하여, 지금까지 1백 명이 넘는 환자들을 이곳에서 수술을 해줘 생명을 구했습니다. 선천적 기형 장애로 진료는 고사하고 약조차 받지 못해 평생 심장질환으로 고통받던 환자들에게는 그야말로 한 줄기 빛과 같은 기쁜 소식 아닐까요? 이 의료선교의 복음은 아마 영혼과 육체가 통하는 통로가 있다는 증거가 아닐까 싶습니다.

우리 성도들은 예수님처럼 자기를 비우고 굴복시키며 철저히 낮아져서 종이 되어야 합니다. 놀라운 것은 하나님의 역사를 연구하면 할수록, 주님을 닮아 종이 되려는 이들을 통해 진정한 성령의 역사가 나타났다는 것입니다. 하지만 오늘 이런 낮아짐의 풍경은 점점 사라져, 보기조차 힘들어졌습니다. 하나님은 그 모습들을 보고 한탄하며 슬퍼하시는 것입니다.

지금 우리나라 안에도 많은 기독교 병원들이 있습니다. 부산 사직동 세계로병원은 정말 기독교 정신에 입각한 아름다운 병원입니다. 국내와 해외를 넘나드는 의료선교를 통해 하나님의 복음을 실천하는 아주 훌륭한 병원입니다. 그럼에도 아직 기독교인들 중 그 병원을 모르는 분들이 많아 참으로 안타깝습니다.

세계로병원은 설립자 이승도 박사님을 비롯해 정현기 병원장 외 진료과장 17명을 포함한 133명이 믿음의 지체들과 공동체를 이루고 있는 곳입니다. 세계로병원은 매년 해외 단기선교를 무려 6차례나 실시하고 있으며, 약 2,000명의 선교사들을 무료로 치료했습니다. 특히 신앙인 간호사들이 마치 천사처럼 헌신적이고 열정적인 모습으로 환자들을 보살피고 있습니다.

신앙인들은 성탄과 연말연시를 맞아, 주님이 주시는 따뜻한 마음을 품고 가난하고 소외되고 고통받는 이웃들에게로 시선을 옮겨, 주님께서 강조하셨던 '선한 사마리아인'이 되어야 하겠습니다.

아기 예수님께서는 태어나실 때 자신을 대신해 많은 아이들이 희생당하였음을 슬퍼하셨습니다. 그 살육의 장본인인 헤롯왕처럼 자신의 영욕에 눈이 멀어, 많은 이들의 가슴에 대못을 박는 처참한 일은 없어야겠습니다.

하지만, 오늘날 마치 헤롯왕처럼 많은 성도들의 영혼을 병들게 하며 떠나가게 하는 종들이 있습니다. 이들 때문에 실로 심령이 고통스럽다고 하소연하는 교회 성도들이 있습니다. 하루 하루가 비탈길 같은 신앙생활이라고 외칩니다. 성탄의 목적과 뜻을 모르는 종이 아닌가 싶기도 합니다. 그런 분이라면 아예 목자의 길을 떠나야 하지 않나 싶습니다.

국내로 해외로 하나님의 복음을 위해 무던히 애쓰시는 종들이 있습니다. 우리는 그들을 위해 기도하며, 물심양면으로 협력해야 할 것입니다. 자신의 영욕과 안일을 위해 헛된 시간을 낭비하지 말고, 하나님의 복음사업인 소외되고 멸시천대 받는 이웃을 향해 다가가야 하겠습니다.

김우정 선교사, 이승도 박사와 같은 종들을 대단한 분으로만 생각지 말고, 나 자신도 안주하는 신앙에서 벗어나 주님의 따뜻한 감동을 품는다면 그 대열에 합류할 수 있을 것입니다. 사랑하는 김우정 선교사 내외분, 그리고 이승도 박사님 같은 분들이 많이 탄생되면 좋겠습니다. 모든 신앙인들이 따뜻한 마음으로 실천하는 모습을 보여 주시면 좋겠습니다.

암 수술을 받고 보니

부산광역시 동래구 종합운동장로 42에 위치한 세계로병원은, 2004년 2월 21일에 개원한 병원입니다. 설립자이신 이승도 이사장을 비롯하여 정현기 병원장 외 진료과장 17명을 포함한 133명의 믿음의 지체들과 함께 공동체를 이루고 있습니다. 그러면서 1년에 6번씩 해외 단기선교를 나가고, 1년 동안의 선교교육을 수료한 사람이 무려 694명으로 그 중 85명이 선교사로 파송됩니다. 그리고 약 2천 명 정도의 선교사들이 세계로 병원에서 치료를 받고 있다고 합니다.

2014년 기준 외래 환자 수가 무려 81만 5,044명, 입원 환자 371만 261명이 진료를 받았고, 그 중 선교사 총 2만 2,085명 중 1,146명을 전액 무료로 진료한 전국 최초의 병원입니다. 세계로병원이 하나님의 은혜로 이를 감당해 왔음을 감사하면서, 설립자이신 이승도 이사장님을 비롯한 전 임직원들이 앞으로도 계속 이 선교 사업을 이어나갈 것이라는 각오와 믿음으로 충만해 있음을 엿볼 수 있습니다.

특히 인근에 사직야구장과 2002년 월드컵을 치른 종합운동장이 위치해 있습니다. 비록 큰 덩치의 건물은 아니지만, 아담하고 고요하면서도 따스한 사랑의 입김과 주님의 향기가 사방으로 물씬 풍기는 이 병원은 의료선교를 통해 하나님의 복음이 전파되는 천국의 전진기지입니다.

필자는 '위암 초기'라는 진단을 받고 난 후 대학병원으로 가라는 담당의사의 소견을 받았지만, 세계로병원을 택해 '암' 수술을 받고 현재 회복 중입니다. 일단 대학병원 예약은 했지만, 많은 시간을 허비해야 하는 부담이 있었습니다. 때문에 스스로 세계로병원을 선택한 것에 대해 참으로 '다행 중 다행'이라고 생각하며, 참 좋은 사람들을 만났다는 것에 하나님께 감사드립니다.

첫 날, 모든 검사와 수속을 마치고 입원했습니다. 수술 날짜는 다음 날 오전 10시 15분이라고 했습니다. 입원실에서 환자복으로 갈아입고, 내일 수술을 위해 금식하며 하룻밤을 불안이나 두려움 없이, 평안하게 보냈습니다.

다음 날 아침이었습니다. 누워있던 침대 옆 창가에서 햇빛이 강렬하게 제 눈을 쏘더니, 태양 속으로 검은 터널이 펼쳐져 한참을 검은 구름이 요동치기 시작했습니다. 그리고는 금세 새까만 먹구름 사이로 눈부신 태양이 솟아올랐습니다. 기이한 경험이었습니다. 저는 '오늘 수술이 잘 될 것'이라는는 확고한 믿음이 생겼습니다. 마음에 평안이 찾아왔습니다.

오전 7시 20분경, 제가 소속된 교회 김경년 목사님과 사모님 그리고 교구 담당 장호동 목사님께서 오셨습니다. 담임목사님께서는 수술을 앞두고 방문하셔서 기도해 주시고 돌아가셨습니다. 모두들 제 얼굴을 보고, '어떻게 수술하는 사람의 얼굴이 아닌 것 같다'고 하시면서 '어쩜 그렇게 평안하고 행복해 보이느냐'고 하셨습니다.

잠시 후, 이사장 박사님께서 직원들과 예배를 드리고 회진을 오시면서 입원실 안에 있는 모든 환자들에게 어깨에 손을 얹고 기도를 해 주셨습니다. 주일을 뺀 평일에는 늘 이렇게 하신다는 말씀에, 저는 너무 놀랐습니다. 매일 같이 그 많은 환자들을 일일이 기도해 주시는 일은 목사님들도 하기 어려운 일인데 말입니다. 저는 또 한 번 감동했습니다.

제가 입원하는 날, 입원실 내 환자들과 가족들은 한결같이 '이 병원 이사장님은 정말 훌륭하신 분이고, 수술도 우리나라에서도 둘째 가라 하면 서운할 정도의 수준급'이라고 극찬하시며, 그 분에 대한 믿음과 신뢰도가 엄청 컸습니다. 믿지 않는 분들도 저렇게까지 믿음으로 신뢰하는데, 교회 장로인 저는 더욱 믿을 수밖에 없지 않을까요?

시간이 되어 수술실로 향했습니다. 엘리베이터를 타고 지하로 내려가 수술실 입구에 도착했습니다. 그런데 간호원 아가씨가 갑자기 '기도하겠습니다' 라고 하더니, 저를 위해 약 3분간 기도를 해 주셨습니다. 저는 더욱 감동을 했습니다.

곧바로 수술실에 들어가 제 이름이 뭐냐고 물어 대답한 다음, 산소 마스크를 씌우면서. 장로님께서 또 기도를 해 주셨습니다. 기도를 들으며 사르르 잠이 들고 말았습니다. 깨어난 후, 저는 많은 분들의 기도로 놀라울 정도의 회복세를 보이고 있습니다.

필자는 이번 수술을 통해 많은 것을 깨달았습니다, 대학병원만 선호할 것이 아니구나, 걸핏하면 대학병원 운운하며 몇 개월씩 진료를 기다리는 모습들을 보노라면, 이건 환자의 병을 고치려는 것이 아니라 장삿속 밖에 되지 않는다는 것을 깨달았습니다.

특히 예수님의 이름을 팔아 잇속을 챙기는 일부 기독교 병원들을 보노라면, 화가 치밀어 오름을 느끼기도 합니다. 어느 기독병원은 병원 안에 들어서면 예수님의 향기는커녕, 오히려 돈 냄새가 물씬 호흡기로 들어옴을 느낍니다.

세계로병원은 유방암 센터, 위암·대장암 센터, 갑상선암 센터, PET-CT센터 등으로 구성돼 있는 명실상부한 '암 전문병원'으로 자리매김했습니다. 병원을 들어서면, 로비에서부터 여의사께서 다가와 예수님을 믿으라는 복음을 전합니다. 저는 그 복음에 '아멘'으로 화답합니다. 믿는 식구들이기 때문에 더욱 친근함이 느껴집니다.

특히 세계로병원은 이승도 이사장님을 비롯한 모든 직원들이 대한민국 이 땅에 최초의 선교병원을 세워야 하겠다는 사명감에 불타, 하나님께 열정적으로 부르짖고 있습니다. 세계로병원은 외부에서 많은 의심의 시선을 보냄에도 불구하고 꼭 이루어 내겠다는 일념 하나로, 천신만고 끝에 세워졌다고 합니다. 직접 보니, 하나님께서 명령하신 복음을 이루기 위해 최선을 다하리라는 굳은 의지와 깊은 사명감으로 이루어진 공동체임이 절실히 느껴집니다.

이승도 이사장님은, 털털한 성격에 이웃집 아저씨나 할아버지 같은 인정 넘치는 분이십니다. 필자에게 '너무 건강을 자신하지 말고, 조심할 건 조심하라'고 말씀하시며, 암의 70%는 대부분 완치가 가능하다고 말씀하십니다.

이사장님이 늘 가슴에 품고 계시는 성경구절이 있다고 합니다. '예수께서 모든 도시와 마을에 두루 다니사 그들의 회당에서 가르치시며 천국 복음을 전파하시며 모든 병과 모든 약한 것을 고치시니라(마 9:35)'. 그리고 '치료는 시기가 정말 중요합니다. 불안한 마음에 여기저기 알아보고 다니다 정작 치료에 중요한 시기인 골든타임을 놓치면, 오히려 낭패를 당한다'고 늘 강조하십니다.

박사님께서는 수술 전에 기도를 하시면서, 자신의 손길을 통해 주님께서 어루만져 주시기를 늘 간구하십니다. 자신의 인간적 기술이 아니라 주님의 손길을 높이며, 주님의 뜻에 철저히 자신을 맡기시는 고요한 겸손으로 환자들을 치유하는 선한 행동에, 마치 주님을 만나는 듯한 큰 기쁨이 찾아옵니다.

우리 기독교 신앙인들은 이 시대에 하나님의 사명을 감당하기 위해 세워진 세계로병원에 깊은 관심을 가져야 하겠습니다, 무조건 큰 병원만 선호할 것이 아니라, 작지만 강한 병원, 사람을 살리는 병원, 하나님의 사랑을 전하는 병원, 세계로병원으로 오셔서 따뜻한 주님의 사랑의 손길을 체험하며, 이 땅에서의 사명을 다시 한 번 점검해 보는 귀한 믿음의 권속들이 되기를 소망합니다.

친구의 대추나무 사랑

초등학교와 중학교를 함께 졸업한 동창생인 친구의 대추나무에 얽힌 사연을 소개하고 싶어, 칼럼을 통해 전합니다. 그는 필자가 지극히 아끼며 존경하는 친구 중 한 명입니다.

그는 부산 부전역에서 20년 넘게 무료급식을 하고, 어려운 이들에게 친구가 되어주며, 아픈 사람에게는 병에 대한 조언을 해 주면서, 병이 나을 수 있도록 최대한 도움을 주려고 안간힘을 다 쏟는 아름다운 친구입니다. 많은 단체나 개인에게도 도움을 주고, 사람들을 따뜻하게 대해 주며, 품성이 온화하고 마음씨도 고운 친구입니다.

그는 언제부터인가 필자에게 한 가지를 의논하고 있습니다. 자신의 빌딩 옥상에 대추나무가 있는데, 그 뿌리가 너무 크고 계속 뻗어가다 보니 건물에 지장을 초래하게 돼, 나무를 옮겨야 할텐데 가져가려는 분이나 단체가 없을까 하고 말입니다.

저는 주민센터나 구청 산림 담당자에게 알아보라고 했지만, 별 효과가 없었다고 합니다. 그래서 여기저기서 조언을 들었는데, 모두들 한결같이 그냥 톱으로 나무를 잘라버리라고 했답니다. 그렇게 해볼까 하는 마음도 있었지만, 20년 간 키워온 나무라 도저히 마음이 아파 견딜 수 없었답니다.

대추나무를 키워오면서 1년에 한 가마 정도 수확을 하여 이웃들과 함께 나눠 먹고 있었는데, 나무를 죽이려니 마음이 안타까웠다고 합니다. 하지만 나무를 옮기려면 인력이 필요하고, 옥상에서 아래로 옮기려면 크레인을 이용한 자동차를 빌려야 하므로 재정도 많이 든다고 합니다.

이곳저곳을 수소문하다, 마침 농원을 경영하는 아는 분을 만나, 그 분의 농원으로 옮겨 가기로 했답니다. 경비는 친구 자신이 모두 충당하고, 나무를 얻는 농원 사장은 나무만 가져가면 되며, 매년 열매를 수확하게 됐으니 농원 사장은 정말로 '땡 잡았습니다'.

친구는 80만 원이라는 경비를 들여 무사히 나무를 시집보냈습니다. 그렇게 마음이 편하고 좋았다고 합니다. 20년 동안 함께 해온 나무인데, 그것도 생명이 있는 나무를 톱으로 무참히 잘라 죽게 만들려니 무척 가슴이 아팠다고 합니다.

그 친구는 천주교 신자입니다. 친구의 따뜻하고 아름다운 사랑의 손길로 인해 대추나무는 죽지 않고 '구원'을 얻었습니다. 그 구원으로 인해 얻어진 대추나무의 열매는 더 무성하게 더 많이 열릴 줄 믿습니다. 긍휼히 여길 줄 아는 친구의 마음 때문에 많은 복음의 열매가 열릴 것이며, 그 열매로 인한 많은 복음이 계속해서 퍼져 나갈 것입니다.

만약 그 친구가 돈에 대한 욕심으로 가득했다면, 그 나무를 톱으로 잘라 버리고 말았을 것입니다. 그리고 농장 주인에게 인도할 때도 매년 수확에서 얼마를 달라고 했을 것입니다. 하지만 친구는 어떠한 조건도 내걸지 않고 그저 주었습니다.

오직 그 농장에서 잘 적응하여 예전과 다름없이 싱싱한 푸르름을 안겨주고, 많은 열매로 주인에게 기쁨을 주는 그런 대추나무가 되기만을 간절히 바라는 친구의 마음은, 곧 주님의 마음 같아 보였습니다.

그는 거리를 가다 걸인들을 만나면, 주머니에서 서슴없이 돈을 꺼내어 줍니다. 그리고 함께 봉사하는, 나이가 연로하신 장로님에게 용돈도 드립니다. 월드비전, 천주교 단체, 그리고 현재 운영하고 있는 사랑의 특공대 무료급식 봉사에서도 아낌없이 내어놓는 그의 정성에 많은 이들이 감동하고 있습니다.

자신의 재물이 아깝지 않은 분이 어디 있겠습니까? 하지만 그는 몸으로, 물질로 봉사를 하고 있습니다. 특히 100세 가까우신 나이 연로한 어머님에 대한 효도는 이웃이 다 알고 있어, '효자'라고 불립니다.

그는 자신의 선한 행실을 나타내려 하지 않으며, 고요한 침묵 속에 잔잔히 들려지는 이웃의 소리에 귀를 기울입니다. 그의 삶에는 교만과 자랑이 없으며, 오직 그리스도를 닮아가려는 충직한 제자입니다.

오늘 대추나무에 얽힌 사연을 읽으며, 생물 하나라도 가벼이 하지 않는 친구의 세심한 배려와 사랑을 우리 모두 배워 실천하는 삶으로 변화되기를 축복합니다. 그 친구의 이름은 파울로(세례명)입니다.

양화진에 묻힌 천사들의 당부

서울 지하철 2·6호선 합정역 7번 출구에서 목적지까지는 약 200m 정도의 거리였습니다. 양 옆에는 가정집들과 작은 건물들이 있었습니다. 일반적으로 묘소는 도시 변두리나 농촌의 산 또는 언덕에 위치해 있는데, 이곳은 도심지에 위치하여, 부산에서 올라온 필자는 손쉽게 방문할 수 있었습니다.

특히 한국 기독교 100주년 기념사업을 추진하기 위해 1981년 한경직 목사님을 중심으로 설립된 한국기독교100주년기념재단은, 서울 양화진 외국인선교사묘원과 용인 한국기독교순교자기념관의 법적 소유 협의회로서, 이곳의 성지화와 한국 기독교의 연합을 위해 노력을 기울이고 있습니다.

그리고 한국기독교선교100주년기념교회는 선교 100년의 신앙과 정신을 계승하고 선교 200년을 향한 비전을 함양하기 위해, 2005년 7월 100주년기념재단 이사회의 결의로 창립한 독립교회라고 합니다. 가맹교단 20여 곳과 기관 26곳의 후원으로 현재 100주년기념재단 사업으로 운영되고 있습니다.

성지 묘원에는 가톨릭의 절두산 성지가 자리잡고 있습니다. 이 지역은 한강변 최고의 절경으로 유명하며, 봉우리 모양에 따라 가을 두, 용두 봉, 잠두 봉이라고 불리게 됩니다. 그 유래는 1866년 병인양요로, 순교 100주년인 1966년 순교자기념관이 건립됐으며, 선조들의 순교정신이 살아 숨쉬는 뜻깊은 성지이자 대한민국에 의료, 교육, 종교계 및 독립운동에 헌신했던 417명의 묘가 있고, 그들 중 선교사는 147명입니다.

조선 말 대원군의 천주교 박해로 9명의 프랑스 선교사들이 순교하자, 1866년 2월 프랑스군이 천주교 탄압을 문제 삼아 한강을 거슬러 양화진과 서강까지 진입하는 사태가 발생합니다. 격분한 대원군이 잠두봉에서 수많은 천주교인들을 머리를 베어 참수했다 하여 절두산이라는 명칭을 얻게 되었다고 합니다. 천주교는 우리 개신교가 조선에 들어오기 전인 약 150년 전, 이 땅에 복음을 위하여 수많은 신도들이 순교함으로 개신교의 복음사역을 위한 길잡이가 되었습니다.

500년 전 로마 교황과 지도자들의 부패를 보고, 루터는 하나님께서 주신 감동으로, 당시 엄두도 내지 못할 종교개혁을 단행했습니다. 그리하여 오늘날 개신교가 부흥하고 발전한 것입니다. 그리고 현재 우리 개신교는 당시 지도자들보다 더 부패를 저지르고 있음을 속히 깨달아야 합니다.

지금은 오히려 개신교의 지도자들이 가장 경계해야 할 것 중 하나가 위선이라고 생각합니다. 위선은 안과 밖이 다른 우리의 일그러진 모습입니다. 저 또한 머리와 입으로는 하나님의 영광을 위해서라면서, 위선적인 두 마음을 품고 있었음을 고백합니다. 모든 일에 있어 우리 마음을 하나님께로 온전히 모을 때, 하나도 모르면서 둘을 나타내려는 위선을 극복할 수 있습니다. 고단한 일상 속에서도 이웃을 사랑하며 살겠다는 이 위대한 약속을 실천할 때, 비로소 하나님의 무한하신 사랑의 위력을 발휘할 수 있습니다.

양화진 묘비에 새겨져 있는 글들을 읽노라면, 눈에서는 금새 눈물이 울컥하고 쏟아집니다. 깊은 감동이 가슴에서부터 젖어갑니다. 당시 조선은 선진국에서 잘 알려지지 않은 국가였습니다. 그럼에도 하나님의 명령을 받들어 이방인 이 땅으로, 가족들을 뒤로한 채 복음의 씨앗을 뿌리기 위해 젊은 나이로 순직하며 순교했던 분들의 공로로, 오늘날 이 땅이 수많은 교회를 세우고 미국 다음으로 많은 선교사를 파송하는 나라로 부흥 성장하게 된 것입니다. 그분들에게 뜨거운 기도와 찬양으로 위로를 드리고 싶습니다.

그들이 뿌린 복음의 씨로 수확된 열매는 얼마나 귀하고 값진 것인지, 오늘날 교계의 큰 부흥 성장을 보면 알 수 있습니다. 하지만 너무 안타까운 일들이 연일 매스컴을 통해 보도되는 것을 볼 때, 가슴이 미어지고 그들의 순교에 누를 끼치지 않을까 노심초사하며 심령의 무거움을 느낍니다.

특히 이사야 29장 13절, "주께서는 이르시되 이 백성이 입으로는 나를 가까이하며 입술로는 나를 공경하나 그들의 마음은 내게서 멀리 떠났나니 그들이 나를 경외함은 사람의 계명으로 가르침을 받았을 뿐"이라고 하셨습니다. 예루살렘이 심판을 받게 된 원인은 첫째로 그들의 영적 방탕과 영적 무지(9-12절), 둘째로 그들의 위선적이고 형식주의적인 신앙(13-14), 셋째로 하나님을 속이며 멸시했기 때문입니다(15-16).

요즘 기독교의 정체성마저 사라지는 것을 보노라면, 참으로 그분들을 뵐 면목이 없습니다. 연일 터지는 목사님들의 성추행 사건, 배임죄, 연금 문제와 타락한 선거 문화를 비롯하여 각종 명예를 얻기 위한 투쟁을 보노라면, 하나님을 사랑하는 분들인지 위선자들인지 분간하기 힘듭니다. 특히 입으로 하는 전도, 찌라시 전도, 지하철에서 알아들을 수 없는 말로 중얼거리는 전도는, 세상 사람들도 이제 지긋지긋하다고 합니다.

어떤 부흥강사는 연중행사로 부흥회를 합니다. 연일 소리치며 떠들어 댑니다. 누구를 위한 집회인지 알 수가 없습니다. 교인들을 끌어 모으기 위해 경품도 내걸고, 홍보지로 교회는 물론 자동차와 지역에 도배를 합니다. 예수님께서는 많은 무리들에게 하늘나라 소식을 전하시면서, 세상에 나가서는 소외된 이들과 고아와 과부, 그리고 병든 자들을 손수 찾아다니시면서 치유를 해 주셨는데, 부흥사들은 왜 앵무새처럼 입으로만 소리치는 걸까요.

무조건 사람들을 동원해 자신의 위상을 높이려는 것은 아닌지, 주님을 핑계 삼아 교주 노릇을 하고 있는 것은 아닌지요. 이제 부흥강사들은 솔선수범하여, 주님께서 하신 방법대로 복음을 전하고 성도들에게 옳은 진리를 가르치시기를 바랍니다.

주님께서는 "너는 내가 무엇을 해 주기를 원하느냐"고 늘 물으셨습니다. 주님 자신을 위함이 아니라, 연약한 인간들의 생각을 아시고 인간들이 행복해하는 것을 좋아하셨습니다. 하지만 오늘날 교회 지도자들은 성도들의 입장 대신 자신의 입장으로만 일관합니다.

목사를 위해서는 모든 것을 내놓으라고 합니다. 성도들이 가난과 병마로 고통을 당하는 분들은 나 몰라라 하면서 지도자들에게는 엄청난 금전도 마다않고 선뜻 내놓는 것을 보면, 정말 주님의 뜻에 합한 지도자들인지 분간할 수 없습니다.

오늘날 목사들과 장로들은 명예와 권력, 돈을 너무나 사랑하고 있음에 개탄합니다. 가난한 이웃들에게는 별 관심이 없고, 오직 자신의 이익이 되는 이웃들에게만 다정다감함을 목격합니다. 설교는 정말 성도들을 위한 것이 아니라, 자신의 감정에 따라 합니다. 성도들에게 좋은 꼴을 먹이려고 매 주일 전력을 다해야 하는데, 지역의 유지가 되어 출타하기 일쑤입니다. 이러니 교회에 가도 목사님 뵙기가 힘든 형편입니다.

해외 성지순례도 좋지만, 우선 국내 외국인 순교지를 방문하여 신앙을 다시 한 번 점검해 보는 시간을 갖는 것도 신앙생활에 큰 도움이 될 것입니다. 성도들과 교회 지도자들 중에는 양화진에 외국인선교사묘원이 있는지조차 모르는 분들이 많아, 한숨이 절로 나옵니다.

이방인인 우리 민족의 복음을 위해 육신의 행복을 외면한 채 수많은 고통과 고난을 겪으며 순교한 성지를, 각 교회 여름수련회나 성경학교, 각 연합회에서 한 번씩 순회 방문을 한다면 얼마나 값진 믿음의 여행이 되겠습니까? 자신들의 신앙을 점검해 볼 시간도 가지며, 우리 복음의 역사도 알게 되고, 앞으로 주님을 위해 무엇을 해야 할 것인지 생각하며 다짐하는 귀한 시간이 되지 않겠습니까?

이 땅에 묻혀 있는 선교사들의 외침을 가만히 들어보시기를 기대합니다. 그 작은 울림이 골고다에서 일러주신 주님의 음성이 아닐까, 장차 들이닥칠 주님의 재림을 준비하지 않고, 자신들의 영욕을 위해 오늘도 신음하는 그 소리는 이제 지긋지긋하다는, 불신자들의 불평의 소리가 귓전을 때립니다. 이제 모든 성도들은 오늘 하루를 순교의 정신으로 살아가야 할 것입니다.

여기 '양화진의 천사' 순교자들은, 오늘도 우리를 향해 자신들이 뿌려 놓은 아름다운 순교를 배우라고 지금 이 순간에도 권면하며 당부하고 있습니다.

'아름다운 여인들'의 면류관

우연찮게 방송을 시청하게 되었습니다. 부산시 서구 천해남로 7, 암남동 5-2번지에 위치한 마리아 수녀원들의 일상을 소개하는 프로그램인데, 많은 시청자들의 마음을 뜨겁게 달궜습니다.

암남동 산자락에 위치한 마리아 수녀회에는 80여명의 수녀 '엄마'와, 그 엄마들이 키우는 600여명의 아이들이 있었습니다. 이곳에는 부모를 잃은 생후 1개월부터 고등학교를 졸업할 나이인 18세 아이들까지 함께 살고 있습니다.

특히 이곳은 6·25 전쟁 후 고아들을 보살피기 위해, 미국인 알로이시오 신부가 만든 곳입니다. 알로이시오 신부는 어릴 적부터 가난한 이들을 위한 사제가 되기를 꿈꾸었다고 합니다. 미국의 풍요로운 사제 생활에 염증을 느끼고 한국을 선교지로 선택하여, 거리를 방황하는 전쟁고아들을 돌보기 위해 마리아 수녀회를 창설하고, 스스로 가난한 이들의 친구로 살며 '고아들의 아버지'가 되었습니다.

이곳에는 대여섯 살 되는 아이들이 무리를 지어 놀러다니며, 자신들을 인솔하는 초로의 수녀를 '엄마'라고 불렀습니다. 왜 엄마라고 부르는지 제작진이 묻자, 희끗한 머리가 보이는 수녀는 웃으면서 "어쩐지 아이들이 자신을 엄마라 불러 주지 않고 수녀님이라고 부르면 섭섭하다"고 답했습니다.

이곳 수녀들은 부모를 잃은 아이들이 안쓰러워 몸이 닳도록 아이들에게 스킨십을 해 줘도 모정을 다 채워줄 수 없다며, 제멋대로 아이에게 한 잔소리가 행여나 마음의 상처가 될까 노심초사하였습니다. 이제 다 커서 자식을 데리고 온 이를 보면서도, 과거 자신이 잘해 주지 못한 부분을 반성한다고 합니다. 품 안의 자식이라 사랑하면서도, 고등학교 때까지 보살필 수밖에 없는 현실을 오히려 안타까워합니다.

하루가 모자랄 정도로 다할 수 없는 '엄마의 길'을 지탱해 주는 것은, 바로 주님을 사랑하는 신앙일 것입니다. 바쁜 일상 속에서도 빠짐없이 채우는 하루 3시간의 기도는 수녀님들 삶의 근원이요, 자신을 반성하는 철저한 회개의 시간이며, '엄마'로서의 소명을 주신 하나님께 대한 감사의 시간입니다. 아이들에 대한 사랑 때문에 기도에 온전히 충실하지 못할까 뉘우치면서, 온전히 그분과 함께 보내는 이 시간이 가장 소중하다고도 합니다.

연로함에도 불구하고 애들을 등에 업고, 때로는 매미도 잡아주며 함께 장난치면서, 그들의 눈높이에 맞춰 일상을 보냅니다. 행여나 애들이 잠에서 깰까 새벽 일찍 밭에 나가 일을 하고 돌아옵니다. 몸이 피곤하지만 내색 없이, 아이들을 위해 최선을 다합니다.

수녀회에서 어린 시절을 보낸 후 한 아이의 엄마가 된 여성이, 오랜만에 '엄마'를 찾아왔습니다. 그리고 늙은 엄마의 모습에 눈시울을 적시며, "나는 불쌍한 고아가 아니라 좋은 교훈을 받고 훌륭한 어머니를 둔 딸"이라고 합니다.

엄마로 사는 수녀의 삶이 너무 고되고 힘에 겨워 손을 놓고 경비를 하며 소일하는 늙은 '엄마 수녀'에게 돌아온 대답은 예외였습니다. 그건 고생이 아닌 '삶'이라고, 평생 아이를 돌보다 허리가 꼬부라지고, 눈꺼풀이 내려앉은 수녀님은 반문합니다. "내 얼굴이 행복해 보이지 않느냐"고 말입니다.

고등학교를 졸업하고 취업을 하는 아이들을 홀로 세상에 내보내는 것에 안쓰러워하며, 매달 그들을 위해 반찬을 만들어 보내기도 합니다. 자식 중 한 명이었던 아이가, 이제 '엄마'가 되겠다고 서원합니다. 엄마가 되어 돌아온 아이를 박수 치며 반기는 수녀님들의 얼굴에 한 줄기 눈물이 흐릅니다. 그 얼굴에 묻어나오는 향기는, 아름다운 주님의 다정하고 포근한 모습을 보는 듯합니다. 힘겹도록 최선을 다해 주님의 명령을 다 마치고 주님의 품인 본향으로 가신 여러 선배들의 둥그런 묘지를 볼 때, 아름다운 주님의 면류관이 황금빛을 발하고 있었습니다.

필자는 이 방송을 보면서, 최고의 선물을 받은 듯했습니다. 시청하는 동안 깊고 진한 감동이 마음을 주체할 수 없어, 흐느껴 울기도 하였습니다. 오랜만에 많은 눈물을 흘리며, 나 자신에 대한 반성과 향후 나 자신의 삶의 목표를 새롭게 다지는 고요한 시간이었습니다.

봉사를 하면서도 늘 세속적인 봉사가 아닌 영혼의 봉사를 하게 해 달라고 늘 기도한다는 수녀님들의 말을 들을 때, 필자 역시 세속적인 봉사를 했음을 시인하며 반성하는 계기가 되었습니다. 하루 24시간이 모자랄 지경이지만, 시간을 쪼개 3시간 동안 기도한다는 말에, 나 자신의 믿음 연약함도 깨달았습니다. 3시간이면 충분한 휴식이 될 텐데, 기도하는 그 시간이 오히려 더 평안하고 새로운 힘이 솟는다고 합니다.

이 방송의 파급 효과는 엄청났습니다. 믿지 않는 분들의 입에서 입으로 전달됩니다. 매우 감동을 많이 받았다고, 우리도 천주교로 가야 하겠다고 합니다. 이에 저는 또다시 우리 교계에 대한 생각을 깊게 해 봅니다. 교회 안에서 봉사하다 보면, 말도 많고 불평도 많습니다. 목사님이 보는 앞에서 봉사를 하는 척만 합니다. 길거리에서 무료급식을 하는데 좀 도와 달라고 하면 이 핑계 저 핑계로 거절합니다. 자신의 아이들 외에는 아예 쳐다보지도 않습니다. 이웃이 힘들어도 상관하지 않습니다.

우리는 주님께서 이 땅에 사시면서 하셨던 일들을 하려고 하질 않습니다. 이기심과 탐욕으로 가득 찬 자신들을 발견하지 못합니다. 언어폭력은 물론, 교만과 세력다툼과 권력으로 교회를 진흙탕처럼 만듭니다. 장로나 집사, 권사의 직분과 높은 자리만을 고집하며, 교만이 극에 달합니다. 소통과 투명한 믿음으로 서로 신뢰하고 사랑해야 하는 교회 안에서 있을 수 없는 일들이 전개되고 있지만, 정작 본인은 모르고 있으니 정말 답답합니다. 기독교 방송이나 많은 교계 신문에서도 교회가 나아가야 할 방향을 모르고 있는 것 같아 더욱 안타깝습니다.

믿음 안에서 시대를 품으며 참신한 인재들을 등용하여, 세계 복음화와 함께 이 땅에 주님의 원하시는 사랑의 전초기지를 세워야 합니다. 그런데도 사회에서 흔히 하는 물질공세와 고향 사람 챙기기, 학연, 친척, 거기다 아부와 아첨이 득실거리는 곳으로 만들어 버렸으니, 주님께서 "내 집은 기도하는 집이다" 말씀하심을 다시 한 번 마음에 새겨야 하겠습니다.

세상을 품기보다는 교회 안에서 먼저 품는 것을 배우고, 교회 안에서 교만과 이기심, 탐욕을 제어하며, 이웃을 배려하고 사랑하는 마음을 심령에 새긴 후, 세상으로 나아가 연약하고 힘들고 고통당하는 이들을 위해 몸과 마음을 다 쏟아야 할 것입니다. 주님께서 원하시고 뜻하시는 것들을 이렇듯 하나하나 성취하며 나아가시길 기대합니다.

'영혼의 때'를 위한 아름다운 섬김

이마에 땀방울이 흘러내리며, 등 뒤에도 온통 땀으로 범벅이 되어, 잠시 쉴 곳을 찾는 중이었습니다. 마침 에셀나무라 적혀 있는 허리띠를 두른 여자 분을 만났습니다. 노인정이 있는 마당이었는데, 마당 앞에서 몇몇 분이 계셨습니다. 날씨는 덥지만, 부침개를 만들고 있었습니다. 배가 한참 고플 오후 3시, 코끝에서는 먹음직스런 향기의 유혹이 마음을 움직이고 있었습니다.

"부침개 드시고 가세요." 어느 여성분이 말씀하셨습니다. 저는 '부질없는 자존심'에 처음엔 거절했지만, 이내 못 이기는 체하고 좌석에 앉았습니다. 좌석에 앉고 보니 부산 덕천3동 지구촌교회에서 전도를 나오신 분들이었습니다. 저는 교회를 다니고 있다고 말씀드렸는데도, 드시고 가라는 말에 약간의 허기도 있고 해서 부침개 하나를 먹었습니다.

맛있게 하나를 먹고 나서, 뭐 도울 일이 없나 싶어 궁리하다, 답례로 특송을 하겠다고 했습니다. 등 뒤에 메고 다니던 배낭에서 하모니카를 꺼내 독주를 하기 시작했습니다. '오늘 집을 나서기 전 기도했나요…' 부침개 연기를 따라 사방으로 복음송이 흘러갑니다. 연주를 마치니, 모두들 박수를 치셨습니다. 박수가 끝나고, 한 여집사님께서 저더러 우리 교회에서 매주 토요일 11시 30분부터 국수 무료급식을 하니 오셔서 하모니카 연주를 해달라고 하셨습니다. 저는 토요일에 남선교회 친목회 모임이 있는 것을 깜빡 잊고 흔쾌히 약속을 해 버렸습니다.

며칠 후 하모니카 연주를 할 곡을 적어 그곳을 찾아갔습니다. 교회는 울창한 백양산 삼림과 푸른 하늘, 멀리 낙동강의 은빛 여울이 어우러지는 아름다운 마을에 위치하고 있었습니다. 아파트가 있고, 교회 옆으로 백양산을 오르는 119개의 나무계단이 있어, 많은 분들이 산행을 하기 위해 그곳을 지나가는 징검 다리 같은 교회였습니다. 목사님께 인사를 드렸습니다. 목사님께서는 기타를 치시며, 짧은 멘트로 국수를 드시러 오신 분들에게 유쾌한 율동과 더불어, 약간의 상품을 드리면서 말씀도 전달하셨습니다. 김용희 목사님의 기도를 시작으로 국수 무료급식이 시작됩니다.

필자는 부침개 한 조각의 인연으로 지금까지 무료급식 봉사를 한지가 벌써 8개월 됐습니다. 날씨가 추울 때는 교회 식당에서, 더워지기 시작하면 교회 아래 어린이 놀이터나 노인들이 즐기시는 게이트장에서 무료급식을 했습니다. 교회에서 그곳까지 음식과 주방그릇, 텐트 및 무료급식에 관한 많은 기구들을 운반합니다. 목사님과 남자 집사님, 그리고 여자 권사님과 집사님들이 연합하여 열심히 섬기시는 모습이 매우 아름다워 지면을 통해 많은 기독교인들에게 소개하지 않으면 견딜 수 없는 심정입니다.

저는 이곳에서 약 500m 떨어진 덕천교회에 다니지만, 봉사에 있어서는 교파를 불문하고 재능을 기부하기로 마음 먹었습니다. 지구촌교회는 1978년 3월 18일 입당예배를 시작으로 1996년 6월에 이곳에 신축을 하여 지역 주민들을 섬기고 있는 아름다운 교회입니다. 급식 장소부터 교회까지 가파른 도로임에도 목사님께서 직접 국수를 나르시고, 성도님들도 무더위와 추위에도 아랑곳하지 않고 최선을 다해 지역민들을 섬기는 모습은 과연 '선민'이라 하지 않을 수가 없습니다. 특히 장애인들이 많이들 찾아오는데, 구별됨 없이 따뜻한 미소를 지으며, 안아주기도 하고, 필요한 것들이 있으면 챙겨 주시기도 하는 모습들을 보노라면, 금새 제 가슴이 뭉클해져 눈물이 터져나올 것만 같습니다.

목사님께서는 아직 젊은 나이신데 연로하신 어르신들을 안아주며, 그들의 원하는 바를 해결하려 무던히 애를 쓰시고 노력하십니다. 사모님과 여전도사님도 함께 일을 도우며 성도들과 함께 열심히 뛰어다니시는 모습을 보노라면, 정말 여기가 에덴동산이 아닌가 싶습니다. 나이 많으신 권사님, 그리고 집사님들은 피곤함이 밀려와도 내색 한 번 하지 않고, 주님을 위해 아낌없이 열정을 쏟으십니다. 주님도 따스한 미소를 보내 주시는 감동의 순간 같습니다.

연로하신 원로목사님 사모님도 함께 봉사하시는 모습은 실로 아름답습니다. 서로 눈치만 보며, 목사님·장로님 앞에 눈도장을 찍으려는 '억지 봉사'가 아니라, 마음의 감동과 진한 사명감으로 지역민을 위해 아낌없이 쏟으시는 믿음의 모습입니다. 비록 뜨거운 날씨이지만, 흐르는 땀방울에는 천국 열쇠가 손에 쥐어져 있는 모습이 아른거립니다. 주님께서 십자가 지신 참 모습이 이런 게 아닐까요?

국수를 나르며, 열심히 전도하시고, 개인들에게 신앙상담을 통해 주님을 소개합니다. 애로사항이나 원하는 바를 위해 도움을 주시려 애쓰는 모습들은 실로 천사의 모습 자체였습니다. 꽤 크다는 교회는 아니지만, 성도들이 믿음으로 합심하여 한 가지 목표인 영혼의 때를 위해 함께하는 그 모습들은 정말 주님께서 기뻐하실 듯했습니다. 처음에는 적은 수가 참여했지만, 이제는 입소문이 널리 퍼져 많은 분들이 찾아옵니다. 그래서 더 힘이 솟는다고 합니다. 재정이 어려워도 많은 영혼을 구원하며, 이웃을 섬기는 일에 불평 한 마디 없는 모습이 매우 감사했습니다.

특히 이곳은 서민 지역이라 술을 먹고 오시는 분들이 방해를 하거나 심한 욕설을 퍼부어도, 미소를 지으며 오히려 그 분들을 위로하시는 모습은, '여기가 바로 주님 주시는 에덴의 동산이구나'라는 생각이 절로 들게 합니다. 이제는 소문이 널리 퍼져, 많은 교회들에서 견학차 오시는 분들도 있습니다. 많은 지역 교회들에 귀감이 되며, 불신자들에게도 좋은 교회라는 칭찬을 듣습니다. 이 모두가 지역과 주민을 품으려 노력한 희생의 열매 아니겠습니까?

교회를 건물과 외형으로 판단할 것이 아니라, 주님의 명령을 실천하며 이웃을 배려하고 섬기고, 그곳에 주님이 계시느냐에 초점을 두어 주님 원하시는 영혼을 생산하는 모든 교회가 되기를 기대합니다. 다른 교회도 지구촌교회처럼 모범적인 교회로 거듭나는 계기가 되기를 소망합니다.

그리고 지구촌교회 목사님을 비롯하여, 모든 성도님들에게 주님의 이름으로 할렐루야! 찬양과 힘찬 영광의 박수를 보냅니다. 하모니카 독주를 들으시는 모든 분들에게도 찬양과 함께 뜨거운 감사를 드리며, 주님 주시는 참 평안을 드립니다.

진정한 섬김과 봉사는

교회 안과 밖에서 많은 분들의 섬김과 봉사를 하고 있습니다. 그 섬김에는 여러 종류가 있습니다.

성경을 보면 여호수아의 강력한 도전 앞에, 이스라엘 백성들은 오직 하나님만을 섬기고 다른 신들을 섬기지 않겠다고 대답합니다. 그 이유는 그들이 경험한 하나님의 신실함과 능력 때문입니다. 그들은 애굽이 섬기는 신들도, 가나안 족속들이 섬기는 신들도, 여호와 하나님 앞에서는 허깨비에 불과하다는 것을 경험했습니다. 그들은 지극히 구체적인 체험에 입각하여, 하나님을 섬기는 것이 그들이 살 길이라는 것을 깨달았습니다.

그러므로 섬김은 서로가 주님의 몸된 지체로서 서로 사랑으로 교제하라는 뜻으로 받으면 좋을 것 같습니다. "내가 너희를 사랑한 것 같이 너희도 서로 사랑하라!" 이 말씀이 곧 다른 말로는 섬김이라고 할 수 있습니다.

"봉사는 자기 영광을 위한 것이 아니라 남의 영광을 위한 것이다." 봉사의 본 뜻은 사랑에 있습니다. 남을 사랑하기에 열심히 남을 위해 헌신하며, 남의 편리를 위해 일하는 것이 참된 봉사일 것입니다. 그래서 봉사는 취미로 하는 것이 아닙니다. 내 건강을 위하거나 나의 시간을 쪼개서 하는 것이 아니라, 하나님의 사랑이 묻어나는 전달이 있어야 합니다. "내가 너를 사랑하고 있다"가 아니라, "하나님께서 당신을 사랑하신다"고 전하는 행동이어야 합니다.

그러므로 섬김을 위해선 먼저 하나님의 사랑이 무엇인지 배우고, 느껴야 합니다. 그것이 바로 말씀 듣는 시간, 기도 시간입니다. 기도가 배제된 봉사는 핵심과 목적이 빠진 시간 낭비에 불과하므로, 봉사의 참 뜻은 사랑이 우선돼야 합니다.

특히 권력은 탐욕이 아닌 섬김과 봉사의 도구가 되어야 합니다. 지도자의 힘과 권력은 공동체를 섬기고 약자를 보호하라고 주신 하나님의 귀한 선물임을 교회 지도자들이 깨달아야 합니다.

교회 안의 봉사는 주어진 역할을 묵묵히 수행하는 작은 순교이자 십자가를 지는 일입니다. 공동체 안에는 제각기 다른 직분이 있습니다. 이는 머리이신 예수님 안에서 몸과 지체가 역할을 나누어 맡는 것입니다. 때로는 다른 사람의 역할이 더 빛나 보여 섭섭한 시선으로 변해갑니다. 상대의 티끌은 찾지만 스스로의 들보는 보지 못할 때가 많습니다.

그러나 봉사의 모습은 다양합니다. 몸으로 하는 수고와 활동, 시간을 쪼개 주님의 일에 함께하는 것, 그들을 위해 조용히 기도하여 좋은 말로 긍정의 힘을 불어넣는 것, 측은한 마음으로 지지해 주며 금전과 물질로 정성껏 내어놓는 것 등입니다. 여기에 주님의 마음과 시선, 섬김과 위로가 있으면 서로가 큰 힘이 솟구칩니다. 하지만 중심을 잃은 듯 아쉬울 때도 있습니다. 활동을 드러내고 싶어하며, 나서지 않은 채 숨어서 조롱하고, 숨겨진 것을 들추어 분열을 일으키며, 불만을 토로하기도 합니다.

무엇보다, 교회 안에서 섬김과 봉사는 지도자들의 자리임을 명심해야 합니다. 봉사활동을 하는 분들을 보면서, 이런 생각을 해 봅니다. '무엇을 원하느냐? 왜 봉사를 하느냐? 누구를 위해 봉사를 하고 있느냐?' 라고 묻고 싶습니다. 일이나 사람과의 관계가 중심이 된 건 아닌지 돌아 봅니다.

또 종교인으로서 종교생활만 하는지, 신앙생활은 어떤지, '신심생활'로 이어지는지, '영성생활'로 나아가는지 스스로 묻게 됩니다. 신앙인이라면, '주님은 누구를 어떤 마음으로, 무슨 일을 어떤 시선으로 보고 계실까?' 하고 고요한 묵상을 통해 돌아 보아야 합니다. 교회 안에서의 섬김과 봉사는 과연 주님께서 원하는 것인지 다시 한 번 되돌아 봐야 합니다.

이제는 교계가 세상을 향해, 주님의 참 뜻을 진실하게 전해야 할 때입니다. 형식과 억지로 하는 섬김과 봉사는 이제는 그만해야 합니다. 주님이 재림하시는 날, "참 잘했다" 칭찬 듣는 아름다운 성도들이 될 수 있어야 하겠습니다.

지금의 세상은 보통 감동이 아닌 신실한 사랑을 요구하고 있음을 깨닫고, "이웃 사랑하기를 네 몸과 같이 하라"는 주님의 고요한 음성을 세상 향해 행동으로 전해야 하겠습니다.

달리는 '미소 전도사', 박 집사님

용광로처럼 이글거리는 뜨거운 도로 위를, 때로는 시베리아의 불어오는 매서운 추위를 무릅쓰고 도로를 달리며, 저희 교회가 운영하는 부산 만덕종합사회복지관에서 지하철역까지 고객들을 수송하는 것을 '사명'으로 알고 즐겁게 업무를 수행하시는 청지기 같은 분이 있습니다. 믿음의 동역자인 '박 집사님'을 소개하지 않으면 견딜 수 없는 뜨거운 마음이기에, 그 향기를 전하고 싶어 이렇게 펜을 들었습니다.

마치 저 거친 황야를 묵묵히 달리는 기관차의 한 나사처럼, 어느 누구 알아주건 말건 상관하지 않고, 오직 고객들을 위해 불평 한 마디 없이 일하시는 그 모습은 과연 천사라 하지 않을 수 없습니다. 도로를 지나가다 보면 많은 사람들이 그를 알아보며 손을 흔듭니다. 박 집사님은 손을 흔들어 답례를 하며, 살며시 미소를 지어 봅니다. 와이셔츠 단추 같은 눈으로 미소를 짓는 모습을 보노라면, 금세 물씬한 정이 도로 곳곳마다 흘러 넘치는 것을 볼 수 있습니다. 그래서 도중에 어떤 분들은 차를 세워 "시원한 냉커피를 실버카페에 시켰으니 한가한 시간에 드시라"고 말씀하시기도 합니다.

정거장마다 아이들이 탑승할 때는 일일이 이름을 부르고 확인하며, 또 아이들에게 유머와 함께 시시콜콜한 이야기도 하면서 차 안의 분위기를 한층 북돋우는 것을 볼 수 있습니다. 연로하신 분들이 탑승하실 때는 자리에 앉을 때까지 안전을 최우선으로 하며, 어르신들이 불편함 없이 내릴 수 있도록 최선을 다해 안전운행을 합니다. 그리고 연령층을 따라 차 안의 실내온도를 조절하면서 고객들의 편의를 제공하십니다. 박 집사님은 정말 멋진 집사님입니다. 정거장마다 타고 내리는 손님들에게 일일이 인사를 하며, 눈웃음으로 미소를 짓는 모습은 정말 아름답습니다.

점심시간이 되면, 연로하신 할머니, 할아버지, 그리고 젊은 분들께서는 청량음료와 커피를 대접하려고 야단입니다. 대기중인 시간에도 어르신들과 아이들, 그리고 장애인들을 위해 베풀며 애쓰는 모습을 보노라면, "자신의 업무를 천직 같이 생각하고 최선을 다해 일하시는 분이구나! 교만과 욕심 없이 맡은 일에 최선을 다하시는구나!" 하면서 실로 아름답게 느껴집니다.

'네 이웃을 네 몸과 같이 사랑하라'는, 그리스도의 사랑을 실천하면서 달리는 미소 전도사! 박 집사님은 말보다 실천으로 그리스도의 향기를 뿜어내십니다. 물론 타고난 성격도 있겠지만, 그리스도를 만난 후부터는 더욱 믿음의 열정으로 그리스도의 삶을 닮아가려 무던히 노력하시는 분이십니다. 복지관에 찾아오시는 고객들이라면 누구나 한 목소리로 그를 칭찬합니다. 정말 그분은 그리스도의 사람이구나! 어쩌면 행실이 그렇게 아름다울 수가 있느냐고 마냥 부러워하며, 존경합니다.

믿음이 있노라면서 실상은 거짓 위선으로 얼룩진 성도들을 볼 때, 저는 너무나 가슴이 아픕니다. 직장생활에서도 박 집사님처럼 믿음의 본을 보여야 하는데, 입으로는 불신자들에게 예수를 믿는 사람처럼 하지만, 상사에게는 아첨과 아부를 일삼고, 동료를 짓밟고 승진하려는 모습들을 보노라면 정말 가슴이 아픕니다. 배려는 커녕, 믿지 않는 이들보다 더 이기적이며 융합하지 못하고, 질서를 어지럽히는 성도들을 볼 때, 과연 그리스도인이라 말할 수 있겠습니까?

교회 내에서도 마찬가지입니다. 나보다 어려운 성도들을 챙기는 일보다 먼저 자신을 챙기려 하고, 교역자들이나 사람들에게 잘 보이려 애쓰는 모습들을 보노라면, 교회가 정말 믿는 사람들이 모인 사랑의 공동체인지 의심하지 않을 수 없습니다.

박 집사님처럼 주어진 사명을 말없이 기도하며, 그 주어진 맡은 일에 주님을 위해, 성도들을 위해, 그리고 이웃을 위해 한다는 즐거운 마음으로 소임을 다해야 하는데, 오히려 성도들에게 상처를 주며 자신의 생업을 위해 수단과 방법을 가리지 않음을 볼 때 너무나 안타까운 마음입니다. '아버지여, 저들을 용서하여 주옵소서! 자기가 하는 것을 알지 못하나이다' 하고 용서를 구하시는 주님의 그 음성이 우리를 향해 들려옵니다. 박 집사님처럼 진정한 그리스도의 아름다운 향기를 나타내야 하는데 말입니다.

말보다 행동으로, 믿지 않는 불신자들에게 주님의 사랑을 전하는 미소 전도사! 박원하 집사님을 소개하며, 영광의 힘찬 박수를 보냅니다. 주님을 믿으라 소리치지 않아도, 행동으로 모든 것을 나타내는 진정한 도로 위의 전도사, 박 집사님처럼 전도하시기를 소망합니다.

자선냄비의 계절

"댕그랑~ 댕그랑~ 불우한 이웃을 도웁시다."

해마다 12월이 되면, 어려운 이웃을 향한 희망의 종소리가 거리 곳곳에서 울려 퍼진다. 구세군의 자선냄비이다.

그러나 의외로 많은 성도들이 구세군에 대해 잘 모른다. 그저 사회사업을 하는 일종의 단체로 알고 있거나, 심지어 일부 교회 지도자들 중에서는 이단으로 알고 있는 분들도 있다. 안타까운 마음에, 지면을 통해 구세군에 대해 알리려 한다.

구세군(THE SALVATION ARMY)이란 '구제하는 군대'라는 뜻이다. 자선 냄비로 유명한 구세군은 1865년 7월 2일 영국 런던에서 윌리엄 부스가 감리회에서 나와 창설했다. 윌리엄 부스는 15세에 크리스천이 되었고, 그리스도의 복음으로 영국 도시 빈민들을 돕고자 했다. 그 열정은 삶 내내 그를 이끄는 강한 원동력이었다. 비록 10대였지만, 선교에 대한 부스의 재능은 확실했으며, 가난한 이들에 대한 관심으로 가난한 자들이 있는 곳이라면 어디든 찾아가 복음의 메시지를 전했다.

후에 부스는 복음 전도사로서 다양한 감리교 종파들과 일하기도 했다. 하지만 그는 평생의 목표를 발견한다. 바로 런던 빈민거리 선교였다. 그 '빈민의 거리'가 바로 구세군이 시작된 곳이다. 구세군은 1947년 유엔경제사회이사회(UNECOSOC)에서 특별협의지위(special consultatus)를 획득한 국제 NGO가 됐다.

자선냄비가 탄생하는 결정적 사건도 있었다. 1891년 미국 샌프란시스코에서 배 한 척이 난파해 난민들이 생겨났다. 그러나 예산이 부족했다. 그때 구세군 사관 조셉 맥피(Joseph Mcfee) 정위가 이를 안타깝게 여기고 도울 방법을 찾다, 자신이 리버풀에 있을 때 부둣가에 놓여있던 '심슨의 솥'을 기억해냈다. 당시 심슨이라는 이가 가난한 사람들을 돕기 위해, 주방에서 사용하던 큰 쇠솥에 다리를 만들어 거리에 내걸었던 것. 그리고 그 위에 이렇게 써 붙였다고 한다. "이 국솥을 끓게 합시다." 다음날, 맥피 정위는 당국에게 부둣가에 솥을 걸어도 좋다는 허가를 받았고, 많은 사람들이 이를 따라했다. 모금한 돈으로는 난민들에게 따뜻한 수프를 끓여 먹일 수 있었다. 오늘날 전 세계 120여개국에서 활발히 진행되는 자선냄비 모금의 시작이었다.

한국에서는 구세군 사령관이던 스웨덴 선교사 조셉 바아(박준섭) 사관이 불우이웃들을 위한 시설을 운영하면서, 1928년 12월 15일 서울 명동거리에서 처음으로 자선냄비를 들고 모금을 시작했다. 그 해 서울 명동과 충정로, 종로 등 시내 20여곳에 자선냄비를 설치해 총 812원을 모금했다.

구세군은 군대식 조직으로도 유명한, 국제적 규모의 그리스도교 교파 및 자선단체이다. 80여개국 1만 6천 개 전도센터에서 약 112개 언어로 복음을 전파하고 있으며, 3천 곳 넘는 사회복지단체와 병원, 학교기관을 운영하고 있다. 국제본부는 영국 런던에 위치하고 있다.

한국에는 1908년 영국에서 파견된 로버트 호가트 정령이 이끄는 10여명의 사관이 선교사업을 시작한 이래, 교세를 확장하는 한편 의료선교 및 고아원·양로원·육아원 등을 경영하고 있다. 이 밖에 교육기관을 통한 전도에도 힘을 쏟고 있다.

우리나라에서는 구세군 이외에도 많은 개신교 교파들이 있다. 주님께서 원하시는 복음의 진실은 굶주린 이, 목마른 이, 나그네, 헐벗은 이, 병든 이, 그리고 세상에서 소외되고 삶의 소망을 잃은 이, 감옥에 갇힌 이, 한 마디로 어려움에 처한 사람들을 섬기고 그들을 도우며 살라는 것임을 잊지 말아야 할 것이다. 그리고 그리스도인이 추구해야 하는 새로운 삶은, 외면당한 이웃들 안에서 '함께 계시는 하나님'을 만날 수 있도록 그들을 위해 최선을 다하는 데 있다.

유대교는 굶주리고 헐벗고 병든 이, 감옥에 갇힌 이들에 대해 모두 "하나님께서 버리셨다"고 가르쳤지만, 주님께서는 하나님께서 그런 이들과 함께 계신다고 가르쳤다. 예수님은 이 땅에 오셔서 구원의 새로운 소망을 선물하셨고, 인간들이 만들어 놓은 차별과 편견을 물리치시며, 연민과 베풂의 감동을 실천하여, 하나님 나라에 들어갈 초대장을 선물로 주신다.

해마다 성탄절은 찾아온다. 연말연시 기분에 들떠 장사치들의 상술에 놀아나기보다, '댕그랑 댕그랑' 울려퍼지는 희망의 종소리를 기억하자. 주님을 사랑하는 이 땅의 성도들이라면, 불우한 이웃을 향해 따스한 입김을 전해야 할 것이다. 주님 주시는 기쁜 복음에는 빈부귀천이 없다. 내가 가지고 있는 조그마한 재능과 얼마 안 되는 물질이라도, 그들을 위해 쓰인다면 그들에게는 바로 최고의 복음의 선물일 것이다.

"댕그랑~ 댕그랑~' 불우한 이웃을 향하여…."

에셀나무를 심어 지경을 넓혀가는 교회!

무료급식을 시작한지 엊그제 같았는데 벌써 1주년을 맞이하게 됩니다. 그동안 있었던 일들이 무르익어 가는 가을의 정취 속에서, 다시 한 번 이웃을 돌아보는 시간을 만들게 됩니다.

2014년 11월 1일 토요일 오전 11시 30분, 교회 아래에 위치한 어린이 놀이터와 노인들께서 즐기시는 게이트장에서 색소폰의 대가이시며 현재 선교사로 열심히 봉사하시는 박광식 선교사님과 가수 박찬미 씨, 그리고 이웃 교회 권사님들이 민요와 함께 이곳에서 주님을 위해 아름다운 음악회와 함께 다채로운 행사를 펼칩니다. 현재 봉사하는 에셀나무 무료급식 대원들과 함께 땀 흘리며 열심히 준비 중인 모습들을 보노라면, 금세 눈시울이 적셔지고, 마음 한 구석으로 잔잔한 감동이 전해짐을 느낍니다.

이제 입소문을 통해 널리 알려져, 벌써 다섯 그루의 에셀나무가 탄생되었습니다. 교회가 크고 적음의 외형에서 벗어나, 하나님을 사랑하고 그분만을 바라보는 삶을 살려고 무던히 노력하는 지구촌교회 성도들의 모습은 하나님께서 기뻐하시는 왕 같은 제사장임을 확신합니다.

아브라함은 브엘세바에서 에셀나무를 심고 거기서 영원하신 여호와의 이름을 불렀습니다. 에셀나무는 수관이 둥글고 울창하며, 가지는 가늘지만 능수버들처럼 늘어지는 성질이 있습니다. 잎은 적고 가는 것이 비늘처럼 빽빽하게 겹쳐서 나며, 잎이 증산 작용을 하지 않기에 수분 증발이 억제되어 사막같은 건조 지대에서도 푸르게 잘 견딜 수 있습니다.

물이 부족한 환경에서도 끈질기게 살아남는 이유는, 뿌리를 깊이 내려 깊은 곳에서 물을 흡수하기 때문입니다. 특히 에셀나무는 잎이 짧습니다. 짠 잎의 성분이 공기 중 수분을 흡수해 새벽녘에 이슬을 맺기도 합니다. 많은 양의 이슬은 증발열 때문에 한낮이라도 주변보다 10도 정도 온도가 내려가 시원함을 느낄 수 있다고 합니다.

특히 에셀나무와 영원하신 하나님은 곧, 나와 하나님과의 관계를 뜻합니다. 성경에서 아브라함이 아비멜렉과 협상하는 주요 내용이 바로 우물 때문입니다. 그 결과 아브라함의 소유임이 증명된 우물곁에 심긴 에셀나무는 뿌리를 깊이 내려 샘의 근원으로부터 수분을 빨아들여, 사막에서도 늘 푸르름으로 생명력과 자태를 뽐내는 것입니다. 반대로 에셀나무가 말라간다면, 그것은 샘의 근원이 말랐다는 증거입니다.

영혼의 때를 위하여, 지역민을 위해 낮은 자세로 섬기는 지구촌교회 성도님들은 사막에 심긴 에셀나무처럼 푸르름으로, 인류를 구원하시려 이 땅에 오신 주님의 명령에 순종하기 위해 복음 전하는 일과 어려운 이웃을 위해, 목사님과 성도들이 믿음으로 연합하여 섬기는 아름다운 교회입니다. 그러므로 지면을 통해 널리 소개하고자 합니다. 교회 위치는 서민 아파트촌인데, 뒤에는 녹색 삼림이 우거진 아름다운 백양산이 교회 주위를 둘러싸고, 정면으로 멀리 낙동강 은빛 여울이 반짝이며 순박한 인심이 넘치는 정겨운 마을입니다.

36년의 역사를 지닌 지구촌교회는 비록 가난하고 소외되고 힘 없는 노약자 및 장애인들이 많이 거주하는 이 곳으로 옮겨온 후에도, 주민들에게 하나님의 복음을 전하기 위해 매주 토요일 사랑이 듬뿍 담긴 국수를 대접합니다.

주님께서 이 땅에 오셔서 가난한 이웃과 소외된 이들을 섬긴 것처럼 이웃을 위해 배려하며, 주님 주신 사랑으로 그들을 품고 함께 나누는 모습들을 보노라면, 이웃 교회에 다니는 필자도 부러움으로 매주 토요일 봉사에 함께 참여합니다. 건강과 시간이 허락한다면, 매주 토요일 빠지지 않고 함께 봉사하기를 소망합니다.

위 제목에서도 소개했듯, 봉사단체 이름은 에셀나무입니다. 많은 교회들이 모범적으로 봉사하는 지구촌교회를 방문하여, 무료급식 장면을 보고 배워 갑니다. 이후 많은 교회들이 '에셀나무'라는 이름으로 봉사하는 모습을 목격합니다. 목사님과 성도들이 한 마음으로 서로 연합하여 이웃을 섬기는 모습은 에덴동산이 따로 없음을 배우게 합니다.

가파른 언덕길을 올라가 손수 국수를 나르시고, 무료급식에 사용되는 제반 시설물들을 직접 옮기시는 목사님의 모습은 정말 존경스럽습니다. 지구촌교회 김용희 목사님은 젊은 분이시지만 어른에 대한 예의는 물론, 말씀과 행동이 일치하시는 분입니다. 많은 목사님들이 양복에 넥타이를 맨 채 섬기지 않으려는 것을 많이 보았기 때문입니다. 그저 말씀으로만 일을 합니다. 성도들이 다 하겠지 하는 안일한 생각과 행동은 찾아볼 수 없는 이곳 교회입니다.

목사님과 함께 땀 흘리며 일하시는 사모님을 비롯해, 안수집사님, 권사님, 그리고 평신도까지 열심을 다해 섬기는 그 모습에, 정말 박수를 보내고 싶습니다.

아브라함은 아비멜렉을 굴복시키고, 친구로 삼아 정신적으로 그 땅의 주인이 됩니다. 이것을 기념하기 위해 에셀나무를 심고 거기서 영원하신 여호와의 이름을 부르며 여러 날을 살았습니다. 이 곳은 하나님께서 나와 내 후손에게 주신 '우리의 땅'이라고 주장합니다. 아브라함이 언약의 땅에서 나그네로 살며, 가는 곳마다 단을 쌓고 여호와의 이름을 부른 이유 중 하나입니다.

그러므로 믿음이란 이렇게 나그네 된 세상에서 하나님의 약속을 굳게 믿고 나가는 삶을 사는 것입니다. 우리는 이 방법으로 약속된 개인적인 풍성한 삶에 이르며, 땅끝까지 복음을 전하며 하나님의 나라를 세워갈 성도들임을 항상 기억합시다. 내가 약속을 지켜야 할 복음의 땅은 어디입니까? 날마다 나를 내려놓고 주님만 전적으로 신뢰하며 나아갈 곳은 어디입니까? 오직 믿음으로 전진하여 많은 에셀나무를 심고, 지경을 넓혀나가는 지구촌교회 목사님과 성도들이 되시기를 축복합니다.

지구촌교회 뿐 아니라 이 땅의 모든 교회들이 지역주민들의 필요를 해결해 주며 그들의 고통을 에셀나무 뿌리에 묻고, 하나님의 사랑에 목말라하는 영혼들에게 사랑을 듬뿍 선사하는 에셀나무의 샘이 되도록 기도합니다. 그리고 기쁨과 향기의 에셀나무가 쭉쭉 뻗어나가 숲을 이루고, 비록 시작은 미약한 것 같지만 지경을 넓혀가는 기적을 이루는 지구촌교회가 되기를 간절히 소망합니다.

제2장

기다리는 신앙인들

대림절, 우리 신앙인들의 기다림은

기름을 준비한 다섯 처녀들은 아마 주님 오시기를 학수고대하며, 신랑이 더디 오는 것을 마음 저리며 안타깝게 여겼을 것입니다. 반면 등불에 기름을 준비하지 않은 자들은, 세상 즐거움에 세월이 빨리 지나가는 것을 못내 아쉬워하며, 미래에 닥쳐올 재앙을 모르고 있었습니다.

재림의 날을 기다리며, 주님께서 하늘 문을 활짝 여시고 어서 속히 내려오시기를 구하며, 그리스도 예수께서 우리 앞에 나타나시기를 기다리는 대림절입니다. 선한 신앙인들의 이러한 기다림에는, 언제 올지 모르는 집주인을 위해 "깨어 기다리라"고 말씀하십니다.

그렇다면 우리는 주님이 아니라 도대체 무엇을 추구하고 기다리고 있었던 것입니까? 자신의 삶의 목표를 따라 그저 살아가고 있나요? 예수님께서도 우리에게 물으십니다. "너희는 무엇을 구하러 광야에 나갔더냐? 바람에 흔들리는 갈대냐? 아니면 무엇을 보러 나갔더냐? 고운 옷을 입은 사람이냐? 고운 옷을 걸친 자는 왕궁에 있다. 아니라면 무엇을 보러 나갔더냐? 바로 예언자 요한이다."

그러면서 우리가 추구해야 할 삶의 방향을 알려 주십니다. 그것은 왕궁의 삶이 아니라, 예언자의 삶을 살아야 한다는 것입니다. 성경 말씀처럼 썩어질 것에 지나지 않는 세상의 가치가 아니라, 하나님 나라의 가치를 살아가는 삶을 준비하라고 일러 주십니다.

그리고 주님께서는 우리를 향해 부탁하십니다. "누구든지 사람들 앞에서 나를 안다고 하면 나도 하늘에 계신 아버지 앞에서 그를 안다고 증언할 것이다. 그리고 모른다고 하면 나도 모른다 할 것이다." 그러므로 우리는 무엇을 기다리며, 무엇을 목표로 하고 살아가는지, 명확히 구분하고 표현하며 살아가야 할 것입니다.

우리는 좋고 선한 것을 기다리고 기대하지만, 싫은 것과 악한 것들은 그냥 지나가기를 원합니다. 우리의 삶은 지나감이 아니라, 기다림이 많은 삶을 살아가야 합니다. 지나가는 것은 기다림을 이루기 위해 있는 것입니다. 우리 인생은 통과가 아니라, 기다림의 연속이어야 합니다.

이 기다림에는 나의 가족과 이웃, 그리고 나와 뜻을 같이하는 사람, 그리고 나에게 닥쳐올 죽음과 그 이후 주님과의 만남들이 포함되어 있는지요? 이런 기다림들이 나의 인생이 돼야 할 것입니다.

그리고 이 기다림의 지표는 주님께서 들려주시는 최후의 심판입니다. "내가 진실로 너희에게 말하노니 너희가 내 형제들인 이 중에 가장 작은이들 가운데 한 사람에게 베푼 것이 바로 나에게 해준 것이다"라고 주님은 말씀하십니다. 이렇게 사랑은 하나님과 이웃을 내 몸 같이 사랑해야 한다는 명령에 모두가 충실한 것입니다.

지금 2017년의 대림과 성탄은 나에게 기다림입니까? 아니면 여느 때처럼 그저 매년 돌아오는 일상으로 지나치려 하십니까?

특히 예수님을 만나고 기다리는 일을 항상 뒷전에 두는 신앙인들의 어두운 미래를 위해 친히 예언하시는 음성에 귀를 기울입시다. 우리가 먼저 배우려고 안달인 지식들은, 나중에 아무것도 아닌 것이 될 것입니다. 우리는 먼저 가르쳐야 할 것을 먼저 가르쳐야 합니다. 그러면 나머지는 훗날 저절로 다 얻어질 것입니다.

때로는 교회들마다 주님의 몸된 교회를 바로 세우기 위해, 선하고 양심적인 신앙인들이 한데 어울려 뜻을 같이하는 중에도 '고라와 다단과 아비람과 온'이 당을 짓고 이스라엘 자손 총회에서 택함을 받은 자, 곧 회중 가운데 이름 있는 지휘관 이백 오십 명과 함께 일어나 하나님께서 선택한 지도자 모세에게 반기를 들었습니다. 이들은 모세와 아론에게 거스르는 일들과 대적하는 일들을 시시때때로 진행함으로써, 40년 탈출 역사에 있어 첫 사건을 제공하게 되는 안타까운 일이 발생했습니다.

뿐만 아니라 고라와 다단, 아비람과 온, 그리고 그들에게 부화뇌동했던 지도자들은 지진과 불로 멸망을 당했습니다. 또한 그들을 지지하며 모세와 아론을 죽이려 했던 이스라엘 백성들도 염병으로 일 만 명 이상 죽임을 당하는 실로 어처구니없는 처참한 수모를 겪게 됩니다.

이스라엘 백성들은 이집트에서 탈출해 홍해를 건너 시내산에서 여호와 하나님과 대면하고, 광야를 지나 가네스바네아에서 정탐꾼을 보내 엄혹한 가나안 땅에 대한 보고를 받습니다. 보고에 절망한 이스라엘 백성들은 하나님께서 약속하신 것을 믿지 못한 채 다시 이집트로 돌아가려 했습니다. 결국 그들 중 20세 이상의 성인들은 가나안 땅에 들어가지 못할 것이라는 여호와 하나님의 준엄한 선포가 내려지고 말았습니다.

이 약속은 지켜졌고, 모세 역시 가나안 땅을 밟지 못하는 불운을 겪고 맙니다. 이스라엘 백성들은 여기서 마지막 기회를 놓침으로, 38년이라는 긴 여정을 객지에서 보내게 됩니다.

이 사건은 오늘날 우리 신앙인들에게 좋은 교훈이 되기도 합니다. 물론 430여 년이란 긴 세월 가운데 노예 생활에 젖어 살던 이스라엘 민족이 단시간에 이집트 문화들을 뿌리째 뽑는 것이 그리 쉽지는 않았을 것입니다.

그러나 하나님의 명령을 어긴 죄로 인해 수많은 백성들이 희생을 당했고, 심지어 20세 이상 성인들은 여호수아와 갈렙을 제외하고는 한 사람도 가나안에 들어가지 못했다니, 실로 선택된 하나님의 백성들을 개혁하기 위해 얼마나 많은 희생이 따랐는지를 알 수 있습니다. 20세 이하였던 다음 세대들만 가나안에 입성할 수 있었습니다.

어느 모임이든 꼭 고라와 같은 사람들이 있게 마련입니다. 이런 분들 때문에, 하루 빨리 처리해야 할 일들이 늦어지면 수많은 경비와 인력이 낭비됩니다. 뿐만 아니라 서로 간에 시기와 분쟁이 일어나 오히려 일을 그르칩니다. 이렇듯 천국에 입성할 자격이 모자란 사람들이 많다니, 참으로 애석합니다.

일단 지도자를 선택했다면, 나쁜 길로 가는 것이 아닌 다음에야 믿고 따라줘야 합니다. 일은 하지도 않으면서, 입술로만 외치는 이들도 적지 않습니다. 늘 뒤에서 '궁시렁 궁시렁' 하는 이들도 있습니다.

자신에게 다소간 대접이 소홀하다 해서, 마음 맞는 이들을 유혹하여 그 모임에서 동반 탈퇴하는 신앙인들이 있다면, 성경 속 고라와 다단과 아비람과 온 등과 무슨 차이가 있습니까? 바로 모세와 아론을 죽이려 하는 사람과 다를 바 없지 않겠습니까?

옳은 일이라면 과감히 양보할 줄도 알아야 합니다. 특히 나쁜 길이 아니라면, 지도자가 당부하는 말씀은 절대 순종해야 합니다. 그리고 좋은 아이디어, 창의적인 발상은 지도자들에게 적극 건의하여, 속히 가나안 땅에 들어갈 수 있도록 동참해야 합니다.

내 주장과 뜻이 관철되지 않는다 해서 그 조직을 와해하려 하는 것은 신앙인들로서 옳지 않은 처사입니다. 순종하면서도 건의할 것은 건의하고, 상대방을 배려하면서 서로의 아픔과 상처를 보듬고, 인내하며 기다린다면, 하나님의 확실한 보상이 선물로 찾아올 것입니다.

뿐만 아니라 옳은 일은 절대 포기하지 말고, 과감하게 추진합시다. 그러면 젖과 꿀이 흐르는 가나안을 차지하는 영광이 곧 찾아올 것입니다.

지도자들도 불평불만을 토로하면서 마음에 상처를 주는 사람들의 행동에 마음고생을 하거나 외로워하기보다, 곧 찾아올 하나님의 따스한 사랑의 포옹과 위로를 굳게 믿고 나아가면 좋겠습니다.

그 이름은 임마누엘

"보라 처녀가 잉태하여 아들을 낳을 것이요 그의 이름은 임마누엘이라 하리라(마 1:23)".

"그는 선지자를 이사야를 통하여 말씀하신 지라 일렀으되 광야에 외치는 자의 소리가 있어 이르되 너희는 주의 길을 준비하라 그가 오실 길을 곧게 하라 하였느니라(마 3:3)".

예수님보다 6개월을 앞서 선구자로 보냄을 받은 세례요한은 천국과 하나님의 임박한 심판을 선포하며, 유대인들에게 회개를 촉구하였습니다. 이는 곧 성령으로 베푸실 '메시아'를 영접하도록 준비하게 한 것입니다.

이제 곧 성탄절이 다가옵니다. 오시는 아기 예수님을 잘 맞이할 수 있도록 우리 마음의 교만함과 편협함, 그리고 왜곡된 것들과 열등감 등 내려놓을 것은 내려놓고, 빗나간 것은 바로잡고, 움푹 파여진 것은 다시 세우며 평탄한 길이 될 수 있도록 잘 닦아야 할 것입니다.

그러나 매년 오시는 주님은 우리가 생각하고 만들어내는 하나님이 아니며, 우리의 눈높이에 맞도록 하는 하나님도 아닙니다. 오시는 메시아는 인간이 생각하는 것보다 더 가난하고 비천하며, 세상의 권세와 압력에 힘들어 하는 분으로, 우리 곁에 찾아오신 분입니다.

"회개하라 천국이 가까웠느니라"는 외침을 따르는 진정한 '회개의 삶'만이 주님이 오시는 목적대로의 길임을 알아야 합니다. 그 분의 탄생을 기다리며 기념하는 것도 중요하지만, 사람으로 우리를 위해 오시는 그 분은 참된 구원의 역사와 사랑을 선물하시기 위해 오셨습니다. 탄생과 죽음, 부활과 승천을 함께 이루신 그 분을 통해, 완전한 회개의 삶과 구원의 역사를 전적으로 희망하는 믿음입니다.

진정한 회개의 삶에는 깊은 내면까지 변화와 쇄신이 작용해야 합니다. 우리가 생각하고 판단하는 모든 것들은 근본적으로 새로운 변화를 추구하며, 가던 방향을 새롭게 전환하는 것이야 말로 참다운 회개의 삶이 아닐까 합니다.

또 진정한 회개를 통하여 우주 만물과 역사의 주관자 되시는 예수 그리스도의 공생애 속 말씀과 행적을 통하여, 어리석은 인간 역사에 참다운 의미를 찾아, 주님께서 우리 신앙인들에게 참 평안과 사랑을 선물하시기 위해 이 땅에 오셨음을 믿어야 합니다.

주님이 오심은 필연적이며, 오시는 주님은 이미 우리 가운데 역사하고 계십니다. 그러므로 우리는 주님 오시는 그 때를 위해 '항상 깨어있으라' 는 주님의 당부에 귀를 기울이며, 성도들에게 스스로 정화하고 준비하는 마음으로 신앙생활을 할 것을 권면하십니다.

요즘 국내외 정세는 한치 앞도 내다볼 수 없을 정도로 혼란스럽고 불안합니다. 국민들을 위해 봉사한다는 분들이 사명감을 상실한 채 사리사욕을 채우기에 급급하며, 정당 모두 당리당략에 사로잡혀 이 나라의 앞날과 백성들의 안전한 삶을 외면한 채 표류하고 있음을 개탄하지 않을 수 없습니다. 백성들은 무엇이 옳은지 분별력을 잃고 어떻게 무엇을 해야 할지 방황하는 처지로, 그저 한쪽 말만을 들으며 함성을 지르고 있는 모습이 실로 안타까울 뿐입니다.

비록 지금의 시기는 불안과 위기와 불확실이 가득한 것처럼 보일지 모르지만, 우리가 믿고 확신하는 사랑의 하나님께서 이 나라와 이 백성을 결코 내팽개치지 않으리라 확신합니다. 지금은 오히려 새로운 시대를 맞이할 도약의 기회라고 생각합니다.

우리 믿는 성도들은 이럴 때일수록 낮은 자세로 하나님 앞에 매달려 기도해야 합니다. 그리고 하나님을 부정하는 공산당의 활개 치는 놀음에 대해 과감히 물리쳐야 하며, 이리떼들의 장난에는 근처에도 가지 말아야 합니다. 대신 주님의 뜻을 고요하게 기다리는 간절한 기도가 필요한 시기입니다.

우리는 '임마누엘'의 주님을 영접하며, 기쁘게 맞이해야 합니다. 그 분만이 세상의 모든 문제를 해결할 수 있는 분이십니다. 지금 이 위기의 시대는 전환의 때이므로, 믿는 자로서 더 성숙한 믿음의 자세를 갖고 오시는 임마누엘을 기다리며, 찬양으로 화답해야 합니다.

눈앞에 이익과 사리사욕에 사로잡혀, 보다 큰 미래를 위해 보지 못하고 현실에 안주하는 신앙인으로서 살고 있지 않은지 돌아보아야 할 때입니다. 우리는 모든 것을 비우는 마음도 중요합니다. 그러기 위해서는 나를 내려놓아야 합니다. 주님도 우리가 생각하는 눈높이에서 오신 것이 아니라, 가장 천하고 낮은 곳으로 오신 분이기 때문입니다.

이제 임마누엘의 주님이 오십니다. 우리는 그 때를 위해 항상 엎드려 기도하고 깨어 있어야 하겠습니다. 그리고 오시는 그 분의 삶을 따라 복음적 삶을 살아 그 분이 내 신앙의 주인이 될 때, 주님은 왕으로 내 안에 계실 것입니다.

그리고 주위를 돌아볼 수 있는 긍휼함이 있어야 하겠습니다. 항상 나보다 잘 사는 사람들과 비교하면서 낙담하거나 팽개치는 삶을 살아서는 결코 안 될 것이며, 나보다 못한 소외되고 가난한 이들을 위해 그리고 나를 필요로 하는 이웃이 있다면 서슴치 않고 달려가 그들의 문제를 해결해 줍시다.

한 해를 마무리하고 새로운 한 해를 준비하면서, 지난 1년 우리들의 신앙생활을 다시 한 번 점검하는 시간도 가질 필요가 있겠습니다. 주님을 왕으로 고백하면서, 그 분과의 관계를 재정립하는 소중하고 고귀한 아름다움의 시간이 되었으면 좋겠습니다.

그 이름은 임마누엘, 다시 오실 임마누엘입니다.

응답하라, 성탄절의 추억

2015년을 엊그제 시작했는데, 벌써 성탄이 가까워 옵니다. 지난해나 올해나 하나님께서 창조하신 질서의 법칙 아래 변함 없이 세상은 흐르고 있는데, 인간들은 새삼스럽게 이를 느끼면서 빠르게 흘러가는 세월 앞에 애써 괴로워합니다.

필자가 어린 시절에는 성탄절 한 달 전부터 거리마다 캐럴 소리에 기뻐하였습니다. 한 해가 기울어지고 다시 찾아오는 희망의 새 아침을 기다리는 마음으로 설레었던 추억이 새삼 떠오릅니다. 교회 안에서는 매일같이 성탄절 발표회를 위한 연극과 찬양을 준비했고, 성탄절 이브에는 발표회를 마친 후 선물 교환 프로그램에 상당한 기대를 하며, 마음 놓아 함께 즐겁게 지낸 일들을 추억합니다.

당시는 가난했던 시절이라, 제일 좋은 선물은 만년필이었습니다. 어떤 선물은 포장을 거창하게 하여, 수십 번 박스를 뜯고 종이를 뜯고 보면 타다 남은 연탄재나 호떡이 나온 사례도 있었습니다. 하지만 서운해하지 않고, 오히려 그로 인해 한바탕 크게 깔깔 웃던 모습들이 아련히 떠오릅니다. 선물의 내용물은 시원찮은데 벌칙은 너무 무거워 인상을 찌푸리며 웃던 시절을 지금도 추억합니다.

선물 교환 순서가 끝나면, 대개 새벽 2시쯤 됩니다. 봉사부가 준비한 떡국이 나옵니다. 가난하던 시절이라 떡국은 꿀맛이었습니다. 한창 떠들고 나면 배가 고파 옵니다. 집사님들이 끓여 주신 떡국은 그야말로 별미입니다. 얼른 챙겨먹고는 곧장 팀을 나누어 '새벽송'을 나갑니다.

만들어 놓은 등을 들고 아기 예수님의 탄생을 전하는 새벽송이 고요한 세상을 향해 울려 퍼져갑니다. 당시에는 새벽에 찬송을 불러도 시끄럽다고 야단치는 경우가 없었습니다. 성도의 집을 일일이 방문하는 가운데, 경찰서와 병원, 소방서 등 국가기관, 공장과 회사 문 앞에서 기도하면서 주님 오심을 힘차게 찬송하였습니다.

찬송이 끝나면 답례로 선물이 나오기도 합니다. 따끈한 식혜와 수정과를 대접하는 가정도 있었습니다. 새벽송이 끝나면, 선물 보따리가 한 자루 되어 교회로 돌아옵니다. 새벽송 대원 중에는 선물 보따리를 메고 다니는 청년도 있었습니다. 오전 성탄예배를 마친 후, 받은 선물들을 들고 고아원으로 갑니다. 당시에는 고아원을 자주 방문하여, 준비한 순서와 선물로 그들과 함께 하루를 보내곤 했던 기억이 피어오릅니다.

하지만 오늘날에는 소박하고 인정 넘쳤던 웃음들이 사라지고, 홀로 이기적인 성탄을 맞이하는 성도가 많은 것 같습니다. 주님의 오심이 예전과는 사뭇 다르게 느껴지는 것입니다.

교회 건물 앞 색색별 휘황찬란한 불빛들만 성탄절일 뿐, 우리는 그저 냉랭한 마음으로 해마다 찾아오는 성탄절 행사를 치르고 있는 건 아닐까요.

이제 다가오는 아기 예수님의 탄생을 진심으로 맞이하면서, 성도는 성도답게 믿음 생활을 할 수 있도록 주님께서는 전 생애를 통해 가르쳤습니다. 하지만 물질만능과 갑을관계, 교회 안에서의 경제적 폭력, 집단 이기주의 등은 아기 예수님이 이 땅에 오심을 모르는지, 그 가르침을 보지도 듣지도 못하도록 우리의 눈과 귀를 막아 버리고 성도가 아름답고 즐겁게 신앙생활을 할 수 없도록 만들고 있습니다.

주님께서는 움푹 들어간 곳이 메워지고, 굽은 곳은 곧아지며, 거친 황무지 같은 곳이 평탄하게 되어, 사랑으로 더불어 살아가는 교회 안팎이 되기를 바라셨지만, 오히려 성도는 더 갈라지고 거칠어지며 굽어져, 어디로 가야 할지 방향을 잃은 채 방황하고 있음을 세상의 눈으로도 확인할 수 있습니다.

특히 교회 안에서는 주님을 위해 예배를 드리면서 가난하고 소외되고 어려운 이웃을 위해 나누고 베푸는 믿음의 생활을 해야 하는데, 물질을 옳은 곳이 아닌 지도자들의 명성과 칭찬을 듣는 데 사용하고 있습니다. 이는 주님께서 낮고 낮은 이 땅에 오신 성탄의 의미와는 아무 관련이 없습니다.

교회 안에서도 세상에서 누리는 물질적 성공을 최우선 가치로 여기면서, 수단과 방법을 가리지 않고 질서와 원칙을 무시하는 신앙생활을 하는 이들이 있습니다. 예수님께서 늘 강조하신 사랑의 실천이 이렇게 붕괴되면, 고스란히 피해를 입는 것은 순진한 성도 뿐입니다.

교회는 세상의 빛과 소금의 기능을 제대로 수행하고, 성도를 보호하면서 영혼을 구하기 위한 본연의 사명을 감당해야 합니다. 우리가 주님의 탄생을 기다리는 것은, 그 가르침을 따르겠다는 의지의 표현이지 않습니까? 이 땅에 오신 주님처럼 서로를 위한 삶을 지향하고 인간의 존엄성이 강조되는 사회를 만들려면, 먼저 교회 안에서부터 이를 시작해야 하지 않겠습니까?

주님을 사랑하는 성도가 하나님의 놀라우신 사랑과 구원을 보게 되는 그날이 꿈이 아닌 현실이 되도록, 성도가 기쁘고 즐겁게 믿음의 생활을 할 수 있도록 우선 배려해야 합니다. 가장 낮고 천한 곳으로 오신 주님의 한량 없는 사랑을 깨닫는다면, 나약하고 불쌍한 양들을 우선 치료하는 지도자가 되어 주시기를 다시 한 번 기도하며 소망해 봅니다.

성탄절에는 양들이 즐거워야 하며, 지도자들은 세상 사람들과 더불어 그 즐거움에 함께해야 합니다. 그리고 모든 성도는 주님 오심을 세상에 알리는 데 동참해야 합니다. 그들을 위해 참 빛과 소금이 되기를 소망해 봅니다.

소망의 새해, 변화되는 삶

새해는, 지구상에 존재하는 모든 이들에게 공평하게 찾아 왔습니다.

전날까지도 하늘에 떠 있는 태양을 무심하게 대하더니, 새해 첫날에는 이른 새벽부터 떠오르는 해를 찾느라 난리법석입니다. 심지어 밤샘을 하면서까지 해오름을 보기 위해 지극정성을 다합니다.

오랫동안 꿈꾸며 갈망했던 소원, 건강과 행복과 평화가 실현되고, 그리스도인으로서 일상생활 속에 복음적 가치관이 묻어나는 하루하루의 삶을 소원하며, 을미년 새해를 가슴으로 안아봅니다.

모두가 한 마음으로 새해를 품고, 매일 살고 있는 평범한 일상이 더할 나위 없는 복된 순간이며, 그 안에 삶의 진리가 담겨 있음을 깨닫고, 주어진 모든 것들에 감사하며, 어제보다 더 나은 오늘이 될 수 있는 것이 바로 그리스도인의 삶임을 깨닫고 실천하도록 노력하겠습니다. 주위를 돌아볼 겨를도 없이, 자신이 무엇을 하는지도 모른 채 살아가는 바쁜 일상 속에서 벗어나, 을미년 새해는 더욱 주님의 삶을 닮아 살도록 노력하겠습니다.

소외되고 억울하며 멸시받는 이들을 위해, 그들을 위해 살아갈 수 있는 용기와 지혜를 배우며, 그들을 품을 수 있는 사랑을 주님께 의지해 보겠습니다. 먼저 나를 돌아보며, 나를 사랑할 수 있는 마음을 느끼고 체험하겠습니다.

탐욕과 독선, 권력과 이기심, 세상의 쾌락과 현실에 안주하는 습관적인 과도한 집착에서 벗어나 자신을 내려놓고, 세상에서의 즐거움을 만끽하지 못하더라도 혼자 일어설 수 없는 약자들을 도우며, '이웃을 네 몸과 같이 사랑하라' 하신 주님의 간절한 사랑의 힘을 온 세상에 전파해 주님의 향기 만발하게 하고 싶다는 꿈을 이루도록 최선 다하는 새해가 되겠습니다.

매사에 부정적인 생각에서 벗어나, "네 덕분에 내가 행복했어!" 하면서 웃음짓는, 주님의 자녀가 되겠습니다. 그리고 "나는 할 수 있어" 하면서, 실패를 두려워하지 않고 기도와 찬양의 방패로 세상 유혹을 물리치며, 사탄의 공격을 사전에 차단하는 십자가 군병이 되겠습니다.

특히 새해는 더욱 주님을 깊이 사랑하며, 매일을 순교하는 정신과 마음으로 살도록 주님께서 도와주시기 바랍니다. 우리는 너무 연약합니다. 하루에도 수십 번씩 넘어집니다. 강하고 담대한 믿음의 반석 위에 주님의 복음을 위해, 교회 안에서는 성도들을 사랑하고 불신자들에게 아름다운 본을 제공하는 참 그리스도인으로서 살 수 있도록 주님께서 늘 품어주시기 바랍니다.

남의 탓으로 나를 회피하지 않고, 주변 여건과 환경의 탓으로 비껴가지 않으며, 함께 그리스도의 진실하신 사랑을 나누면서 긍정적인 사고로 나의 잘못을 시인하고 인정하는 아름다운 삶을 살도록 함께 노력해야 하겠습니다.

목사는 목사로서 자신을 내려놓고 하나님께서 가르쳐 주신 제사장의 직분을 다하고, 장로는 장로로, 집사는 집사로, 권사는 권사로, 평신도들은 평신도로서 최선을 다해 일상에서 맡은 본분을 다하는 아름다운 청지기들이 되기를 새해를 맞아 간곡히 부탁드립니다. 지난해 겪었던 좌절과 실패를 부수고, 새해는 잘했다 칭찬 듣는 주님 제자들이 되시기를 기대해 봅니다.

새해, 버리지 못하는 습관들

맑은 날씨라면 아침 먼동은 힘차게 솟아오르고, 저녁이면 영락없이 해는 서산으로 넘어갑니다. 평소 중천에 떠 있는 태양에는 별 관심이 없더니, 한 해가 가고 새해가 찾아오면 이른 새벽 미명부터 떠오르는 해를 보려고 난리 법석이며, 좋은 위치를 잡으려 밤샘까지 하는 분들도 있습니다.

아울러 술과 담배를 끊겠다고 다짐을 합니다. 성도들 중 일부는 술과 담배를 끊지 못해, 새해를 맞아 다짐을 했던 것이 작심삼일 만에 무너지고 맙니다. 비록 술·담배가 아닌 믿음의 생활에 있어, 작은 습관들을 버리지 못해 신앙생활에 걸림돌이 되고 지장을 초래하므로, 기쁨 없이 근심과 걱정 속에 살아가고 있는 성도들이 있습니다.

물론 성도들이라면 술과 담배를 금하는 것이 좋을 것입니다. 하지만, 술과 담배를 끊는 것만이 해결방법은 아닐 것입니다. 하나님께서 주신 삶을 건강하고 행복하게 누리는 것입니다. 많은 분들은 남편이나 아내가 술을 너무 많이 마셔서, 술을 덜 먹을 수 있는 방법으로 다양한 기구나 식품, 약을 이용해 끊어보려 안간힘을 다 씁니다. 담배 역시 마찬가지입니다. 또한 집에 아이가 게임이나 컴퓨터, 그리고 도박 때문에 공부를 게을리한다며 근절하도록 도와 달라는 분들도 있습니다.

어찌 보면 우리는 삶의 여러가지 문제들을 단순하게 생각하는 것 같습니다. 원천적인 처방으로 내가 늘 실패하는 방식을 탈피해, 건강한 방법으로 해법을 찾아야 합니다. 즉 알콜, 마약, 그리고 도박 등 중독 행동을 멈추기 위해서는 생활 전반의 안정이 바탕이 되어야 합니다.

그러기 위해 바꾸어야 할 것은 비단 술, 도박, 마약뿐 아니라, 우리 생활 전반에 있어 수도 없이 많을 것입니다. 작은 습관 하나를 바꾸는 것이 얼마나 힘든 일인지 생각해 보면, 단순히 믿음이 약해서가 아니라 변화하려 하지 않기 때문임을 알 수 있습니다.

어찌 보면 술과 담배는 믿음과 별 상관이 없는 것 같기도 합니다. 하지만 지나치면 화가 되기 때문에 가능한 절제를 하거나, 습관을 바꿔야 합니다. 술을 마시고 담배나 마약, 그리고 도박 행위 하나만 끊어내는 것을 넘어, 왜 술을 마시고 담배와 마약 또는 도박을 통해, 무엇이 내게 채워지는지 고요하게 살펴야 할 것입니다.

삶의 전반을 살피는 것, 그것이 또 다른 화두입니다. 언제나 문제의 해결은 그 문제 하나만이 아니라, 삶의 전부를 돌아보는 성찰과 전반을 바꾸려는 노력, 그리고 삶의 방향을 바꾸려는 의지에서 찾아옵니다. 그리고 그것이 내 의지대로만 되는 것이 아니고, 오직 성령님이 내 안에 들어오셔서 어루만져 주시는 것만이, 내 삶의 전반적인 모든 문제를 해결하는 길입니다.

1년 52주 동안 습관적으로 교회 마당만 밟을 것이 아니라, 진정 내가 교회에 왜 나가는지, 봉사를 왜 하는지, 신앙인으로서 불신자들이 나를 바라볼 때 그들이 정녕 나를 좋아할 수 있을지, 예수님의 향기를 퍼뜨리고 있는지를 정확하게 간파한다면, 문제는 해결될 것입니다.

지난 신문에 기독교 인구가 증가했다는 보도가 나오고 현재 기독교 인구가 1위로 달린다는 소식이 기쁘기는 하지만, 과연 1위로서 자격과 역할을 하고 있는지 매우 의심스럽습니다. 직장이나 사업장에서 하나님을 사랑하는 믿음의 권속들답게 행동을 앞세우는지, 그리고 교회 안에서 서로 사랑하며 하나님의 복음을 위해 한 마음이 되어 신앙생활을 하는지….

성도들 간에 시기와 모함, 그리고 아부와 이간질이 난무한 교회를 보면, 주님의 회초리가 있어야 할 정도로 너무 심각한 지경에까지 이르렀습니다. 믿지 않는 이들의 술, 담배가 문제가 아닙니다. 믿음이라는 술에 취해 분별력을 상실한 채 습관적인 신앙으로 살아가는 성도들을 보노라면, 이 책임은 누구에게 있는지 묻고 싶습니다.

새해가 찾아왔습니다. 새벽을 깨우는 우렁찬 닭의 함성으로 깨어나야 하겠습니다. 사소한 습관 하나하나라도 고쳐 가면서, 단점은 보완하고 장점은 잘 활용하여 그리스도의 복음을 전파하는 일에 모두 동참하며, 불우한 이웃들에게 작은 미소를 드리고, 그들의 온기가 되어 곁으로 다가가는 신앙인들이 되면 좋겠습니다.

세상을 만드시고 운행하시는 분은 하나님이십니다. 해를 만드시고 달과 별, 그리고 은하수와 우주 전체를 만드신 하나님 외에 어떤 형상에도 숭배하거나 절하는 일이 없도록 해야 하며, 어떤 권력이나 부를 누리는 자들을 숭배하는 일들도 신앙인으로서 배척해야 하겠습니다. 그 역시 나도 모르게 몸에 익숙해있는 습관들임을 깨닫고, 내가 먼저 변화하려고 노력하는 참 신앙인들로 함께 바뀌어가길 기대합니다.

봄을 기다리는 믿음

사계절 중 하나인 봄은 보통 양력으로 3-5월까지이며, 음력으로는 절기상 입춘에서 입하까지를 말합니다.

우리나라는 사계절이 뚜렷하여, 계절 하나 하나의 독특한 맛을 볼 수 있는 축복의 땅입니다. 그러므로 대한민국에서 태어나고 자란 사람은 세계 어느 곳에 가더라도 적응력이 쉬우며, 생명력이 강한 백성입니다. 오죽하면 입양아 선호도 1위가 한국 어린이라고 합니다.

작가 푸생은 자신의 작품 "사계"에서 아담과 이브가 존재하는 에덴동산의 삶을 '봄'으로 표현했는데, 탁월한 선택이었다고 생각합니다. 에덴동산은 새 삶의 탄생과 시작을 알리는 것으로, 그것이 곧 '봄'입니다. "봄의 축복을 깨닫지 못하는 내가 저주스럽다. 봄은 태초에 에덴동산에 있었다. 모든 것이 풍요롭고 아름다웠다"고 그는 표현했습니다.

일제강점기 시절 시인 이상화의 시에서는 '빼앗긴 들에도 봄은 오는가!'라고 했습니다. 나라를 잃은 고통과 슬픔 속에서도 희망을 잃지 않고 오로지 조국의 독립을 위해, 암울한 현실 속에서도 드디어 역사의 '봄'은 오고야 말았습니다.

지금 나라 안에는 온통 검은 먹구름뿐입니다. 한 마음으로 뭉치지 못하고, 각자의 이익을 위해 저마다 소리지르며, 난리법석입니다. 조상들의 피와 눈물과 땀의 희생으로 지켜온 이 나라가 부흥이 아닌 멸망의 길로 치닫고 있음을 심히 개탄할 뿐입니다.

모두 나라와 백성을 위해 일하겠다고 하는데, 무엇이 나라를 위하고 백성을 위하는 길인지 분간할 수 없는 그들이 과연 무엇을 노리고 있는지, 선열들의 숭고한 뜻을 제대로 안다면 이런 추한 모습들을 어린아이들이 보는 앞에서 자행을 해도 되는지….

오늘날 많은 사람들이 기독교 신앙을 품고 살아갑니다. 그렇지만 그리스도인으로서 신앙을 가지고 있다면서도, 삶에서는 비기독교적 가치관으로 살아가고 있음을 목격합니다. 그리스도인들은 성경이 가르치는 대로 살아야 할 의무가 있으며, 성경대로 살려면 성경적 근거에 의해 형성된 신앙관을 가져야 합니다.

'봄'은 새로운 시작을 의미합니다. 그 시작에는 충분한 회개와 도전이 있어야 합니다. 회개만 하고 아무 일을 하지 않는다면, 회개는 있으나 마나 한 무용지물입니다. 건성으로 하는 회개가 아닌, 신실한 도전만이 회개의 열매가 되는 것입니다.

신앙인들의 삶은 칠흑같이 어둡고 참혹하리만치 매서우며 고통스러운 추위 속에서 실낱 같은 희망을 안고, 머지 않아 찾아올 밝은 '봄'을 위해, 숱한 설움과 가시밭길을 걸으며 참고 인내하는 것입니다. 그리스도가 주시는 복된 '봄'을 얻기 위해, 오늘도 험한 일을 마다하지 않고 입으로 찬송하며 살고 있습니다.

가난한 자나 부유한 자, 감옥에 있는 자나 궁궐에 있는 자 누구에게든 봄은 공평하게 찾아옵니다. 때와 장소를 불문하고 세상 사람 모두에게 따스한 주님의 손길인 '봄'은 찾아옵니다.

이제 얼마 안 있으면, 우리에게도 '봄'이 찾아올 것입니다. 여태 당한 수많은 고초나 슬픔을 뒤로 물리고, 새롭게 도약하는 신선한 봄 곁으로, 봄을 품으며, 봄을 함께 나누는 따사로운 마음들이 피어났으면 좋겠습니다.

이 땅에 사계절을 주시고, 삼천리 금수강산 곳곳에서 피어나는 모든 아름다운 꽃들이 찬양하며 향기가 만발하는 봄의 동산에서, 나의 교만과 고집을 내리고 상대방을 존중하며, 나라와 백성이 함께 봄의 잔치 속에 하나님의 기쁜 복음을 들으며 찬양하는 신앙인들이 되었으면 좋겠습니다.

봄은 우리 신앙인들에게 매우 중요한 시작의 계절입니다. 다짐만 하는 신앙인이 아니라, 새롭게 거듭나며 실천하는 신앙인들이 돼야 할 것입니다. 그리고 조금이라도 이웃에 사랑의 문을 열어야 하겠습니다.

가까이에서 함께 봄을 기다리며 믿음을 실천할 대상과 폭을 조금 더 넓혀 갑시다. 주님께서 가르쳐 주신 자연 속 산상수훈을 마음 깊이 담아, 세상의 논리를 뛰어넘어야 합니다. 힘들고 포기하고 싶은 충동이 들더라도, 신앙을 지닌 삶의 여정이 지속되는 한 결코 포기할 수 없는 은혜를 기억해야 합니다.

봄은 대지 위에 있는 모든 생물에게는 희소식이요 출렁이는 물결입니다. 봄이 우리에게 주는 교훈은 엄청난 자산입니다. 따스한 햇빛, 밤의 달빛과 별빛, 은하수 반짝이며 춤추는 밤하늘의 경이로움은 신기에 가깝도록 뿜어져 나오는 빛들로 감격과 환희가 함께 하는 주님의 걸작품들입니다.

대지 위에 꿈틀거리는 아지랑이, 초록빛 나뭇잎들이 한들한들 춤추며, 대지 위로 솟아오르는 새싹들의 함성에는 봄의 열기가 무르익어 갑니다. 수양버들 춤추는 시냇가에서 고기 잡는 개구쟁이들의 익살스러움에 더욱 봄이 익어가고 있습니다.

우리 신앙인들도 새싹처럼, 아지랑이처럼 믿음이 자라나야 할 것입니다. 참 좋은 계절, 봄을 맞이하는 그리스도인들이 더욱 성숙한 모습으로, 주님 기뻐하시는 삶을 살도록 모두 함께 '봄'을 기다리며, 봄의 품 속에서 봄을 차지하시길 바랍니다.

주님만 바라보는 삶

혼히들 믿음으로 나아가고 믿음으로 행하고자 합니다. 하지만 교회가 어렵거나 우리 자신들의 삶이 어려워지면, 그 믿음은 어디로 팽개쳤는지 남은 것은 허탈감과 아쉬운 것들 뿐이고, 마음 속은 상처투성이로 얼룩지고 마는 게 현실입니다.

그것은 오로지 주님만을 바라보지 못하고, 사람에 의해 이리저리 끌려다니는 철새의 믿음이라 할 수밖에 없습니다. 베드로가 주님만을 바라보았을 때, 칠흑같이 어둡고 두려웠던 바다 위를 믿음으로 걸을 수 있었습니다. 그러나 그 순간 주님을 외면하고 안전치 못한 세상을 바라보았을 때는, 멸망의 구렁텅이로 빠져들어가고 말았습니다.

교회를 자신의 사업장 도구로 삼아 꽤나 돈줄이 있는 이들에게는 허리를 굽히고, 그분의 마음에 들기 위해 온갖 아양과 거짓의 행동으로 일관합니다. 그렇게 믿음을 이용한 거짓의 탈을 쓰고, 모함과 시기와 투기로 많은 사람들에게 상처를 줍니다.

이것은 바로 주님을 바라보지 못하고 현실에만 안주하여, 다가올 미래를 열지 못한 채 자신의 순간적 이익에만 집중하는 등 세상적인 기준으로 교회 일을 하기 때문입니다. 다소 어렵고 힘든 시기가 닥쳐왔더라도 더욱 주님을 바라보며, 범사에 하나님을 인정하고 감사하며, 반드시 회복의 세월이 올 것을 굳게 믿는 것이 바로 주님을 바라보는 삶입니다.

교회 안에서 주님이 맡겨주신 사명에 결단코 불평하지 마시고 내 소명을 부족하지만 낙심치 않고 기도하며 찬송으로 기쁘게 다할 때, 비로소 주님의 음성이 들리며 가난하고 소외되었던 이웃들이 눈에 들어오며 마음에 잔잔한 감동이 찾아오는 것입니다. 매일같이 힘들고 찌든 삶의 연속이더라도, 감사와 찬양을 그치지 말고 꿈과 비전을 가지고 삶의 지경을 넓혀 가시길 바랍니다. 믿음은 꿈꾸며, 긍정적인 생각과 행동을 함에 따라 현저하게 달라지는 것입니다.

주님은 반드시 우리에게 하신 약속을 지켜주시는 분임을 믿어야 합니다. 자신의 삶과 믿음을 포기하지 않고, 모든 역경을 견디며 선한 삶을 살아갈 때, 반드시 주님은 약속하신 선물을 주시는 분이십니다. 우리는 주님만을 믿고 바라보며, 그분의 행하심을 본받아 살려는 충실한 믿음과 행함으로 굳게 나아가야 합니다.

교회가 어려운 지경에 이르렀을 때, 바로 세우기보다 사람을 보며 떠나는 그 모습들을 바라보노라면, 여태까지의 믿음들이 과연 주님을 바라봤던 믿음인지 의심하지 않을 수 없습니다. 친한 사람들끼리, 아니면 목자를 따라, 또는 지도자들을 따라 떠나가면서 온갖 추태를 일삼아 저지르는 모습들을 보노라면, 주님께서는 얼마나 속이 상하실까 하고 생각하니, 마음이 메어 옵니다.

이는 세상 사람들보다 못한 삶을 살고 있는 것입니다. 주님을 바로 알고 바라보는 신앙만이, 바람 앞에 촛불을 견딜 수 있는 신앙인 것입니다.

떠나가는 사람들은 떠나더라도, 부디 떠나가는 그곳에서 주님을 진정으로 바라보며, 참다운 믿음으로 나아가시기를 부탁합니다. 남아 있는 성도들은 그분들을 위해 기도하며 사랑을 잊지 마시기를 당부드립니다. 그리고 다시는 이러한 사태가 발생치 않도록 모두가 한 마음으로 회개하며, 기도하고 더욱 주님께 매달리며, 기쁨과 감사가 넘치는 믿음으로 주님을 바라봤으면 좋겠습니다.

주님을 바라볼 때, 드디어 이웃을 돌아보는 마음이 열립니다. 나를 기준으로 삼지 말고 이웃을 배려하는 사랑의 장을 넓혀, 주님 명령하신 '내 집을 채우는 일'에 조금도 소홀함이 없어야 할 것입니다. 주님을 바라보는 삶, 그것은 진정 복되고 행복한 것임을 잊지 맙시다.

기다릴 줄 아는 신앙인

믿음의 조상인 아브라함은 분명 하나님께서 자식을 주신다고 분명하게 말씀하셨지만, 믿지 못하고 의심하여 사라가 권하는 여종 하갈을 취하므로 이스마엘을 낳았습니다.

그로 인해 지금까지 이삭의 자손과 이스마엘의 자손들이 서로 으르렁거리면서, 늘 가시가 되어 서로가 아픔을 겪으며 적이 되어 싸우고 있는 현실 앞에, 온 세계가 늘 근심거리와 고통의 나날로 늘 불안과 두려움의 대상이 되고 있습니다.

어린 나이에 블레셋 장수인 골리앗을 물리친 다윗은 사울의 눈 밖에 나면서, 죽음의 위기에서 탈출하기 위해 숱한 외로움과 고통을 감내했습니다. 그는 오랜 기다림 끝에 이스라엘의 왕이 되어, 지금까지 이스라엘 역사상 가장 존경받는 왕이 되었던 것입니다.

모세 역시 80년이란 긴 세월을 궁중 생활에서 광야 생활로 이어갔습니다.

그는 철저히 자신을 낮추는 겸손의 사람으로 변화되었기에, 하나님께서는 그를 이스라엘의 지도자로 삼으셨습니다. 출애굽 역시 열 하룻길이면 갈 수 있는 거리를 40년이라는 긴 세월을 겪어야 했습니다. 그 후에야 하나님께서는 젖과 꿀이 흐르는 언약의 땅 가나안을 주셨습니다.

기드온 300 용사는 또 어떻습니까? 하나님께는 많은 사람이 필요하지 않습니다. 오직 믿음으로 사는 사람과 긍정적인 마인드를 소유한 자들만 싸움에 데려가셨습니다. 성경은 이렇게 우리에게 교훈하고 있습니다. 여리고성은 하루만 돌아도 무너뜨릴 수 있는 성이었지만, 하나님께서는 우리에게 일곱 번을 돌게 하셨습니다. 온전한 인내를 요구하신 것입니다.

문둥병에 걸린 나아만 장군을 치유하시기 위해, 요단강에서 한 번만 목욕해도 될 것을 일곱 번이나 하라고 하십니다. 그만큼 하나님께서는 의심하는 우리의 믿음을 확고하게 하신 후에, 원하는 바를 이루어 주심을 믿어야 할 것입니다.

우리가 일을 추진함에 있어 수많은 난제들을 결코 두려워해서는 안 될 것이며, 오히려 기도와 감사의 좋은 무기를 사용하여 이겨내야 함을 명심하시기 바랍니다.

엘리야의 갈멜산 기적은, 마음의 창문을 열고 오직 만군의 여호와 하나님만을 신뢰하고 의지한 덕분입니다. 오랫동안 기근으로 황폐했던 사마리아에 축복의 단비가 내려졌던 기적은 누구나 알고 있지만, 손바닥만한 작은 구름을 보며 비 소리를 예감했던 엘리야의 긍정적이고 확고한 믿음의 신앙이 있었기에 가능했습니다. 우리는 그 믿음을 배우고 익혀야 하겠습니다.

하지만 우리 신앙인들에게도 늘 어려움이 생길 수 있습니다. 그러나 실수를 피할 수 있는 상태를 알 때, 기독교인들은 어려움에 대해 감사해야 합니다. 왜냐하면 모든 폭풍우와 시험은 우리에게 학교이자 선생님이기 때문입니다.

좌절에 직면하는 일은 달갑지 않을 수 있습니다. 그러나 하나님께서는 이에 대한 목적을 갖고 계십니다. 하나님의 그 목적을 의심치 말고 오래도록 기다릴 줄 아는 신앙인들이 되어야 하겠습니다.

그러므로 하나님께서는 오래도록 당신의 실수나 어리석은 일들을 이용하시기도 하며, 다른 이들이 의도적으로 당신을 괴롭힐 때도 하나님께서는 이를 이용하실 수 있습니다. 악마가 당신의 삶에 나쁜 것들을 계획해 놓았다 할지라도, 하나님께서는 분명 그로부터 선한 것이 나오게 하신다고 강조하셨습니다.

이 같이 우리 신앙인들은 헛된 것에 마음의 창을 열지 말고, 오로지 주님을 기쁘시게 하는데 그 창문을 열어야 합니다. 그리고 소외되고 가난한 이웃과 아파하는 세상을 향해, 창문을 활짝 열어야 하겠습니다.

그 창문을 열지 않고서는 나의 잘못된 습관과 관습, 그리고 고집과 아집, 특히 못된 교만과 의심이 사라지지 않습니다. 과감하게 버릴 것은 버리는 결단만이 필요합니다.

내 눈 하나 때문에 영영 꺼지지 않는 지옥불에 온 몸을 던지겠습니까? 우리에게는 눈 한 쪽을 과감하게 뽑는 결단과 용기가 필요한 것입니다.

점점 무르익어가는 가을 향기의 잔치 속에, 우리 신앙인들은 정의로운 사랑의 색소를 피우며, 오직 굳건한 믿음으로 늘 기도하며 인내의 날개를 달아

감사하는 삶을 살아갑시다.

　하나님의 신비하고 오묘한 축복이 더디 오더라도, 인내로서 꾸준히 참고 기다릴 줄 아는 그리스도인이 되어야 할 것입니다. 그 기다림 속에는 고요하고 나지막한 주님의 음성이 우리 심령을 두드릴 것임을 확신해야 하겠습니다.

1998년 10월 25일 예수교 장로회 부산덕천교회 장로 임직

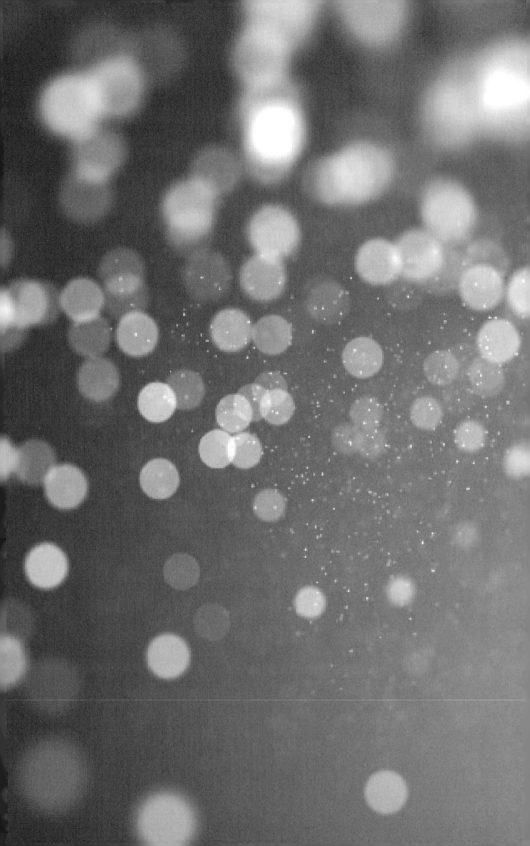

제3장

바라보는 신앙인들

미래를 내다보는 교회

우리가 서 있는 세상과 교회 안에는 '구세주'가 너무 많은 것 같습니다. 사랑하는 자녀들이 구세주이고, 재물과 권력과 명예가 구세주인 경우도 있고, 남편, 아내, 그리고 부모들이 구세주가 됩니다. 나의 취미, 내가 사랑하며 가꾸는 문화나 놀이, 그리고 자기 자신이 구세주가 되는 경우도 흔히 볼 수 있습니다.

하지만 오직 예수만이 살아 계신 하나님의 아들이라 고백하는 성도가 참 그리스도인인 것임을 알아야 합니다. 그런데 예수는 하나님의 아들 그리스도라는 신앙 명제는 자신의 삶의 자리가 어디인지에 따라, 어느 편에 서느냐에 따라, 서 있는 자리가 어디냐에 따라 그 의미와 내용이 달라질 수 있습니다.

평소에 병자들을 고쳐 주시고, 죽은 자를 살리시고, 배고픈 자들에게 배고픔을 해결해 주시고, 고통받는 자들과 슬퍼하는 자, 그리고 고아와 과부들을 불쌍히 여기시며, 특히 간음하여 죽게 된 여인을 구해 주시는 그 주님에 대한 제자들의 기대는 엄청났습니다.

그들이 기대했던 예수님은 힘 세고 능력 있으며, 로마에게서 해방시켜 주고, 정치적으로 권력을 가져 영광을 누리는 것이었지만, 주님은 제자들이 원하는 삶이 아니라, 십자가 형틀에서 이 세상 죄인들을 위해 하나님의 명령을 꼭 지켜야 하는, 수난과 고통을 선택하신 하나님의 외아들 그리스도이심을 우리는 믿어야 합니다.

제자들은 예수님께서 당하시는 갖은 모욕과 수난, 그리고 처절한 고통이 무엇 때문인지 알 수 없었고, 오직 자신들의 부귀영화를 위해 꿈꾸며 큰 기대를 했습니다. 그들은 십자가의 깊은 뜻을 알지 못했지만, 예수님의 부활의 영광을 목격하고 체험함으로써, 그제야 자신들의 서 있는 자리를 깨닫고 예수님께서 이 세상에 보내심을 새롭게 알게 되었던 것입니다.

그러므로 우리는 주님이 제자들이 기대했던 세상적 영광의 그리스도가 아니라, 가난하고 소외되고 버림받은 이들을 우선적으로 선택하시고 그들의 편에서 늘 변호해 주시고 품어 주셨던 수난의 그리스도임을 깨달아야 할 것입니다.

주님께서는 십자가 고통의 형틀에서 벗어날 수도 있었지만, 자신의 뜻이 아니라 하나님 아버지의 뜻을 따랐습니다. 오죽했으면 땀이 피가 되도록 간절한 애원의 기도를 하셨겠습니까? 가능한 이 잔을 내게서 옮겨 달라는 그 절규의 간절한 기도에, 하나님의 마음도 무척 아프셨으리라 부족한 생각으로 묵상해 봅니다.

그토록 고통을 하나님나라를 소개하는, 복음이란 목적의 완성을 위해 감당하신 것임을 우리는 깨달아야 합니다.

그러기 위해 우리는 주님이 주시는 참 평안 속으로 들어가야 합니다. 그리고 무한하신 그 사랑을 체험하고 느껴야 합니다. 그리고 주님께서 당하신 못자국을 우리도 당하고, 가시 면류관을 우리도 써야 합니다. 그렇지 않고서는 구원받지 못한 강도나 다를 바 없는 사람들임을 알아야 합니다.

쟁기에 손을 대고 뒤를 돌아보는 자는 하나님나라에 합당하지 않다고 말씀하신 주님께서는, 우리에게 부활의 승리와 함께 미래를 열어 주셨음을 깨달아야 합니다. 과거에 묻혀 미래를 얻지 못하는 오늘날 교회는 주님의 십자가의 의미를 깊게 깨닫지 못하고 있음에 한탄할 뿐입니다.

자기만의 생각으로, 자신의 경험과 품성으로 모든 것을 좌지우지하려는 종들이 있음을 실로 안타깝게 생각하며, 지금도 깨닫지 못하고 있다 보니 교회의 미래는 더욱 어두워지고 있어 마음이 아플 뿐입니다.

교회와 성도를 향해 "오직 선을 행함과 서로 나눠 주기를 잊지 말라 이 같은 제사는 하나님이 기뻐하시느니라(히 13:16)"고 말씀하셨지만, 선을 행함에는 눈길도 주지 않고, 교회 안에서 어려운 성도를 멀리하며, 자신의 권모술수가 죄 짓는 것임을 모른 채 자랑하는 지도자들의 안타까운 모습에는, 주님께서 십자가에 달리시며 하신 말씀이 다시 피어오릅니다.

"아버지여, 저들의 죄를 사하여 주소서! 자기들이 하는 것을 알지 못하나이다"고 하셨던 주님의 피 맺힌 간절한 울부짖음을 모르고 있으니, 정말 안타까울 뿐입니다.

갈수록 세상은 포악해지며, 소돔과 고모라와 노아의 홍수 사건을 잊었는지 모르는지 세상 끝에 대한 예언의 말씀에는 전혀 관심을 갖지 않고, 죄를 생산하는 일에 열정적인 모습을 볼 때, 주님께서 더욱 가까이 오셨음이 느껴집니다.

지금이 곧 우리가 깨어 기도하고 선을 행해야 하는 시대입니다. 지금의 때를 놓치면 교회의 미래는 암울할 수밖에 없습니다. 속히 주님의 눈물을 닦아 드려야 합니다. 주님이 원하시는 복음을 실행해야 합니다. 그 길만이 우리 교회의 미래이며, 그 복음을 위해 선을 행하는 나 자신이 되어야 하고, 이웃을 향한 자비와 인애의 무기가 있어야 합니다. 이 모든 것이 합하여 주님의 거룩한 사랑을 이루는 것이 아닐까요?

교회의 미래를 위해, 나 자신을 내려놓아야 합니다. 남탓만 하지 말고, 바로 내가 바로 장본인임을 깨달아, 철저한 회개 속에 편견과 아집, 그리고 무던했던 나의 안일한 태도에서 새롭게 변화를 이끌어 내어야 하겠습니다. 그 후 주님께서는 우리들을 어루만져 주실 것임을 확실히 믿고, 미래를 위해 나를, 지금 이 순간을 내려놓기를 소망해 봅니다.

영의 양식을 먹자

"너희가 양식이 아닌 것을 위하여 은을 달아주며 배부르게 하지 못할 것을 위하여 수고하느냐 내게 듣고 들을지어다 그리하면 너희가 좋은 것을 먹을 것이며 너희 자신들이 기름진 것으로 즐거움을 얻으리라(사 55:2)".

태초에 하나님께서 아름다운 에덴의 낙원을 만드신 후 인간을 창조하셨습니다. 하나님의 모습을 쑤욱 빼닮은 인간을 만드신 후 인간에게 에덴의 낙원을 다스릴 수 있도록 막대한 권한을 부여하셨지만, 선악과만은 예외였습니다. 먹어야 할 것과 먹지 말아야 할 것을 구분하셔서 명령하신 것입니다.

하지만 아담과 하와는 에덴의 낙원에서의 막대한 권한을 유지하지 못하고, 탐심이란 무서운 죄를 범하여 인류 최초의 비극을 생산하는 단초를 제공하여, 우리 인간들은 세상 끝나는 그 날까지 슬픈 역사를 가슴에 묻은 채 살고 있습니다.

성경에는 먹는 이야기가 참 많이 나옵니다. 아브라함과 롯이 천사들에게 대접한 사건, 그리고 지쳐 쓰러진 엘리야를 까마귀를 통해 먹이시는 사건, 그리고 오병이어의 놀라운 기적과 최후의 만찬 역시 제자들과의 마무리 식사 자리에서 일어난 일입니다.

특히 이사야 55장 1절에는 "오호라 너희 모든 목마른 자들아 물로 나아오라 돈 없는 자도 오라 너희는 와서 사 먹되 돈 없이, 값없이 와서 포도주와 젖을 사라"고 말씀하시며 마지막 초대를 하십니다. 바로 이 초대에 부응하여 교회로 나온 우리도 가장 원초적이고, 때론 보잘 것 없는 먹는 문제를 잘 구분해서 행해야 합니다.

하지만, 우리 신앙의 원천인 예배도 결국 최후의 만찬에서 시작됐음을 기억해야 합니다. 특히 잘 먹는다는 것은 신앙의 중요한 주제 중 하나라고 말하고 싶습니다. 그러기에 우리 신앙인은 바른 양심을 가지면서, 거룩하고 풍요롭게 하나님 주시는 영의 양식을 먹어야 하겠습니다.

고린도전서 11장 29절에서 바울은 "주의 몸을 분별하지 못하고 먹고 마시는 자는 자기의 죄를 먹고 마시는 것이니라"고 했습니다. 바울 사도는 주님의 몸을 분별 없이 먹고 마시는 자는 자신에 대한 심판을 먹고 마시는 것이라고 합니다. 모든 먹고 마시는 일은 그 행위에 합당하게 바른 영의 양식을 통해 이루어져야 한다고 우리에게 당부하십니다.

하나님께서 창조하신 피조물을 깨끗하게 받아들일 수 있는 영의 양식을 끊임없이 찾고 구해야만 합니다. 세상에 있는 육적인 것을 분별없이 마구잡이로 채워 허기를 면하려 하거나, 자신의 욕심을 채우려고 먹어서는 절대로 안 될 것입니다. 이것은 극히 일부 부유한 자의 여유로운 먹거리를 두고 하는 말만은 아닙니다.

성도들은 각자 음식과 음료를 가져와 서로 나누어 먹도록 되어 있었지만, 부자들은 가난한 자들을 기다리지 않고 그들이 가져온 음식을 자기들끼리 먼저 먹고 마셨습니다. 가난한 자들은 부끄러움을 당하며 배고프게 돌아가야만 했습니다. 바울은 성찬의 의미를 상실한 이러한 행동을 한 그들을 심하게 책망합니다.

초대교회 정신은 내 것만 주장하는 것이 아니라, 서로 있는 것을 나누며 사랑하는 것입니다. 그러나 오늘날 많은 교회 안에는 서로 있는 것을 통용하기는커녕, 자신의 것을 내어놓는 것은 고사하고 오히려 남의 것을 서로 차지하려 합니다. 참으로 한심한 모습들입니다. 저들이 진정 주님의 참 제자들인가 하고 의구심마저 들 때가 있습니다.

가진 것이 좀 넉넉하다 해서 가난한 사람들을 멸시천대하며, 그 부를 통해 사람들을 억압하고 갑질을 일삼는 신앙인들이 있습니다. 이렇게 교회는 갈수록 교회다운 면모를 잃어가다 보니, 이 시대는 복음 사역도 점점 어려운 환경으로 치닫고 있는 것입니다.

이 모두가 영의 양식을 제대로 먹지 못한 데서 비롯된 것입니다. 교회 지도자들은 이 점을 면밀히 연구 검토하여, 교회 부흥은 물론이거니와 성도들에게 주님의 참 꼴을 먹이는 일에 최선을 다해야 할 것입니다.

여지껏 지나오면서 잘못 세워진 신앙관을 바로 확립하며, 창조주 하나님에 대한 나의 부족했던 사랑을 다시금 뜨거운 열정으로 피워 봅시다. 가난한 자를 포함한 모든 이의 바르고 거룩하고 풍요로운 육신과 영혼의 만찬을 위해, 오늘도 우리를 친히 찾아오시어 먹여 살리시는 하나님의 놀라운 사랑과 은총을 깊이 느껴 봅시다.

오늘도 값 없이 거저 주시는 하나님의 양식을 풍성히 받아 먹고 누리는 모든 신앙인들이 되어, 이 땅에서 서로 웃으며 행복하게 사랑을 먹고 마시는 모습을 통해 비신앙인들의 부러움을 사도록 노력을 아끼지 말아야 할 것입니다.

요셉의 위대한 지혜

해마다 성탄은 찾아오며, 한 해는 저물어가고, 새로운 해가 솟아오릅니다. 이 지구상에서 가장 위대한 업적이 있다면, 예수 그리스도의 탄생이라고 할 수 있겠습니다. 그 탄생이야말로 지구상에 존재하는 모든 생물들과 인간들에게 가장 행복한 일이 아닐까 싶습니다.

당시 이스라엘의 율법에는 처녀가 아이를 낳으면 돌로 쳐 죽이는 무서운 율법이 있습니다. 요셉은 나이 들어 마리아와 정혼하기로 했지만 날벼락 같은 소식을 전해 듣습니다. 자신과 잠자리도 하지 않은 마리아가 임신을 했다는 소식에, 아마도 고심하며 전전긍긍했을 것입니다.

하지만, 다윗의 자손답게 요셉은 지혜롭게 사건을 해결하려 합니다. 보통 우리 같으면 당장 파혼을 결심하며, 사용된 물질과 위자료를 요구했을 것입니다. 그러나 요셉은 이 일이 세상에 드러나면 분명 마리아는 돌에 맞아 죽게 될 것을 측은하게 생각한 나머지, 입소문이 퍼지지 않도록 조용하게 파혼하기로 이미 작정을 했습니다.

그 때, 놀랍게도 주님의 천사가 요셉의 꿈에 나타나, 하나님께서 천사를 통해 마리아에 대한 문제를 직접 개입하셨음을 말씀하십니다. 두려워하지 말고 마리아를 아내로 맞이하도록 명령하십니다. 그 아기는 성령으로 말미암았다고도 말씀하십니다.

요셉은 하나님의 명령에 곧바로 순응하여, 마리아와 법적 혼인관계를 맺고 마침내 아내로 맞이하게 됩니다. 심지어 태어날 아기의 이름까지 일러 주십니다. "임마누엘"이라고, 이것은 곧 선지자의 예언이 이루어지는 순간입니다.

요셉은 마리아를 적극 보호하려는 이 아름다운 사랑을 통해, 의로운 사람으로 기억되고 있습니다. 성경이 말하는 의로움은 법에 대한 충실뿐 아니라, 가난한 자와 약자를 돌보고 보호하는 것도 포함하고 있습니다. 율법에 따라 마리아를 단죄하려 한 것이 아니라, 오히려 하나님의 뜻에 따라 마리아를 살리려고 한 것을 의미합니다. 그런 측면에서 본다면, 분명 요셉은 의인입니다.

특히 요셉은 어처구니 없을 수 있는 황당무계한 사건을 세상의 법과 돌로 해결하지 않고, 오직 하나님의 뜻이 무엇인가를 깨달아 오직 하나님의 뜻에 따라 실행했습니다. 요셉의 의로운 행동은 마리아를 살렸고, 구주를 탄생케 했으며, 이 세상 사람들을 구원하신 메시아를 탄생케 한 것입니다.

그러므로 우리 믿는 성도들은 요셉의 위대한 지혜를 본받아 믿음 생활을 해야 하겠습니다. 요셉처럼 사람을 살리고, 내가 속한 공동체를 살리고, 내가 속한 지역사회를 살리는 의인들이 돼야 하겠습니다. 우리는 이웃을 죽이려 들지 말고, 사람을 살리는 삶을 살아야 할 것입니다. 사람과 사람, 그리고 교회 안에서의 관계를 단절시키고 벽을 쌓는 삶이 아니라, 벽을 허물고 관계를 회복시키는 삶을 살아야 할 것입니다.

이제 새해가 다가오고 있습니다. 성탄과 더불어 새해를 맞는 우리 신앙인들의 참 모습으로 돌아와 세상을 변화시켜야 하겠습니다.

그러한 신앙인들이 되기 위해서는 절대적으로 가난한 삶을 살아야 합니다. 성 프란치스코 성인은 예수님을 따르기 위해 모든 것을 버려야 한다고 교훈합니다. 성경 말씀을 그대로 받아들여 부모로부터 물려받은 재산을 버리고, 거리에서 걸인처럼 살아가며 하나님의 복음을 전하였습니다. 그런데, 그 분은 자신의 절대적 가난의 목적에 대해 다음과 같은 말을 한 적이 있습니다.

"가난은 바로 자유로움이다. 진정한 사랑은 상대방을 소유하지 않으므로 자유롭게 하는 것이다. 그래서 나는 사랑하기 위해 소유하지 않는다." 이렇게 말씀하시며 실천하신 분입니다. 우리 장로교회에도 과거부터 지금까지 오로지 주님의 복음을 위해 세속적 물욕에서 벗어나 청빈과 애민정신의 기틀에서 주님의 사랑을 실천해 오신 분들이 많이 있습니다. 진심으로 위로 드리며 머리 숙여 존경을 표합니다.

우리는 흔히 사랑은 소유하며, 가지는 것이라고 생각합니다. 특히 요즘 젊은이들은 "너는 내 꺼야"라고 사랑을 고백합니다. 하지만 진정한 사랑은 소유하는 것이 아닙니다. 부모님들도 자녀들을 소유하고 지배하는 것이 사랑이라 오해하며, 자녀들이 어떤 생각과 사고를 가지고 있는지, 어떻게 느끼고 있는지 무시한 채 자신들의 뜻대로 되기를 바라면서 소유욕에서 벗어나려 하지 않습니다.

부부 간에도 서로 상대방을 존중하려 하지 않고 서로 소유하고 지배하려 할 때, 심각한 갈등을 초래하게 됩니다. 소유와 지배가 사랑이라는 탈을 쓰고, 삶을 파괴하는 세상에서, 마리아의 허물을 덮고 새로운 삶을 살 수 있도록 노력했던 요셉은 실로 의인이요 성인이었습니다.

예수님을 탄생하게 한 마리아의 찬양 뒤에는, 이처럼 요셉의 위대한 지혜와 사랑의 실천이 있었음을 기억하며, 우리도 요셉과 같은 믿음의 본을 마음으로 받아들이고 실천해야 하겠습니다.

담임목사만 바라보는 신앙

무겁고 어두웠던 긴 터널을 지나, 이제 환희를 만끽하는 소망의 봄이 짙어갑니다. 하나님께서 인간들에게 선물로 주신 최고의 걸작품인 4계절의 아름다움 속에 오직 넘쳐나는 감동과 찬양으로 물들어, 누구나 감사와 희망으로 변화되는 즐겁고 행복한 복된 '봄'인 것 같습니다.

누구나 오래 인내하며 소망하던 봄의 그윽한 향기 속에, 우리 믿는 자들은 스스로 주님을 바라보면서 우리들의 흐트러졌던 믿음과 모든 사고를 정비해야 합니다. 특히 주님을 바로 바라봄이 없는, 가식적이고 형식적이며 오랫동안 타성에 젖어 왔던 낡은 사고방식은, 자칫 믿음의 생활을 변질되게 할 수 있습니다. 담임목사만 바라봐서도 안 되고, 장로만을 바라본다거나 힘 있는 이웃 권력자 또는 물질을 따라 좌로나 우로나 치우쳐서도 안 될 것입니다.

"너희는 이 세대를 본받지 말고 오직 마음을 새롭게 함으로 변화를 받아 하나님의 선하시고 기뻐하시고 온전하신 뜻이 무엇인지 분별하도록 하라(롬 12:2)"는 말씀처럼, 주님께서는 우리에게 이 세대를 본받지 말고 변화를 받으라고 명령하십니다. 하나님의 기뻐하시고 온전한 뜻을 성도가 알아야 한다고 말씀하시는 것입니다.

하지만 일부 교회는 주님의 말씀과 상관없는, 권력자들의 뜻 아래 유지되고 있음을 봅니다. 교회 안에는 소통과 화목, 그리고 자비가 넘쳐나야 합니다. 교회는 주님을 바라보는 곳이 되어야 하며, 누구나 똑같은 대우를 받고 권리를 누리는 곳이어야 합니다. 특정한 사람들의 안식처가 돼선 안 된다는 말씀입니다.

그리고 성도를 바라보며, 그들의 행복한 신앙생활을 위해 협력하며, 주님께서 이 땅에 오신 목적과 앞으로 성도가 추구하고 원하는 영원한 영적 세계에 대한 믿음의 통로 역할을 해야 합니다. 성도에게 참 좋으신 주님을 소개하고, 주님께서 원하시는 삶의 방향을 제시하며, 함께 거듭난 생활을 하는 것은 물론 참 좋으신 주님의 사랑을 품고 이웃들에게 나눔의 삶을 실천할 수 있도록 모두를 사랑해야 합니다.

사람을 살리고 세우는 일에도 정성을 다해야 합니다. 구호로만 그치는 것이 아니라, 몸소 모든 성도를 함께 품고, 그들의 부족한 부분을 채워주면서,

정직과 신뢰를 갖춰야 합니다.

이 땅 위에서 주님을 사랑하는 성도라면, 먼저 이웃을 향한 바라봄이 있어야 합니다.

선한 사마리아인 이야기는 말로만 하면서 그저 자신의 편리에 따라 피해가는 것이 아닙니다. 세상을 향해 긍휼히 여기는 심성이 있어야 하고, 내게 있는 것에 대한 나눔이 있는 삶이 되어야 합니다. 주님께서 몸소 죽기까지 실천해 보이신 그 위대한 아가페의 정신은, 우리의 신앙생활에 선택이 아닌 필수입니다.

천주교(성당)에도 우리 기독교처럼 남선교회 모임이 있는데, 매월 회비가 2만 원이라고 합니다. 그런데 그 회비 중 절반인 1만 원은 당일 식사비로, 나머지 1만 원은 가난한 이웃을 위해 쓴다고 합니다. 회원들이 매달 돌아가며 추천하는 이웃에게 준다는 것입니다. 이 얼마나 아름다운 일입니까?

큰 액수는 아니지만, 절반을 이웃에게 나누려고 하는 그 정신은 그리스도께서 진정으로 행복해하시는 것 아닐까요?

우리의 이웃들은 꼭 큰 것을 원하는 것이 아닙니다. 따뜻한 격려와 시선으로 그들에게 용기를 전해 준다면, 그들이 희망의 불씨를 지필 수 있지 않겠습니까?

진정한 그리스도인이라면 나만 생각하는 이기적인 정신에서 벗어나, 협력하고 소통하며 나누는 삶으로 변화해야 합니다. 우리의 신앙생활이 주님의 사랑으로 가득 차, 놀라운 믿음의 사람으로 바뀌었으면 좋겠습니다.

우리 믿는 성도에게는 '이웃을 향한 바라봄'뿐 아니라, '세상을 향한 바라봄'도 있어야 하겠습니다. 이웃이 보이면, 더 넓은 세상이 보입니다. 우리 이웃들의 종교에 대해서도 비판만 할 것이 아니라, 그들과 함께하는 소통과 화목이 필요합니다. 그들을 전도하지 못한 우리의 잘못임을 알아야 합니다. 그들의 생활 방식과 정신, 그리고 문화를 이해하고 사랑해야 합니다. 주님은 절대로 누군가를 편견으로 대하지 않으셨습니다. 그들보다 먼저 주님을 만났던 우리가 그들을 품어야 하지 않겠습니까?

오늘날 기독교인들은 먼저 세상을 향한 신뢰와 믿음을 쌓아야 할 것입니다. 내가 믿는 하나님을 그들이 믿지 않는다 해서, 그들을 무조건 증오하거나 멸시해서는 안 됩니다. 그들 중 우리 예수 믿는 사람들보다 더 훌륭한 분들이 많음을 봅니다. 종교가 없는 분들 중에서도 우리 크리스천보다 더 이웃을 사랑하고 봉사를 아낌없이 하는 분들도 많이 있습니다.

"그리스도인들은 말로 다 한다"고 합니다. "말은 청산유수같이 잘한다"고 합니다. 어쩌다 이런 소리가 세상을 뒤흔들고 있는지요. 이래서야 전도가 되겠습니까?

믿음의 선배들이 지켜오던 초심을 잃지 말고, 다시금 그 시대의 신앙생활을 본보기로 회복합시다. 정말 주님께서 기뻐하시는 선한 뜻을 바라봄으로써, 우리의 시선도 주님께 향한 바라봄의 삶으로 계속 이어져야 하겠습니다.

목사는 목사로, 장로는 장로로, 집사는 집사로, 권사는 권사로, 평신도는 평신도로, 그리고 한국을 대표하는 굵직한 지도자들도 '주님 바라봄'을 귀히 여기는 종들이 돼야 합니다. 나 자신을 내려놓고 교만과 가식이 없는 진정한 주님의 종들이 되셔서, 그리스도의 향기가 만발하여 세상을 향해 피어나기를 진심으로 소망해 봅니다.

제발 기득권들을 내려놓고, 교회의 미래를 위해 진정성 있는 자세로 사명을 다해 주시기를 거듭 당부드립니다. 이 땅 위의 모든 교인들은 주님의 정신을 가슴에 품고, 세상을 향한 바울의 말처럼 '날마다 죽는 신앙'을 생활화하며, 이 땅에 그리스도의 사랑을 풍성히 전하기를 기대합니다.

주님이 '부재중'인 교회

어린 시절에는 주일 저녁예배, 수요예배 시간, 밤 7시가 되면 교회에서 종소리가 들려왔습니다. 요즘 같이 시계가 흔한 시절이 아니라, 믿지 않는 분들도 '아! 벌써 7시가 되었구나' 하면서 '댕그랑, 댕그랑' 종소리에 맞춰 '천당, 지옥' 하고 중얼거리기도 했습니다. 그 후 종소리가 사라지고, 찬송가를 들려주는 종소리가 나왔습니다. 무척 아름답고 좋았지만, 시끄럽다는 민원으로 사라지고 말았습니다.

당시 금요일에는 구역 모임이 있었는데, 학교를 마치고 집에 돌아와 책가방을 방에 팽개치기 무섭게 곧장 구역 식구들 집으로 일일이 찾아다니며, 오늘은 누구 집에서 구역예배를 드리니 꼭 참석하시라고 외쳤던 기억이 떠오릅니다. 저더러 '부구역장이 왔네!' 하시면서 '오냐! 꼭 참석하마' 하시던 기억이 새롭게 피어오릅니다.

저는 구역예배에 꼭 참석했습니다. 왜냐구요? 먹을 것이 항상 준비되어 있었기 때문입니다. 당시는 배가 아주 고팠던 시절이지만, 집에 손님이 오면 항상 먹을 것이 준비되어 있었습니다. 가난한 시절이었지만, 나눔의 정성은 한결같았던 아름다운 시절이었습니다.

그리고 '봄'엔 담임목사님께서 전 교인 집을 심방하십니다. 먹을 것이 부족한 시대였지만, 어디서 구해오든 목사님 대접을 위해 최선을 다했습니다. 저는 어린 시절 배고픔을 많이 겪은 탓에, 배고픔을 잊기 위해 '나도 목사가 되어야지' 하고 무심코 서원을 한 적도 있었습니다. 하지만 주님께 드린 언약을 지키지 못한 채, 저는 다른 길로 가 버렸지요.

그 시절에는 사랑이 넘쳐 흘렀습니다. 불신자들도 부러워할 정도로 성도들을 좋아하고, 교회 다니는 분들을 전적으로 신뢰하며, 함께 나누던 기억이 생생합니다. 교회 안에서도 끼니를 거르는 분들을 몰래 조사해, 몰래 대문 앞에 먹을 것을 갖다놓기도 하였습니다. 행여나 그분의 자존심을 상하지 않게 하기 위해, 오른손이 하는 것을 왼손이 모르게 한 적도 한두 번이 아니었습니다. 장사를 하다 화재 피해를 당하면, 목사님과 함께 교인 전체가 뜻을 모아 돕기도 하고, 위로하며 사랑했던 모습들을 추억합니다.

타 교단이나 옆 교회, 멀리 있는 교회에서라도 부흥사경회를 하면, 목사님께서는 '많이들 참석하여 은혜 충만히 받으라'는 권유를 하셨습니다. 당시엔 타 교단이나 이웃교회 성도들도 서로 인사를 나누거나 안부도 물으며 함께 예배도 드렸습니다.

하지만 언제부터인가 이웃 교회는 '타 종교'가 되어버렸고, 성도들끼리 아는 척도 않는 모습들을 보노라면, 마음 속으로 주님을 모시고 사는 분들인지 의심하지 않을 수 없습니다. 기도나 설교, 강의를 할 때는 "사랑해야 하며 주님을 닮아가는 삶을 살아야 한다"면서, 실제 현장에서는 말과 행동들이 전혀 다른 모습들을 보면, 왠지 서글퍼집니다.

특히 안수집사들은 자신의 신앙을 점검해 볼 틈도 없이, 장로가 될 생각만 합니다. 내가 장로 될 그릇인지 한 번쯤 돌아볼 만도 한데, 전혀 그런 기색이 없습니다. 오래 되었으니, 내가 성도들을 많이 아니까, 인기가 있으니까, 그리고 나를 밀어줄 든든하고 힘 있는 장로님이 계시니까 하며 교회 지도자가 될 꿈만 꾸고 있습니다.

자신이 장로로서 정말 합당한 인물인가, 주님을 전적으로 신뢰하고 사랑하며 그를 위해 순교까지 할 수 있는지, 교회 발전을 위해 나를 내려놓고 오직 몸 된 제단을 위해 희생을 할 각오가 되어 있는지, 그리고 명철한 사고와 리더십을 지니고 있는지, 성경 지식은 해박한지, 모든 이들과 소통을 위한 마음가짐이 넉넉한지, 불쌍한 이들을 보면 측은한 마음과 함께 그들을 품고 배려할 수 있는지….

장로로서의 충분한 자질을 인정받고 주님과 성도, 이웃의 불신자들을 위해 봉사하는 지도자가 되어야 마땅한 직분이거늘, 장로가 되면 교회 안에서 서열과 권력으로 좌지우지 행사하려 하는 모습은 실망, 또 실망 자체입니다.

목사와 장로는 권력이 아닙니다. 고통과 슬픔을 당하고, 가난하고 소외된 이들과 신앙에 상처를 입었던 분들을 점검하고 상담하여, 그들을 품어주며 그들의 어려움을 해결하려는 지도자들이 되어야 합니다.

일반 교인들보다 먼저 교회에 출석하여 교회 구석구석을 살피며, 성도에게 위험할 수 있는 것들을 찾아 제거하고, 장애인이나 노약자들에게 장애가 될 수 있는 것들을 사전에 제거하며, 혹 신앙에 상처를 받은 분들이나 여러 법률적 문제가 생긴 분들 등 다양한 목소리를 청취하고 해결하려는, '실천하는 용기'가 있어야 합니다.

지금의 교회는 입으로만 사랑을 외치는 빈 수레일 뿐입니다. 주님의 진실한 사랑을 모범적으로 담당하며 전할 의무가 있는데, 많은 사람들 앞에 나서기만 좋아할 뿐, 그리고 높은 곳에서 아래로 지시만 할 뿐, 자신이 '종'인 줄 모르고 있으니 정말 답답합니다.

더 답답한 일은 자신이 하는 잘못에 대해 모르고 있는 것입니다. 범죄를 저질러도 무감각하다는 것입니다. 늘 그렇게 삶을 살았기 때문에, 변화 없는, 즉 '주님이 부재중인 상태'로 신앙생활을 영위하고 있다는 것입니다.

이제는 주님의 재림을 위한 준비 단계로 변하지 않으면, 주님의 재림 때 소돔과 고모라보다 더 흉악한 역사를 체험하게 될 것입니다. 어린 시절, 믿음의 선배들의 뜨거움 넘치던 열정을 회복하지 않는다면 교회의 미래는 없습니다.

서로를 이해하고 화목하며, 온정을 나누면서 신앙생활을 기쁘고 즐겁게 해야 하는데, 교회 안에 불신과 미움이 가득합니다. 사명을 가진 교회가 아니라, 그저 사람들이 모이는 회관으로 전락하고 있습니다.

사업 이익의 수단으로 교회를 이용하거나, 사회 고위층과 자신의 직속상관이 교회에 출석하므로 어쩔 수 없이 나오는 분들도 있습니다. 목사님들은 무조건 교회만 나오라고 하십니다. 새벽기도, 수요예배·금요철야, 주일 낮·밤 예배, 그리고 월삭 예배 참석을 강권합니다. 예배의 참된 본질을 가르치며, 어떻게 하면 진실된 예배를 드릴 것인가에 초점을 맞춰 성도를 깨워야 하는데, 무조건 교회만 나오라고 강권합니다. 예배에는 철저히 참석하지만 죄는 더 많이 짓는 모습을 보노라면 정말 어이가 없습니다. 제대로 말씀을 전해주시면 좋겠습니다.

그리고 많은 기독교 방송과 신문들이 있습니다. 정말 주님을 위한 매스컴인지, 주님의 복음을 위한 언론인지 분간하기 어렵습니다. 모두가 물질로 인해, 주님이 부재중인 사업을 하고 있습니다. 방송에서 엉터리 설교를 하시는 분들도 있습니다. 금품만 주면 설교를 하게 하는 것도 모양새가 좋지 않습니다. 정말 깊이 있는 주의 종들을 모셔서, 주님의 원하시는 설교를 방송해 주시기 바랍니다. 그리고 성도나 일반 불신자들도 말씀으로 깊은 감동을 받을 수 있는 설교를 기대합니다.

기독 사업체들도 참신한 인재를 양성하여 복음 사업을 하면 어떨까 합니다. 돈 많은 사람이면 신원조회도 없이, 과거 행적도 찾아보지 않고, '장로니까, 안수집사니까, 권사니까' 높은 직분을 맡기는 것도 '주님이 부재중인 현상'입니다. 일을 맡길 때는 그 직분에 합당한지, 창의성과 열정이 있는지를 제대로 파악하는 대신, 오직 돈 많은 분들로 구성하고 있으니, 현실과 미래를 향한 복음 사역이 발전하지 못하고 있는 것입니다. 이 모두가 주님을 배제하고, 자신들의 교만과 탐욕에서 오는 것입니다. 주님이 부재중인 곳에서는 부흥을 기대할 수 없지 않습니까?

그러므로 우리 모두는 깨달아야 합니다. 그리고 변해야 합니다. 주님은 이 땅에 오셔서, 잘못된 유대인들의 전례와 관습과 악습들을 철폐하셨습니다.

우리는 주님의 그 뜻을 신뢰하고 따라야 하는데, 왜 주님의 뜻에 불순종으로 나아가는지요?

올바른 신앙인이라면, 참된 주님의 사랑을 마음밭에 심어 실천하는 삶을 살아야 합니다. 그러기 위해서는 나를 내려놓고, 교만과 아집을 버리며, 주님을 향한 믿음의 열정과 소망의 꽃을 피워야 합니다.

교회의 지도자들이여, "깨어나십시오". 1분 앞을 예상 못하는 세상을, 본인은 해당사항이 아니라고 수수방관과 무사안일로 일관하는 잘못된 관행을 뿌리 뽑아야 합니다. 주님의 넓고 깊고 높은 사랑의 현장으로 하루속히 다가오기를 기대합니다. 주님을 '부재중'으로 만들지 말고 늘 내 안에 머무르게 하며, 이웃들에게도 주님의 따뜻한 사랑의 입김을 불어 마음 속 깊이 전할 수 있도록 함께 노력하기를 바랍니다.

교회가 왜 이러나

교회는, 교회다워야 합니다.

도시에서 거리를 걷다 보면, 크고 작은 수많은 십자가가 눈에 들어옵니다. 빌딩이나 5층 이하의 건물, 빌라에서도 교회 간판을 볼 수 있습니다. 어떤 건물에는 교회가 사라지고 없는데 간판만 보기 흉하게 바람에 흔들리는 모습도 간혹 보입니다.

같은 교단 교회가 버젓이 있음에도, 바로 옆에 교회를 세웁니다. 믿지 않는 세상에서도 상거래 질서를 지키려 하는데 말입니다. 근처에 큰 교회가 있으면, 비슷한 이름으로 교회 간판을 세웁니다. 예를 들어 부산교회, 부산제일교회, 부산동교회, 부산로교회 등으로 이름을 지어 사람들이 분간하기 어렵게 합니다.

그러나 불신자들에게는 혼란을 초래할 뿐입니다. 그들은 '교회가 옆에 있는데, 왜 또 교회를 세우느냐'고 질문합니다. '교회가 장사가 잘 되나 보지?' 하고 자기들끼리 수군수군하기도 합니다.

교회 안에서 서로 의견이 다르거나 혹은 싸움을 하다 반대편 교인들이 이탈하거나 교회를 떠나가면, '하나님께서 교회를 바르게 세우기 위해 그 사람들을 치셨다'고 합니다. 그러나 생각해 봅시다. 한 아버지에게 자녀가 둘 있는데, 한 자녀는 건강하고 한 자녀가 건강하지 못하다 해서 후자를 버립니까? 하물며 하나님께서 그들을 버리시겠습니까? 성경을 제대로 읽어야 합니다.

하나님께서는 인류를 지극히 사랑하셔서, 가장 아끼고 사랑하는 독생자 구주 예수를 이 땅에 보내시어, 나와 인류의 모든 죄를 대신 지시고 무거운 고난의 십자가 형틀에 죽음을 당하시면서까지 우리를 용서하시고 사랑하셨습니다. 하지만 교회 안에서 자신의 맘에 들지 않으면 무조건 적으로 간주하며 내모는 실상을 보면 가슴이 미어집니다.

잘못된 목사 청빙으로 많은 성도들을 잃고 여러 다른 성도들이 이탈했음에도, 잘못을 통감하고 인정하며 사과하는 분이 없습니다. 이 어찌 그리스도인이라 할 수 있겠습니까? 지도자라는 분들은 마음에 들지 않는 교회 직원이나 직분자들은 직원이든 누구든 무 자르듯 잘라 버립니다.

혹 불만이 있거나 서운한 점이 있으면, 무엇이 그를 서운하게 했는지 이유를 물어보고 원만하게 해결하여 그를 품고 함께해야 할 텐데, 인사를 굽게 하고 있습니다. 세상에서도 그렇게 하지 않습니다. 입으로는 늘 화평과 사랑을 말하지만, 말과 행동이 전혀 다릅니다. 우상숭배자들과 다를 바 없는 것 같습니다.

특히 근거리에 있는 교회 목사님들은 서로 아는 척도 하지 않으십니다. 같은 노회나 교단 분들만 알고 지냅니다. 필자의 어린 시절에는 이웃 교회들과 연합해 친선 체육대회를 하고, 부흥회를 하면 서로 광고하여 너도나도 빠짐없이 참석하여 은혜를 함께 나누며, 고아원이나 교도소를 방문하면 함께 프로그램을 준비하여 주님의 사랑을 함께하며 복음도 전했던 기억이 피어 오르는데 말입니다.

그때 그 시절 교회는 이렇듯 좋은 모습이었기에, 불신자들에게도 '교회란 참 좋은 곳이다' 하는 평판을 들었습니다. 하지만 지금은 교회가 이웃을 멀리하고 입으로만 그리스도 사랑을 외치고 있으니, 존경이 사라지는 것은 당연한 것 아닐까 싶습니다.

특히 요즘에는 교회들마다 철통같이 문을 닫고, 어려운 분들이 찾아오면 이상한 사람이라며 몰아냅니다. 하지만 최근 참 좋은 모습으로 지혜롭게 대처하신 목사님을 소개하고자 합니다. 바로 부산 청석교회 박영계 목사님입니다.

하루는 청석교회에 한 믿지 않는 분이 찾아와, 자신의 식구를 하루만 재워달라고 간곡히 부탁했습니다. 그분은 갑작스럽게 집이 경매에 넘어가 쫓겨나게 됐고, 하루 머무를 집을 구하던 중 한 교회를 찾아갔지만 허락을 해주지 않아, 동사무소를 찾아갔다고 합니다. 동사무소에서는 당장 서류를 해 오라고 지시했고, 그럴 처지가 못 됐던 그분에게 청석교회가 눈에 띄었다고 합니다.

사실 요즘 교회들도 옛날 같지 않아서, 모르는 사람을 재워 주기가 힘이 듭니다. 새벽기도회나 다른 예배에 방해가 될 수도 있고, 혹 낭패를 당할 수도 있기 때문입니다. 그러나 목사님께서는 지혜롭게 이 일에 대처하셨습니다. 어려운 살림에도, 그의 손을 꼭 쥐어 주시면서 '차라리 찜질방에서 식구들끼리 하루 묵으시라'고 하셨습니다. 그러면서 적지 않은 돈을 주시는 것이었습니다.

저는 이를 목격하고, '참으로 지혜롭게 하셨구나!' 생각했습니다. 그 목사님께 다시 한 번 그리스도의 이름으로 박수를 보내고 싶습니다. 청석교회는 선한 사마리아인이었고, 다른 교회는 제사장이었으며, 동사무소는 레위인이 되었던 것입니다. 청석교회는 어려운 교회이며 사례금도 넉넉지 못한 형편이었지만, 어려운 이웃을 위해 그 아픔을 싸매 주는 선한 사마리아인이 아닐까요 (눅 10:30-37)?

특히 교회를 어지럽히고 중대한 범죄를 하고도 전혀 뉘우치지 않고, 오히려 자신들이 교회를 지킨 것처럼 당당하게 말하는 이들이 있는 현 세태에서 말입니다. 이는 적반하장이 아닌지….

주의 종과 장로들이 합세하여 한 장로를 왕따시키며, 쓰지도 않은 편지를 썼다고 자기들끼리 입을 모아 가슴을 아프게 한 이들은 과연, 주님을 십자가에 못 박으라 소리치는 자들이 아닙니까? 더구나 함께했던 목사님이 은퇴하시고 교회를 떠나신 후에는, 그 목사님께 죄를 뒤집어 씌우는 형편입니다. 과연 이들을 진정 교회 지도자들이라 할 수 있을까요?

참담했던 폭풍이 사라지고, 송구영신예배 시 지난 일에 대해 사과할까 기대했지만 그 기대도 멀리 가 버리고 말았습니다. 새 목사님이 부임하시면 성도들에게 정중히 사과할까 싶어 마지막까지 기다렸지만, 후유증이 채 가시지도 않았는데 그 지도자들은 오히려 성지순례를 떠난다고 합니다.

교회는 여러 성도들이 모인 공동체입니다. 그런데 한두 사람이 독점하여 좌지우지합니다. 자신이 몸담고 함께 일했던 사람들을 주위에 포진하여, 그 사람들에게 혜택을 줍니다. 그들은 상대방이 했던 말이나 행동을 고자질합니다. 교회 지도자들은 한 사람의 말만 듣고 판단해서는 결코 안 됩니다. 그 때문에 억울하게 시험당하는 성도들이 생겨납니다.

그리고 교회 안과 밖에서는 늘 주님과 함께해야 합니다. 주님을 믿고 사랑한다면서 주님은 온데간데 없고 자신이 주님처럼 행세하는, 교만이 극에 달해 있습니다. 그래 놓고 '하나님의 뜻'이라고 합니다.

특히 목사님들은 눈이 어두워 갈피를 찾지 못한 채, 그들의 말만 듣고서는 그들을 칭찬합니다. 인간의 생각으로 힘 없고 돈 없어 보이거나, 힘 없어 보이는 장로나 항존직 그리고 성도들에게 차갑게 대하는 현상이 두드러지게 나타나고 있습니다. 이들은 과연, 천국과 지옥을 인정하는 것일까요?

교회에서는 언로가 트여야 합니다. 교회는 희망의 아침 해가 용솟음치는, 활기찬 소망의 장이 되어야 합니다. 누구의 말이든, 예의에 어긋나지 않는 한 불평불만이라 생각지 말고 경청해야 합니다. 주님께서는 늘 인간들의 말에 귀를 기울이시고, 하고자 하신 것과 계획하셨던 모든 것들을 즉시 시행하셨습니다. 하물며 교회 안에서 말하고 듣는 것을 자유롭게 하지 못한다면, 교회가 아니라 지옥이 아니겠습니까?

그리고 교회 안에서는 공평해야 합니다. 어느 성도이건 주님 앞에서 버릴 수 없는 양들이며 제사장들입니다. 주님을 사랑하신다면, 성도들을 사랑해 주시기 바랍니다. 그리고 성경에서 비유로 말씀하시는 '거지 나사로'를 기억하시기 바랍니다.

세상에서 얄팍하게 갖은 방법과 수단으로 부유하게 산다 하여, 주님 앞에서 자유로울 수 없습니다. 제발 자신을 내려놓고 교만에서 탈피해, 주님의 거룩한 백성으로 변화되기를 간절히 소망합니다. 이 세상은 이슬 같고, 잠시 있다 사라지는 안개와 같다고 했습니다. 권력과 부귀영화는 잠시입니다. 온갖 누려온 삶을 바꾸시고, 새로이 거듭나는 세월이 속히 찾아와, 잘못을 인정하고 성도들 앞에 겸손히 엎드려 사죄하며, 교회와 성도들, 세상을 위해 최선을 다하시며 봉사하는 충실한 청지기 되시길 바랍니다.

그에 앞서 인정할 것은 인정하고 반성하고 회개하며, 정중히 사과하는 아름다운 모습의 지도자들이 되시기를 기대하고 있습니다. 주님께서 보고 계시다는 사실만 아시면 좋겠습니다.

벧엘로 올라가는 신앙의 약속

창세기 34장에 나오는 사건은 히위 족속 세겜이 야곱의 딸 디나를 겁탈하고, 이에 분노한 시므온과 레위가 성의 모든 남자들을 할례를 빌미로 살육하는 비극적인 사건입니다.

이 사건은 야곱이 형 에서의 위협으로부터 피해 있다 다시 고향으로 돌아올 때, 벧엘에 '하나님의 전'을 짓겠다고 한 맹세를 행하지 않고, 세겜에 머물러 안주하다 야곱 일가에 내려진 하나님의 진노의 징벌이자 경고였습니다.

야곱은 가나안 땅에 들어섰을 때, 아브라함이 취했던 행동을 본받아 하나님에게 단을 쌓았습니다. 그 이름은 엘엘로헤이스라엘, '하나님은 이스라엘의 하나님이시다'라는 뜻입니다. 야곱은 밧단아람에서 곧장 벧엘로 가야 했지만, 중간에 세겜 에서 장막을 치며 거주하다 뼈아픈 사건을 체험하고 말았습니다.

사고를 저지른 세겜과 그의 아버지 하몰은 그 일에 대해 깊이 반성하거나 사과하지 않았고, 오직 디나와 의 혼인을 허락해 준다면 어떠한 대가라도 지불하겠다고 말합니다. 이 같은 몰염치한 태도는 야곱 아들들의 마음을 더욱 격분하게 만들었습니다. 후에 시므온과 레위는 세겜이 마치 여동생을 창녀같이 취급했다고 말합니다. 돈을 주기만 하면 언제라도 함께 즐길 수 있는 창녀와 같다고 생각했던 것이 사고를 부른 것입니다.

하지만, 이런 엄청난 사건이 일어났는데도 야곱은 함구합니다. 오히려 "악취를 내게 하였도다"고 했는데, 이는 '화를 입게 했다, 수치를 당하게 했다, 욕을 먹어 마땅하게 했다'는 뜻도 됩니다. 어떤 학자들은 야곱이 윤리적 차원에서 시므온과 레위의 행위를 책망하지 않고, 그들이 저지른 사건으로 말미암아 자신에게 미칠 위험만을 생각한다고 비난합니다.

창세기 49장 6-8절에서는 야곱이 직접적으로 아들들의 악한 행동에 대해 언급하면서, 그들의 행위는 저주를 받을 만한 것이라고 했습니다. 이 경우 그들의 살육은 어느 면으로 보나 끔찍한 죄악이기 때문에, 창세기의 기자는 고의적으로 야곱의 책망을 생략했을 수 있다고도 보는 것입니다.

이 사건은 오늘날 우리 교회들 안에서 많은 생각을 하게 합니다. 야곱이 곧장 벧엘로 갔더라면 이런 사고를 미연에 방지했을 수도 있었습니다. 하몰의 아들 세겜도 디나를 만나지 않았을 것입니다.

하몰의 아들 세겜이 디나를 정말 사랑하고 마음에 두었더라면, 사고를 치기 전 먼저 가서 혼인을 청했더라면, 이런 사고를 사전에 막았으리라 필자는 생각합니다. 사고 후 이 사실을 알게 된 시므온과 레위도 속히 가족에게 알려 서로 소통을 했더라면, 슬기롭게 해결했으리라 봅니다. 하지만 욱하는 급한 성격 때문에 비참한 사건을 체험하게 됩니다.

그리고 사고를 당한 동생 디나를 이용해, 할례를 받도록 유혹합니다. 당시 할례는 주변 민족들 간에도 공공연하게 행해졌습니다. 특히 야곱은 가진 소유가 대단히 많아, 주변 사람들이 탐낼 정도였다고 합니다.

그러므로 세겜 사람들은 별 의심이나 저항감 없이, 할례를 행하자고 하는 제안을 순순히 받아들인 것입니다. 그리고 디나를 욕보인 세겜은 야곱의 재산 많음을 보고 나중에는 그것을 취하자고까지 합니다.

시므온과 레위는 저들을 죽이고 그 성에 있는 모든 것을 취하기 위해 할례를 요구하여 그들이 원하는 바를 모두 성취합니다.

세겜과 야곱의 아들 간의 물고 물리는 잔꾀 속에서, 시므온과 레위가 이긴 것입니다. 팥죽 한 그릇으로 에서에게 장자를 뺏은 야곱의 잔머리가 자손들에게까지 영향이 있나 봅니다.

특히 야곱에게 벧엘은 뜻깊은 장소입니다. 벧엘은 야곱이 형 에서를 피해 밧단아람으로 내려갈 때, 하나님께서 그에게 처음으로 자신을 나타내셔서 야곱을 안심시키며, 보호해 주실 것을 약속하셨던 장소였습니다. 이 사건을 기념하기 위해 그는 그 곳에 기둥을 세웠던 것입니다.

그리고 하나님의 복을 받아 안전하게 고향으로 돌아오게 되면, 그 기둥 위에 '하나님의 전'을 세우겠다고 서약했던 곳이기도 합니다. 그 약속의 이행을 위해 야곱은 이제 벧엘로 올라갑니다. 이것은 곧 디나의 사건이 하나의 큰 동기부여가 되었을 것으로 추정해 봅니다.

여기서 우리는 죄를 지었으면 응당 거기에 상응하는 사과와 회개가 반드시 뒤따라야 함을 배웁니다. 일을 저질러 놓고도 오히려 당당하게 더 큰 것을 쟁취하려는 교만함과 탐욕에는 늘 화가 뒤따른다는 것은 결코 잊지 말아야 할 교훈입니다.

믿음의 조상들도 많은 시행착오를 겪습니다. 교회 안에서도 마찬가지입니다. 우리는 '신'이 아니고, '하나님'을 사랑하는 성도요 종들입니다. 종들은 주인의 말씀에 순종하고 그에 따른 모든 것들을 믿고 의지해야 합니다. 종이 교만하여 주인 행세를 한다면, 주인의 마음은 얼마나 아프고 고단하시겠습니까?

요즘 시대, 교회 안에서 행해지는 일들을 보노라면 참으로 안타깝습니다.

자신들의 목적에 부응하지 않는 성도에게 교회를 나오지 말라고 하며, 자신들의 목소리를 청종하지 않는다고 개개인에게 전화를 해서 위압감을 주거나 공포 분위기를 조성하기도 합니다. 지도자들의 그 어리석은 교회 정치에 환멸을 느끼며 떠나가는 성도들도 있습니다.

한 영혼이 천하보다 귀하다면서 많은 경비를 들여 총동원 전도주일을 하면 무슨 소용이 있습니까? 사람을 귀하게 여기지 않는, 감동 없는 잔치에는 늘 사탄들이 우글우글할 뿐입니다.

야곱이 하나님과의 약속을 이행하기위해 그 큰 화를 감내하며 벧엘로 올라간 사실에 대해서는 어찌 함구하십니까? 하나님 앞에서 한 약속은 엄격하게 지켜져야 합니다. 자신들이 함께 약속하고 설정하여 놓은 사실을 왜곡하며 지키지 않는다면, 야곱이 서약했던 일을 잊고 안주한 탓에 하나님으로부터 진노를 불러일으킬 것입니다. 이 참혹한 현실 가운데, 우리는 하나님 앞에 서약하고 맹세했던 약속들은 목숨을 내놓는 한이 있더라도 반드시 지켜져야 합니다.

목자와 지도자들의 잘못된 행동에 눈치를 보거나 함구하며, 잘못을 저지르는 지도자들 편에서 동조하는 일이 일어난다면, 나머지 많은 양떼들에게 상처와 절망을 줄 것입니다. 그것은 고스란히 하나님의 마음을 힘들게 하며 아프게 하는 것 아닐까요?

하몰의 아들 세겜의 교만함, 시므온과 레위의 교만함과 탐욕이 부른 슬픈 사건은 많은 사람들이 처참히 죽임과 괴로움을 당했다는 역사의 교훈을 줍니다.

모든 신앙인들에게 경종을 울리는 이 사건을 통해, 우리는 진실하게 회개하며 뉘우쳐야 할 것입니다. 그리고 우리 모두는 하나님께 서약하고 맹세했던 벧엘로 반드시 올라가야 할 것입니다.

2011년 4월 20일 장애인의 날 부산시장 표창, 모범상

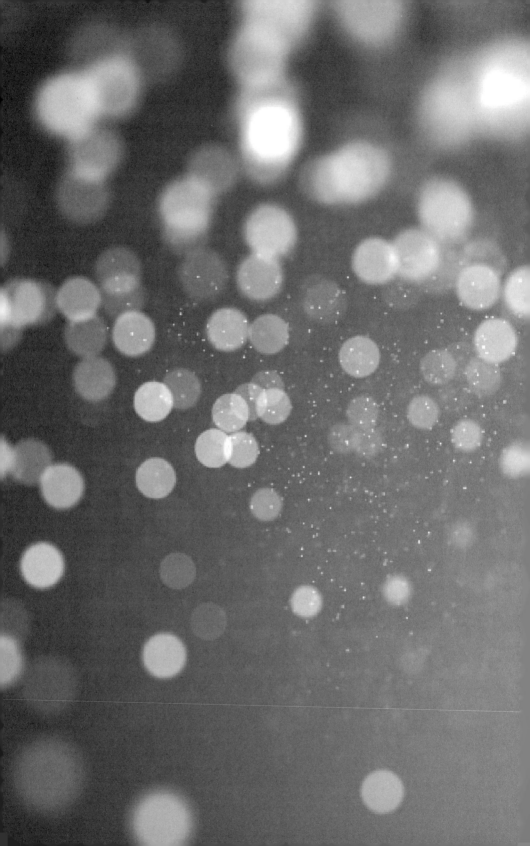

제4장

자라나는 신앙인들

주일학교 미래를 위하여

50-60년 전 주일학교 시절이 떠오릅니다. 그 시대는 성경책도 빨간 것을 들거나 팔짱에 끼고 교회를 다녔지요. 그 시대에 교회에 나가신 분들은 아마도 추억으로, 새삼 그리움으로 기억될 것입니다.

요즘은 옆집, 뒷집, 앞집 아이들을 데리고 교회를 가려면 무척 힘이 듭니다. 당시에는 이웃 어른들께서 아이들이 교회에 나가는 것을 귀찮아하지 않고 반대하지도 않으셨습니다. 왜냐하면, 그 당시에는 교회에 나가시는 분들이 진실했기 때문입니다. 비교적 전도가 잘 되었던 시기였습니다. 특별히 유교나 불교 집안이 아니면, 대부분 거부하지 않았습니다. 그만큼 교인들의 신뢰도가 불신자들에게도 통했던 시절이었습니다.

교사들의 학력도 초등학교 졸업이 전부인 경우도 있었지만, 오히려 그들이 성경 말씀은 더 진실하게 가르쳤습니다. 그분들의 교육이 초석이 되어 오늘날 한국교회가 부흥된 것입니다. 당시의 환경과 여건은 지금보다 훨씬 못했지만, 복음을 전하는 믿음의 사역만큼은 지금과 비교할 수 없을 만큼 열정의 시기였습니다.

그러나 요즘 아이들은 학원 때문에 교회는 뒷전입니다. 주일날에도 학교나 학원을 가느라 주일을 범하는 사례가 너무 많습니다. 부모님들께서는 공부보다 신앙 교육이 더 중요하다고 말씀은 하시지만, 속마음은 학원 가는 것을 원하고 있는 실정입니다.

아이들도 교회를 나오기를 싫어합니다. 왜 그럴까요? 진짜 이유가 궁금합니다. '종교의 자유' 때문일까요? 아니면 다른 이유가 있는 것일까요? 각 교회에서 아이들의 속마음을 실제로 들어보는 시간이 필요할 것 같습니다.

불행하게도 주일학교에 열심히 나오는 많은 아이들의 진짜 이유는 하나님을 향한 믿음이나, 교회에서 하는 신앙교육이 좋아서만은 아닙니다. 또래 친구들과 함께하는 시간이 즐겁고, 교회학교에서 하는 갖가지 활동들이 재미있기 때문이기도 합니다. 반대로 교회에 친구가 많이 없거나 주말에 다른 친구들과 어울리는 것이 더 좋은 경우라면, 오기 싫은 것이 당연할 것입니다.

그리고 교회에서 생활하는 것만으로 신앙교육이 충분하게 되는 것도 아닙니다. 믿음은 상담 뿐 아니라, 학생들이 생활하는 학교나 학원, 집에서도 느끼고 체험할 수 있습니다. 장소를 불문하고 어디서나 자신이 처한 상황이나 환경 속에서 주님께 기도하고 감사하고 대화하면서 살 수 있도록, 부모님들께서 먼저 그러한 모습을 보여주시면 좋겠습니다.

아이들이 보는 앞에서 교회 선생님들을 존경하는 일도 필요합니다. 그 존경은 바로 주님을 신뢰하고, 사랑하는 것과 마찬가지입니다. 아이들이 보는 가운데, 교회학교 선생님들을 주님께 하듯 사랑과 정성을 다해 섬겨야 합니다. 교회학교 선생님과 부모님, 그리고 주님과 함께하는 신앙교육 속에서 아이들은 세상의 빛과 소금으로 변화할 것입니다.

필자의 학창시절엔 남녀가 함께 모일 수 있는 곳은 교회밖에 없었습니다. 교회가 '연애당'이라 불릴 만큼, 어른이 되어 교회를 나가지 않는 분들도 있지만, 어찌 됐든 당시 환경에서 남학생과 여학생들이 만날 곳은 유일하게 교회뿐이었습니다.

무엇 때문에 왔든, 어른이 되어 교회를 나가지 않는 분들도 있지만 대부분 교회에서 크게 일하는 일꾼들이 되었고, 나라와 민족을 위하는 일군들이 무수히 배출이 되었습니다. 교회학교 신앙교육이 얼마나 위대한 것인지를 새삼 실감케 합니다.

당시와 지금은 시대가 많이 변했지만, 변할 수 없는 것은 바로 믿음 뿐입니다. 과학이 발달하고 편리해져 행복한 세상 같지만, 믿음은 뒷전으로 변해가는 시대입니다. 주일학교 학생 수가 점점 줄어들며, 타종교나 세상에 뒤쳐져 있는 현 시점에서, 각 지교회는 정신을 바짝 차리지 않으면 교회학교가 문을 닫는 시점이 올지도 모릅니다. 벌써 그러한 일들이 일어나고 있지 않습니까?

주일학교의 미래를 위해, 부모님들과 교회 지도자들은 투자의 시기를 놓쳐서는 안 될 것입니다. 그리고 교사들의 사기를 더 높여, 주님께서 명령하신 복음화를 위해, 발 빠른 프로그램을 끊임없이 연구하고 개발해야 할 것입니다.

교사들의 권위와 상급

5월은 가정이 달이면서, 유난히 기념일이 많은 달입니다. 세상에서는 세종대왕의 탄신일인 5월 15일을 '스승의 날로 정하여 기념하고 있습니다. 교계에서는 언제부터인지 정확히는 알 수 없지만 필자의 기억으로는 중·고등학교 시절 이미 어린이주일-어버이주일에 이어, 스승의 날 근처인 5월 셋째 주일을 '스승의 주일을 지켜오고 있었습니다.

"스승의 그림자도 밟지 말라"는 옛 선조들의 말씀이 무색할 정도로, 요즘 일선 교육현장에서는 교사들이 겪는 고통이 이만저만 아닙니다. 무너진 교사의 권위 때문에 힘들다는 하소연들이 여기저기서 쏟아져 나오는 실정입니다.

학생들과 학부모들로부터 무시나 모욕을 당하는 경우도 허다합니다. 이러다 보니 교사직에 회의를 느껴 교단을 떠나는 분들이 속출하는 안타까운 현실에 가슴이 아프기도 합니다.

아이들의 교육을 위해 긴 여정의 고난을 뚫고 열의에 찬 뜻을 품고 현장에 나왔지만, 정부 기관이나 학생들, 그리고 학부모들까지 교사에 대한 예우나 권위를 무참히 짓밟고 있으니, 떠나는 것이 당연하다 할 수도 있겠습니다.

하지만, 박봉 때문에 하는 수 없이 매여 있다는 교사들도 있습니다. 장래 희망이던 교사의 푸른 꿈이 차츰차츰 사라지고, 거칠어진 학생들, 그리고 찾아와서 마구잡이로 욕설을 퍼붓는 학부모들 때문에 교사의 사명감은 어디론가 사라지고, 오히려 직업 훈련장의 모습으로 변해 가는 학교의 모습이 실로 안타깝기 그지없습니다.

이 모두는 잘못된 부모들의 자녀 사랑이 지나칠 정도로 망가뜨리고 있음을 개탄할 뿐입니다. 아이가 적든 많든, 부모는 스승이 되어야 합니다. 남에게 피해를 주는 일과 질서를 지키는 일 정직과 성실, 이웃을 배려함, 어른에 대한 예의범절과 선생님께 존경을 교육해야 함에도, 지나친 물질 요구에만 열을 올리며 바른 교육을 하지 않으므로 인해, 향후 아이들의 미래는 불확실한 암흑의 시대로 물들어감을 모르고 있는 현 시대가 참으로 야속하게 느껴지기도 합니다.

개인의 이익을 위해 부정한 방법의 청탁이 있는 곳도 아닌, 신선한 학교에까지 김영란법을 적용하는 것은, 정부기관에서부터 학교 교사들을 신뢰하지 못한다는 뜻과 무엇이 다른지요? 지금은 물질이 풍부한 시대라 어린아이들의 용돈도 대개 1만 원에서 10만 원까지 주고 있는데, 부모나 부모로부터 받은 용돈을 아껴 존경하는 선생님에게 카네이션과 작고 예쁜 선물 하나 하지 못한다는 것은, 어린아이들에게 오히려 달갑지 않은 상처만 제공할 뿐입니다.

모든 청탁과 비리는 어른들이 다 만들어 놓고, 고사리 같은 정성어린 마음으로 거룩한 뜻을 기념하겠다는 순수한 학원 어린이에게까지 이를 물들게 하는 방법은 정말 옳은 처사라고 생각지 않습니다. 물론 부작용도 약간 있겠지만, 목적과 뜻이 좋다면 이를 수용하고 더 확대해야 하지 않을까요?

구약 시대에 등장하는 인물로 웃시야가 있습니다. "웃시야는 아버지 아마샤의 모든 행위대로 여호와 보시기에 정직하며 하나님의 묵시를 밝히 아는 스가랴가 사는 날에 하나님을 찾았고 그가 여호와를 찾을 동안에는 하나님이 형통하게 하신지라(대하 26:4-5)". 유다 왕인 웃시야에게는 훌륭한 스승 스가랴가 있었기 때문에 그는 여호와를 찾으며 모든 일이 형통하게 되었습니다.

다윗에게는 스승이자 선지자인 나단이 있었기에 그는 이스라엘의 최고의 왕이 되었고, 사울은 스승이자 사사인 사무엘의 말을 듣지 않으므로 비참한 최후를 맞았습니다.

성경의 많은 인물 중에는 스승의 말을 새겨 하나님의 사역을 잘 감당하신 분들도 있지만, 순종하지 않고 자신의 뜻대로 행하여 비참한 최후를 당한 분들도 많음을 볼 수 있습니다.

스승은 참으로 귀한 직분입니다. 스승의 지시에 순응한 사람들은 대개 부흥했으며, 스승의 말에 함구하고 자신의 뜻대로 행했던 분들은 한결같이 패망함을 성경을 통해 배웁니다.

이렇듯 이 시대는 하나님 말씀에 목숨을 건 종들과 교사들이 필요한 시대입니다. 특히 우리 교계에서 교역자들과 교사들을 위해, 열심히 최선을 다해 기도해야 할 것입니다.

그들이 우리 자녀들을 위해 말씀으로 양육을 잘 할 수 있도록 말입니다. 그들의 선한 행동과 따뜻한 보살핌과 열정을 하나님 앞에 우리 자녀들이 행복한 삶을 살아갈 수 있도록 도와주는 교사가 돼야 합니다. 이를 위해 힘을 모아 존경하며 격려를 아끼지 말아야 할 것입니다.

특히 부모들은 자녀 앞에서 교역자들이나 주일학교 교사들에 대한 부정적인 언어나 행동을 삼가야 할 것입니다. 그들은 자녀들의 영혼을 맡은 하나님의 충실한 종들이자 스승입니다. 그들의 권위나 존경에 손상을 입히는 행동은 하지 말아야 합니다. 우리가 주님의 권위를 높이 찬양하듯 그들의 권위를 주님 대하듯 높이 찬양해야 합니다.

그리할 때, 그들은 즐겁고 행복한 마음으로 최선을 다해 지혜를 총동원하여 그들의 선한 모습들을 다 내어놓을 수 있습니다. 그리고 교육자에게도 말씀에 연구와 지혜를 충분히 발휘할 수 있도록 기회를 주며, 아이들과 교인들을 위해 전념할 수 있도록 아낌없는 성원을 보내야 할 것입니다.

그러므로 인류 최고의 스승은 바로 주님입니다. 교사들은 주님을 대신하여 하나님의 말씀에 붙들려, 그 말씀으로 우리를 지도하고 인도할 스승입니다. 욧시야처럼 스승의 지도와 훈련을 잘 받으면 하나님을 찾을 수 있고, 만날 수 있습니다. 그러면 형통할 삶이 절로 찾아오게 될 것입니다.

스승의 주일에는 근속 상을 주는 교회들이 많습니다. 이 일은 참으로 선한 행동이라 여겨집니다. 어떤 분들 중에는 '상은 하늘나라에서 받으면 되지' 라는 분들도 계십니다. 성경을 오해하는 것입니다.

누구도 자신의 시간이나 물질을 사용하며 교사를 하려 하지 않는 현실입니다. 교회 안에 장로나, 집사, 권사를 투표하는 과정에서도 대개 교사는 뒤 전으로 밀려나기도 합니다. 앞에 보이는 성가대와 안내원들보다 눈에 드러나지 않는 봉사를 하기 때문입니다. 인간적으로 생각해보면 참으로 서운한 일이기도 합니다.

하지만 이를 극복하고 10년 이상 교사 생활을 하시는 분들은 정말 하나님의 참 제자인 동시에 참 스승입니다. 상급은 땅에서 받고, 하늘나라에서도 받는 것입니다.

요즘 시대에는 교인들이 세상에서 상급을 받는 일이 흔하지 않습니다. 과거에는 많은 교인들이 사회로부터 존경의 대상으로 여겨지고 표창을 받는 분들도 많았는데, 요즘은 보기조차 힘들 정도로 사회에서 기독교를 향해 보는 시각이 좋지 못함을 매우 안타깝게 생각합니다.

이 땅에서 풀면 하늘에서 풀린다는 주님의 거룩한 말씀에 귀를 기울이고, 교역자와 교사들, 그리고 교회 직원들에게 합당한 처우와 존경을 해 주셔서,

잃어가는 교사의 권위를 교계가 앞장서 세워야 하겠습니다.

아이에게 배운다

올해도 어김없이 5월 5일 어린이날이 찾아왔습니다. 우연히 KBS 1TV에서, 고교생들이 대상인 '골든벨' 프로그램을 초등학교 어린이들과 함께하는 모습을 우연찮게 시청했습니다. 원래 이 방송은 주일 저녁에 하는 프로그램으로, 전국에 있는 고등학교를 상대로 하는데, 이날은 어린이날이라 어린이들을 대상으로 프로그램을 제작, 방영했습니다.

아이들 모두 정말 파릇파릇한 새싹 같았습니다. 얼굴에는 때 묻은 흠집 하나 없이, 청순함 그 자체였습니다. 옛날엔 꿈이 뭐냐고 물으면, 보통 대통령이 되겠다든지, 육군 대장이 되겠다든지, 판·검사, 의사, 외교관이 되는 게 꿈이라고 하는데, 요즘 아이들의 꿈은 정말 소박함 그 자체이자 현실적인 꿈들이었습니다.

드디어 '골든벨' 프로그램이 시작됐습니다. 문제를 하나 하나 풀어가는데, 정말 놀랍게 잘 풀어 나갔습니다. 중간에 틀린 답을 적은 아이들에게 사회자는 묻습니다. "왜? 이게 정답이라고 생각하니?" 우리가 볼 때는 분명 틀린 답인데 그 아이는 논리 정연하게 대답하니, 정말 정답 같았습니다. 한편으로 생각해 보면, 그 아이가 적은 답이 정답 같기도 하였습니다.

이날 실시되는 '어린이 골든벨'은 최후의 1인이 남을 때까지 진행됐습니다.

최후의 1인은 문제 3개 중 2개를 맞추면 영예의 '골든벨 주인공'이 되는 것입니다. 시간이 흘러 2명만 남은 상황에서 문제가 나왔습니다. 여태까지는 정답이 둘 다 같았는데, 이번에는 문제의 답이 갈렸습니다. 둘 중에 한 사람은 탈락됩니다.

그런데 놀랍게도 한 어린이가 훌쩍 훌쩍 울고 있었습니다. 아마 그 문제의 답을 몰랐던 것 같습니다. 사회자가 다가가 "왜 우느냐?"고 물었더니, "정답이 생각이 나지 않는다"고 했습니다. 잠시 후, 정답이 발표되자, 울지 않은 어린이의 답이 정답으로 판명됐습니다. 정답을 맞힌 어린이는 훌쩍 훌쩍 울고 있는 아이 곁으로 다가가 따뜻하게 안아주고 등을 두드리며 격려했는데, 그 모습이 참으로 아름다웠습니다.

'어린아이가 내게 오늘 것을 용납하고 금하지 말라' 하시며 타이르신 주님의 음성이 들려옴을 느꼈습니다. 많이 배웠다면서 근엄하게 살아가는 분들에게도 보기 힘든 모습인데, 서슴치 않고 표현하는 그 모습은 정말로 어른들도 배워야 할 대목이 아닌가 싶습니다.

자신의 위세에 대한 체면 때문에 미안하다는 말 한 마디 못하며, 쓸데 없는 자존심 하나로 이웃을 얼마나 슬프게 하는지를 그들은 모르고 있습니다.

있는 그대로 사실을 사실답게 내어놓을 줄 아는 저 어린이들을, 기성세대도 배워야 하겠습니다. 우리 교계에서는 5월 첫째 주일을 보통 '어린이주일'로 정하고, 어린이들을 위해 많은 프로그램을 만들어 하나님께 영광을 돌립니다. 평소 어린이들을 위해 교회 안에서 믿음의 씨앗을 잘 심고 가꾸도록, 교계가 함께 기도하고 그들의 문제를 풀어주며 다독여주는 아름다운 '어린이주일'이 돼야 하겠습니다.

그들에게 교회는 비전과 소망을 제시하여야 합니다. 그 비전은 바로 어른들의 몫입니다. 어른들의 몫은 성실한 신앙인으로 살아가는 모습을 어린이들에게 보이는 것입니다. 말과 행동이 다른, 언행일치가 되지 않으면 안 된다는 것입니다. 어린이에게 한 약속은 비록 하찮은 것이라도 반드시 지켜야 합니다.

보리떡 다섯 개와 물고기 두 마리를 주님 앞에 선뜻 내놓은 한 어린아이 때문에 주린 백성 5천 명을 먹이고도 열두 광주리를 남긴 어린아이의 순수한 마음이야말로, 천국을 향해 가는 열쇠가 아닌가 싶습니다. 아마 부모는 아이 먹으라고 정성 들여 도시락을 준비했을텐데, 아이는 자신의 배를 채우기 위한 것이 아니라 많은 사람들을 생각하며 주님의 뜻을 확고하게 믿었습니다.

그 아이가 주님의 말씀을 얼마나 사모했으면, 도시락까지 준비하며 말씀을 경청했을까요? 보리떡 다섯 개와 물고기 두 마리를 내어 놓은 그 어린아이의 미래는 어떻게 되었을까 하는 궁금증이 나기도 합니다. 그리고 자신의 배를 채운 어른들은 그 아이에게 고맙다는 격려의 말 한 마디라도 했을까 하는 궁금증도 생깁니다.

이처럼 교회 안에는 존경의 대상인 어른들이 많아져야 합니다. "난 저런 훌륭한 장로님이 될 거야, 저 집사님 같은 훌륭한 가수가 될 거야, 피아니스트가 될 거야, 요리사가 될 거야, 미술가가 될 거야, 건축가가 될 거야, 사업가아 될 거야, 소방관이 될 거야, 훌륭한 군인이 될 거야, 이웃을 위해 봉사하는 사람이 될 거야". 이러한 비전들이 어른들의 모습에서 뿜어져 나와야 합니다.

다양한 직업의 신앙인들과 믿음의 본이 되는 어른들이 많아서 아이들이 그들을 관찰하며, 그 모습대로 살아가려는 행함이 있어야 한다는 것입니다. 자신의 목적을 위해 비겁한 행동이나 거짓말, 그리고 남을 이간질하고 모함하는 못된 모습들을 보여줘서는 안 됩니다.

교회 안에서는 서로 사랑하고, 서로를 격려해 주고 칭찬해 주며, 내가 있는 것들로 없는 사람들을 위해 나눔의 실천하는, 주님의 거룩한 제자들이 많아야 합니다. 청순한 아이들의 눈에, 교회 안에서 이뤄지는 모든 것들이 아름답게 보여지게 해야 합니다. 그리고 그들의 이야기에 귀를 기울이고, 그들의 다양한 사고를 이해하며 품어야 합니다.

그리고 아이들에게는 "잘했다. 하나님께서는 너를 부르셨다. 너는 축복을 받았다. 너는 하나님의 훌륭한 제자가 될 수 있어!" 하면서 격려하고, "혹 네가 다른 길로 가더라도 주님은 항상 너를 기다리시고 계신다"는 믿음을 심어야 합니다. 그리고 "네 생각이 바뀐다 할지라도 아무도 너를 책망하거나 나무라지 않을 것"이라고, 넓고 자비로운 마음으로 어린이들에게 다가가 그들을 포용하며 사랑하는 마음을 전해야 하겠습니다. 어린이들이라 해서 막무가내로 대하며 괄시를 해선 안 될 것입니다.

어린이들에게서 배울 것은 배울 줄 아는 지혜로운 어른들이 되셨으면 좋겠습니다.

'꾸중'이 그리운 시대

꾸중은 '아랫사람의 잘못을 꾸짖는 말'이라고 합니다. 사전적 정의의 '잘못'과 '꾸짖는 말'을 분석하면, 결국 꾸중은 하는 사람과 듣는 사람 모두를 위해 존재하는 것입니다.

또 '훈육(訓育)'은 가르친다는 뜻인데, 이 말을 자주 쓰는 곳은 학교와 군대, 교도소 같은 단체입니다. 훈육의 목적은 행동을 억제시키는 것이 아니라, 행동을 변화시키는 것입니다. 사회에서 통상 요구되는 규칙이나 규범, 질서를 배우게 하는 의미 외에도, 자신의 욕구를 스스로 조절하는 힘을 기르게 하는 의미가 담겨 있습니다.

흔히들 교회에서는 꾸중이나 질책을 하지 말고, 용서와 사랑으로 가르쳐야 한다고 합니다. '칭찬은 고래도 춤추게 한다'는 말도 있지요. 그래서 요즘은 가정뿐 아니라 학교, 사회에서 '꾸중'이라는 단어를 찾아보기 힘듭니다. 모두들 칭찬과 격려에만 치중하다 보니, 정작 무엇이 옳고 그른지 분별하는 힘이 차츰 사라져 가고 있습니다.

하지만 필자는 꾸중은 분명 필요하다고 말씀드리고 싶습니다. 물론 자녀들이나 아랫사람에게 꾸중을 할 경우 모욕적 언사와 잔소리를 반복하는 일은 절대 삼가야 하며, 때와 장소를 가려야 합니다. 많은 대중 앞에서나 그의 친구들 앞에서는 피해야 합니다. 별다른 효과 없이, 오히려 깊은 상처만 남기게 되기 때문입니다.

또 부모나 교사, 선배, 직장 상사, 군대 상관이 개인적인 감정으로 꾸중하는 경우, 오히려 듣는 이에게 마음의 상처만 안겨 주고 본래의 목적은 상실되는 경우를 흔히 볼 수 있습니다.

그렇다 해서 무조건 칭찬만 해서도 안 될 것입니다. 칭찬과 꾸중을 적절하게 혼합하여 사용하는 기술을 배우고 터득해야 합니다. 이 시대의 가정에서는 자녀들에 대한 꾸중과 질책, 그리고 훈육이 사라졌습니다. 오히려 자녀들의 눈치 보기에 급급, 자녀들의 요구를 무조건 들어 줍니다. 자녀를 사랑한다는 이유로 맹목적인 태도를 보인다면, 교회와 사회의 앞날에 많은 부담을 안겨 줄 수 있습니다.

성경 속 많은 인물들도, 꾸지람 없이 그 믿음이 발전하지 못했습니다. 꾸중에 냉대했던 인물들은 결국 비참한 최후를 맞이했습니다. 반면 귀를 기울이고 마음 깊이 회개하며 겸손하게 대처했던 인물들 중에서는, 비록 잘못이 있었더라도 하나님께 새로운 임무를 부여받고 훗날 모범적인 백성으로 이름을 남긴 분들이 많습니다.

그때와 달리 지금은 은혜의 시대가 펼쳐졌음에도, 서로를 의심하고 시기와 모함으로 얼룩진 모습들이 특히 교계 안에서 흔히 이뤄지고 있어 가슴 아프게 생각합니다. 특히 꾸중에는 마음문을 열고 '아멘'으로 화답할 수 있어야 합니다. 나단이 왕이었던 다윗에게 죽음을 무릅쓰고 찾아가 질책성 꾸중을 했더니, 다윗은 겸손으로 고요하게 가슴 깊이 인정하고 회개함으로 이스라엘 역사에서 가장 위대한 임금으로 남지 않았습니까?

그러므로 목사님들은 성도가 반복적으로 잘못을 할 경우 분명 꾸중을 해야합니다. 목사는 하나님께 명을 받은 영적 지도자입니다. 성도의 눈치를 보거나 환심을 사기에만 급급하면, 그곳은 곧 지옥의 장으로 변하게 됩니다. 성경에 위배되거나 사회적으로 옳지 않은 일을 한다든지, 공금을 횡령한다든지, 특히 부동산 사업을 하는 분들이나 상업에 종사하시는 분들이나 공직에서 근무하시는 분들의 삶이 정직하지 않다든지 하는 경우 과감히 질책하며 꾸중을 해야 합니다. 그렇게 하지 않으면 마귀의 역사에서 춤을 추는 꼴이 되고 마는 것입니다. 꾸중은 곧 사람을 살리고 세우는 길인 것입니다.

오늘날 한국교회를 냉철히 바라보면, 어린 시절 목사님들께서 꾸중하시던 그때 그 시절이 그리움으로 다가옵니다. 그 꾸중의 말씀들이 오늘날 우리가 세상을 향해 나아가게 한 굳건한 반석이 되었음을 잊지 말아야 합니다. 어린 시절 꾸중하시던 그 음성이 있었기에, 이 나라에 무수한 인재들이 배출되어 훌륭하게 하나님과 세상을 위해 일하고 있는 것입니다.

부모와 교사, 목사, 그리고 여러 지도자들의 헌신적인 행동과 눈물 어린 기도의 힘만이 성공적인 꾸중이 될 수 있습니다. 교회에는 잔머리로 가득 찬 교인들도 있는데, 그들 때문에 많은 상처가 일어남을 깨닫고, 서로 사랑하라는 주님의 명령을 따라야 할 것입니다.

"내 아들아 여호와의 징계를 경히 여기지 말라 그 꾸지람을 싫어하지 말라(잠 2:11)", "마땅히 행할 길을 아이에게 가르치라 그리하면 늙어도 그것을 떠나지 아니하리라(잠 22:8)", "매를 아끼는 자는 그의 자식을 미워함이라, 자식을 사랑하는 자는 근실히 징계하느니라(잠 13:24)".

성경은 이렇듯 자녀들을 훈계할 것을 말하고 있습니다. 부모의 징계는 일시적으로 자녀들에게 고통을 줄 수도 있지만, 그들의 나쁜 행동이나 어리석은 태도를 바로잡아 주기 때문에 궁극적으로는 사랑의 행위가 됩니다.

특히 성도에게 들려 주고 싶은 말씀은 "속이는 저울은 여호와께서 미워하시나 공평한 추는 그가 기뻐하시느니라(잠 11:1)"입니다. 화폐가 생기기 전에는 저울로 상거래를 하다 보니, 두 종류의 추를 교묘하게 사용하여 부당한 이익을 취하는 상인들이 있었습니다. 팔 때는 가벼운 추를 저울에 놓고, 살 때는 무거운 추를 놓으면서 많은 이익을 챙겼던 것입니다. 그 이후 화폐가 발행됐지만, 인간의 무거운 탐욕으로 인한 거짓과 권모술수가 오히려 만연했습니다.

어떤 남집사님은 자동차 중개상을 하면서, 한 여집사님을 대상으로 사기에 가까운 가격으로 중고차를 판매해 그 집사님의 가슴에 상처를 준 일이 있었습니다. 당시 그 여집사님은 남편이 질병으로 세상을 떠나고, 어렵게 홀로 두 아이를 키우면서 열심히 신앙생활을 하며 교회 안에 많은 봉사를 하고 있었습니다. '설마 같은 교인끼리 거짓말을 할까' 싶어 믿고 구입했는데, 뜻밖의 배신에 가슴 아파했던 모습이 아련히 떠오릅니다.

자신의 행복한 삶을 위해 이웃을 괴롭히는 일은 교회 안에서 사라져야 합니다. 교회 안에서 교인들에게 거짓으로 영업을 한다면, 세상에서는 오죽하겠습니까? 이러니 교인들이 세상에서 욕을 먹는 것은 당연한 일 아닐까요? 이 모두는 교회 지도자들의 수수방관과 안일함, 그리고 질책과 꾸중이 사라졌기 때문입니다. 마귀는 그 틈을 이용하여 활개를 치고 있음을 가슴 깊이 슬퍼해야 합니다.

그러므로 정말 성도와 자녀들을 사랑한다면, 무서운 꾸중이 함께해야 할 것입니다. 꾸중이 없는 발전은 있을 수 없습니다. 인간은 완전한 존재가 아니므로 실수와 모순이 있기에, 꾸중은 반드시 필요한 호흡과도 같은 것입니다.

지금 이 순간부터 사랑의 꾸중을 실천할 것을 1천만 기독교인들은 가슴으로 받아들입시다. 꾸중은 곧 나를 더욱 성숙하게 만드는 '잠언'입니다.

'스승의 주일', 감사하는 마음으로

'스승의 날'은 스승의 은혜에 감사하고 은덕을 기리며 사제 간의 정을 나누는 뜻깊은 날이며, 기독교에서는 5월 셋째 주일을 스승의 주일로 지키고 있습니다. 올해 '스승의 주일'은 '스승의 주일'과 '스승의 날'이 겹치게 되어 더욱 의미가 있습니다.

그러나 '스승의 날'이 어떻게 해서 생겼는지 모르는 분들이 의외로 많습니다. '스승의 날'의 발원이 된 학교는 충남 논산에 있는 강경고등학교로 알려져 있습니다. 1963년 강경고에 재학 중이던 윤석락 JRC(RCY의 옛 명칭인 청소년적십자단) 회장이, 병석에 누워 계신 선생님을 방문하고 JRC 회원들에게 제안한 것이 계기가 되었다고 합니다.

이에 강경고 JRC 학생들은 별도의 날을 정하여 퇴직한 선생님을 찾아뵙는 행사를 마련했고, 충남 JRC 학생협의회는 이를 충남 지역 전체가 함께하는 것으로 결정하여, 1963년 9월 21일을 '은사의 날'로 정했다고 합니다.

그해 10월 열린 제12차 JRC 중앙학생협의회에서는 매년 5월 15일(세종대왕 탄신일)을 '스승의 날'로 정하기로 하여, 당시 제1회 열린 '스승의 날' 행사에서 학생들은 선생님에게 '선생님 감사합니다'라고 적힌 리본이 달린 장미꽃을 꽂아 드리면서 오늘날과 같은 기념일의 모습을 갖췄다고 합니다.

주님을 알지 못하는 세상에서도 자신들을 위해 수고하시는 스승에게 조금이나마 고마움을 전하기 위해 '스승의 날'을 만들어 지금까지 기념하고 있습니다. 필자는 '왜 이런 행사들을 교계에서 만들지 못하고, 주님을 알지 못하는 세상에서 제안해 기념하고 있을까' 정말 아쉬울 뿐입니다.

현재 각 교회에서는 '스승의 주일'이 있다는 사실조차 모르시는 분들이 많습니다. 기독교에서 최고의 스승은 바로 주님이십니다. 그리고 교회에는 담임목사님과 부교역자, 그리고 주일학교에서부터 청년에 이르기까지 수고하시는 교사들이 있습니다. 학교 선생님만이 스승이고, 교회학교 교사는 마치 시간이 남아돌아서 하는 것으로 오해하시는 분들이 있는 것 같아 민망할 때가 있습니다.

교회학교 교사들은 힘든 직장을 다니는 가운데 시간을 할애하여, 국가와 교회의 미래인 우리 아이들이 신앙생활을 잘할 수 있도록 전화하는 것은 물론 만나서 상담도 하고, 학교에도 찾아가 그를 주님의 품으로 돌아올 수 있도록 무던히 애를 쓰십니다. 그리고 없는 형편에서 애들을 위해 먹을거리를 사주기도 하고, 때로는 영화 감상이나 아이들이 좋아하는 프로그램에 함께 참여하기도 합니다.

아이들을 위해 눈물로 기도하고, 부모들과 만나 함께 걱정하기도 하는 교회 선생님들의 수고를 우리 모두 깊이 인식하고, 그들의 무거운 수고를 위로하며, 뜨겁게 사랑하셔야 합니다.

교회 안에 많은 직분들이 있지만, 교사의 직분은 너무나 힘들다는 점을 모든 성도들이 아셔야 합니다. '스승의 주일'조차 모르는 교회가 많이 있어 안타까움에 드리는 말씀입니다. 물론 교회 형편이 어려워서 못할 수도 있지만, 예배만큼은 교회학교와 교사를 위로하며 드렸으면 합니다. 지금 이 순간에도 귀한 시간을 쪼개어 물질과 시간으로, 뜨거운 열정의 마음으로 자라나는 다음 세대 아이들을 위해, 피와 눈물과 땀 흘리며 수고하시는 교사들이 많습니다. 기독교의 미래는 자라나는 어린 세대에 달려 있음을 우리 교계에서는 깊이 인식하여, 교회학교의 미래를 위해 총력을 기울여야 하겠습니다.

여러 교회에 훌륭한 교사들이 많이 있습니다. 그들의 노고에 진심으로 감사드리며, 지면을 통해 한 분을 소개하고자 합니다. 부산 덕천교회 박신자 권사님은 올해로 교사 근속 32년째를 맞으십니다. 박 권사님은 2014년 5월 18일 덕천교회에서 제공하는 30년 근속 표창을 이미 받으신 분입니다. 결혼 전 교회에서 한 봉사까지 합치면 아마 그보다 더할 것으로 추정합니다.

박신자 권사님은 성품이 온화하며 늘 입가에는 웃음이 가득하여, 많은 성도에게 신뢰를 받는 분입니다. 모든 분들에게 호감을 주고, 특히 교회에서 늘 긍정적으로 직분을 수행하시는 모범적인 분이십니다.

현재 덕천교회에서 운영하는 사회복지 사업 중 하나인 로뎀요양원에서 요양사로 근무하고 있으며, 건강보험공단으로부터 모범상을 수상한 바 있는 분으로서, 시설에 들어오신 노인들을 위해 사랑으로 주님의 복음을 위해 무던히 애쓰시는 아름다운 분입니다.

토요일에 밤을 새워가며 근무할 때도 있지만, 미처 쉴 시간조차 없이 곧바로 오전부터 최선을 다해 교회학교 학생들을 위하여 직분을 수행하십니다. 워낙 성품이 온화하여, 요양사들과의 관계에 있어서도 모든 분들이 믿고 따른다고 합니다. 피곤하고 지친 몸으로 집에 돌아왔지만 변함없이 아이들을 위해 기도하며, 일일이 전화로 안부를 묻고, 부모와 통화하면서 아이들의 신앙을 점검하며, 최선을 다하고 계십니다.

이처럼 요즘 같은 시대에 아이들을 가르친다는 것은 심히 어려운 일이지만, 박 권사님은 주님의 사랑을 전하기 위해 아낌없는 수고를 감당하고 있습니다. 특히 환갑을 눈앞에 둔 연세에도 불구하고 최선을 다해 아이들을 섬기고 있어, 교회 성도들은 물론 이웃 사람들까지도 한 목소리로 '참 좋은 권사님'이라고 말합니다. 이런 자세야말로 주님을 닮아가는 모습이 아닐까요.

이처럼 교회마다 교사 근속 표창을 만들어 보는 것이 어떨까요. 교사는 무척 힘든 직분입니다. 3년 정도 하고 나면 힘이 들어 관두거나 1년쯤 쉬고 싶어질 정도입니다. 하지만 근속 표창이라는 제도를 만들면, 3년만 하고 그만둘 것을 5년 하게 되고, 5년만 하고 그만두려다 10년 근속이라는 비전을 세우게 됩니다. 그렇게 하다 보면 20년, 30년, 40년까지 근속을 하게 되는 것입니다.

교사도 사람이므로, 직분을 수행하다 지치고 힘들어지면 낙심할 때가 있습니다. 하지만 근속 표창 제도로 위로를 얻을 수 있을 것입니다. '하늘나라에 가서 상급을 받으면 되지' 하시는 분들도 있지만, 그것이 과연 반드시 옳은 말인지 한 번쯤 생각해 봐야 합니다. 이 땅에서 서로 사랑하고 위로하면 주님께서 더욱 행복해하시지 않을까요?

성도께서는 교회학교 교사들을 위해 마음으로라도 위로해 드리고 사랑해

주시기를 바랍니다. 그리고 앞으로 교회 지도자 임직에 있어, 특히 장로 임직에는 교사를 하지 않으신 분은 제외해야 한다고 생각합니다. 교회학교를 모르는 분이 장로가 되면, 많은 문제점들이 드러나기 때문입니다. 이 외에도 교사의 경험을 쌓지 않는다면 각종 직분을 주는 데 있어 재고해 봐야 할 것입니다.

노회나 총회에서 부노회장, 노회장, 부총회장, 총회장, 그리고 신학교 이사장과 총장 등 모든 기관에서 장(長)이 되려고만 노력할 것이 아니라, 미래를 위해 아이들에 대한 투자와 아이디어를 제공했으면 합니다. 말과 건성으로만 하지 말고, 뜨거운 열정과 행동을 보여 주셨으면 좋겠습니다. 감투에만 혈안이 되어 한 표를 구하는 것보다 주님을 위해 한 표를 획득하는 것이 더 유익하지 않을까요?

지면을 빌어 교회학교 교사들에게 다시 한 번 뜨겁게 감사를 드립니다. 파이팅해 주시고, 늘 주님께서 미소를 지으며 위로해 주고 계심을 잊지 마시면서, 오늘도 힘내시길 바랍니다.

우리 아이 구출법, 가정예배!

"마땅히 행할 길을 아이에게 가르치라 그리하면 늙어도 그것을 떠나지 아니하리라(잠 22:6)".

필자의 자녀교육은 완전 기독교식이었습니다. 생후 3살부터 매일 거르지 않고 같이 하나님께 가정예배를 드렸습니다. 장남에 대한 애정은 사뭇 깊었고, 그 여동생이 태어나면서부터 더욱 활발히 가정예배를 드렸습니다. 유치원에 가게 되자, 어머니는 두 아이를 매일 아침 문 앞에서 무릎을 꿇리고 그 머리 위에 두 손을 얹어 기도해 주었습니다. 아들딸의 유치원부터 고등학교 등굣길까지 이 기도는 계속되었습니다.

두 아이 모두 피아노를 잘 치는지라, 예배드릴 때 하루씩 번갈아 가며 반주를 했고, 찬송을 부르고 성경 말씀을 매일 한 장씩 돌아가면서 읽기도 하였습니다. 고교 1학년 초까지 열심히 가정예배를 드리다, 야간학습으로 늦게 오는 날이 많아지면서 가정예배는 점차 힘들어졌습니다. 하지만 가정예배 덕분에 둘 다 성실하고 모범적인 자녀로 잘 성장하여, 지금은 사회의 한 구성원으로서 최선을 다해 주님을 섬기고 이웃을 위해 헌신하며, 사명감과 신념으로 열심히 일하고 있습니다.

이처럼 가정예배에 충실한 자녀는 어디를 가든 해를 만나지 않고, 설사 위기의 순간이 오더라도 믿음으로 슬기롭게 넘길 수 있는 지혜를 주신다는 사실을 깨달았습니다. 담대한 믿음에는 두려움이 없고, 전적으로 주님을 신뢰하고 사랑하면 요셉처럼 믿음으로 담대하게 나아갈 수 있습니다.

자녀들에게 맨 먼저 가르쳐야 할 것은, 하나님께 기도하는 법입니다. 기도하는 법을 가르치면, 믿음의 자녀들은 결코 망하는 법이 없다고 합니다. 특히 어린이를 무시하는 가정은 복을 누리지 못하고, 어린이를 소홀히 하는 교회는 부흥하지 못한다고 합니다.

그러므로 '우리의 자녀는 누구인가?'를 물으면서, 성경에서 자녀는 하나님께서 주신 기업이요 상급이요 은혜라 함을 알아야 합니다. 예수님께서도 어린아이를 소중히 여기고 사랑하셨습니다. 미래의 주인공이 될 아이들을 말씀과 기도로 잘 양육하면 큰 기업을 이룰 수 있습니다.

그리고 자녀를 진정으로 사랑한다면, 예수님을 믿지 않아 지옥으로 향하는 것을 그냥 보고만 있진 않을 것입니다. 그러나 자녀를 지나치게 사랑해 자칫 '우상화'한다면, 하나님이 질투하실 수 있음을 성경에서 경고하고 계십니다. 자녀들을 하나님의 뜻에 따라 가르쳐야 합니다.

이스라엘 백성들은 자녀를 태어난 지 8일 만에 성전에 데리고 가, 제물을 드리며 결례 예식을 했습니다. 그러므로 예수님께서 기뻐하시는 신앙생활을 할 수 있도록 말씀을 따라 예배와 기도, 회개와 섬김을 어릴 때부터 가르쳐야 합니다. 특히 가정예배의 소중함을 가르쳐 매일 같이 하나님 앞에 드릴 수 있도록 해야 합니다.

그러므로 가정예배는 하루라도 빨리 드리게 된다면, 자녀에게 그만큼 '좋은 보약'이 될 것입니다. 좋은 음식이나 보약을 먹이기보다 하나님에 대한 예배를 드리게 하는 것이, 건강과 착한 심성을 유지하는 데 더욱 좋을 것입니다.

또 자녀들이 잘할 때는 아낌 없이 칭찬해 주고, 실수하더라도 격려와 위로를 쏟아 주어야 합니다. 자녀를 위해 기도하며 기다리는 지혜도 필요한 것입니다.

혹 자녀들이 부모에게 불순종하거나 반항하면 고집을 즉시 꺾도록 가르쳐야 합니다. 이것은 속히 꺾을수록 좋습니다. '자녀들이 제멋대로 하도록 내버려 두는 것은 마귀의 일을 하는 사람'이라고, 존 웨슬리의 어머니인 수산나 여

사께서 말씀하셨습니다.

특히 성자 어거스틴의 어머니는 아들의 방황을 마음 아파하며 10년간 기도했지만, 아들이 돌아오지 않자 목사님을 찾아가 이제 포기하고 기도를 중단해야겠다고 말씀드렸습니다. 이때 목사님은 어머니에게 "기도하는 어머니를 둔 자녀는 결코 망하는 법이 없다"고 하셨습니다.

어머니는 '조금만 더 기도하라'는 목사님의 격려에 용기를 얻어 다시 기도를 시작했고, 마침내 그 아들은 회개하고 돌아와 세계인들이 존경하고 사랑하는 귀한 성자로 변하게 되었습니다.

자녀들을 온실 속에서 키울 것이 아니라, 오직 믿음의 '매'로 양육해야 합니다. 요즘 젊은이들은 심각한 상태로, 이대로 가다가는 나라의 미래가 위태로워 보입니다. 이스라엘의 탈무드, 미국의 청교도 정신은 아직도 교육의 현장이 생생한데, 우리나라는 왜 교육이 폭력적으로 변해 가는지 모르겠습니다. 스승과 제자의 관계도, 부모와 자식 관계도 무너졌습니다. 이웃 간에 지켜야할 도리도 무너지고, 나라와 민족을 위한 사랑도 무너진 현실이 너무나 안타깝습니다.

개혁도 중요하지만, 우리들의 소중한 교육만큼은 변하지 않았으면 합니다. 그 교육 현장의 중심에는 가정예배가 있어야겠습니다. 주님께서 주신 성경만이 자녀들을 위한 참 교육이요 스승임을 명심합시다. 또 하나님의 자녀들을 주 안에서 사랑의 매로 다스립시다.

곧 오실 아기 예수님의 탄생을 축하하면서 아기 예수님의 가르침을 묵상하고 그 오심을 깊이 깨달아, 가정예배를 통해 우리의 믿음이 더욱 굳건해지고 아기 예수님께 영광을 드리는 우리 자녀들이 되길 소망합니다.

골목에서 놀던 아이들은 어디로

이제 가정의 달 5월이 지나가고, 여름이 다가왔습니다. 곧 방학이 되면, 각 교회마다 여름성경학교가 시작되겠지요. 하지만 요즘 각 교회에서, 그리고 골목마다 예전처럼 아이들의 떠들썩한 목소리를 듣기가 쉽지 않다고 합니다.

필자의 어린 시절에는 골목마다 아이들로 가득했습니다. 간혹 골목에서 놀다 하루에도 한두 번 볼까 했던 자동차가 나타나면, 구경하느라 따라 달리다 숨이 가빠 멈추고는 그 뒷모습만 멍하니 쳐다 보던 기억이 새롭습니다. 잠시 후면 골목마다 어머니들께서 저녁 먹으라고 아이들을 부르는 소리가 들렸습니다. 그 소리가 지금도 귓전을 울립니다. 아이들은 노는 데 정신이 팔려 어머니께서 부르는 소리를 듣지 못했지요.

그러면 어머니께서는 더욱 큰 소리로 부릅니다. 효준아! 영제야! 호기야! 영찬아! 태섭아! 기철아! 저마다 아들들 이름을 동네가 떠나가도록 외칩니다. 그래도 듣지 않으면, 직접 쫓아와 머리를 쥐어박으며 억지로 끌고 갑니다. 아이들은 끌려가지 않으려 안간힘을 다 씁니다. 하나둘 끌려가면, 할 수 없이 노는 것도 끝이 나곤 했습니다.

해는 점점 서산으로 기울고, 집집마다 굴뚝에서 피어오르는 연기가 저녁 하늘을 서서히 어둡게 합니다. 조금 전만 해도 시끌시끌했던 어린아이들의 흥겨운 전쟁이 끝나고, 고요한 골목에는 어두움이 깔립니다. 손발을 씻고, 온 가족이 모여 저녁 만찬으로 하루를 마무리합니다.

밤이 되면, 귀신 이야기에 귀를 쫑긋 세운 채 무서움에 이불 속으로 몸을 숨깁니다. 호롱불은 휘익 바람에 가물가물 춤을 춥니다. 등잔에서 새어나오는 석유 내음에, 밤은 더욱 깊어갑니다.

토요일엔 골목에서 놀면서, 아이들에게 "내일 교회 가자"고 약속합니다. 당시 오전 9시에 주일학교가 시작됐으므로, 8시 30분에 꼭 대문 밖에서 기다리라고 말합니다. 주일 아침, 일찍 아침 식사를 마치고 성경책을 겨드랑이에 끼고는 집집마다 찾아갑니다. 아이들 이름을 부르며 나오라고 소리쳐 댑니다.

멀리 교회에서는 종소리가 들려옵니다. 아이들을 10명씩 데리고 교회에 갈 때도 있었고, 때로 20명과 함께 갔던 기억이 지금도 새롭습니다. 순수하기만 했던 어린 시절이었기에, 더욱 주님을 사랑했던 것 같았습니다. 첫사랑 말입니다.

집집마다 대문을 두드리면서 친구 이름을 부르고 빨리 나오라고 소리쳤지만, 어른들 중에서는 아무도 호통하는 분이 없었습니다. 그만큼 그 시절엔 교회를 신뢰하고 성도들을 좋아했기 때문입니다. 교인들을 보면 항상 친절하게 대해 주셨고, 배고픈 시절이었지만 마음만은 넉넉했습니다.

그러나 지금 시대는 너무나 많이 변하고 말았습니다. 오히려 숨조차 쉴 수 없는 참혹한 골목길이 되고 말았습니다. 골목마다 그렇게 소리치며 떠들던 아이들은 다 어디로 갔나요? 아이들 대신 자리를 차지하고 있는 쇳덩어리 자동차들을 보면 마음이 착잡합니다. 아이들이 뛰놀던 곳에서는 주차로 인하여 매일같이 어른들의 싸움이 끊이질 않습니다. 동네 골목길은 지옥으로 변한 것 같습니다.

'아이들이 내게 오는 것을 금하지 말라' 하신 주님, 지금 우리 아이들은 어디로 갔을까요? 골목을 누비며 열방을 향해 나아가야 할 어린이들이 한쪽 방구석에서 컴퓨터와 전쟁을 치르고, 학원이나 나쁜 친구들의 유혹에 빠져 사고를 치는 아이들을 보노라면 가슴이 아픕니다.

교회학교에도 어린아이들이 줄고 있습니다. 어떤 교회는 아예 주일학교가 없다고 합니다. 어떻게 이런 일들이 일어날까요? 이 모두 어른들의 이기심과 욕심에서 나오는 참담한 현상이 아닐까 싶습니다.

어린 시절 부모님들은 아이들을 보통 한 가정에 5명 이상, 많게는 10-12명까지 낳아 길렀습니다. 그것이 오늘날 대한민국을 이렇게 부강하게 만들었고. 교회 부흥에도 크게 이바지했습니다. 어린 시절 목사님 가정에는 아이들이 많았습니다. 그들이 학생, 청년이 되어 교회에서 풍금 반주를 하고 성가대를 지휘하며 교사를 하면서 많은 공로를 세웠던 덕분에, 교회가 부흥됐던 것입니다.

앞으로 젊은이들이 적어, 나라에 위기가 닥칠 수도 있습니다. 교회에도 곧 위기가 들이닥칠 것입니다. 우리는 믿음으로 자녀를 많이 생산해야 합니다. 이대로 가다가는 기독교보다 이슬람 인구가 더 많아 진다는 통계도 나왔습니다.

교계에서도 어린아이들 육성 사업에 모든 힘을 쏟아야 합니다. 골목마다 아이들로 넘쳐나야 합니다. 아이들 소리가 요란해야 합니다. 그것이 교계를 부흥하는 원동력이며 나라의 미래임을 명심 또 명심해야 합니다. 한국 교계에서 교파를 초월해 한 목소리를 내어야 합니다. 그리고 교회학교를 위해 전적으로 투자해야 합니다.

특히 교회 지도자들께서는 방향키를 다시 돌려, 교회학교 육성 사업에 최선을 다해야 할 것입니다. 그들 없이 교회의 미래는 없습니다. '어린아이가 내게 오는 것을 금하지 말라' 하신 주님의 간절한 음성을 들으시고, 교회학교 사역에 전력으로 투자해 주시기를 소망합니다. '천국이 그들의 것'이라는 주님의 잔잔한 속삭임을 들으시고, 교회학교 육성 사업에 모두가 참예하시길 바랍니다.

자녀들, 가정예배로 양육하자

"모든 성경은 하나님의 감동으로 된 것으로 교훈과 책망과 바르게 함과 의로 교육하기에 유익하니(딤후 3:16)".

"내 아들아! 여호와의 징계를 경히 여기지 말라, 그 꾸지람을 싫어하지 말라 (잠 3:11)".

"마땅히 행할 길을 아이에게 가르치라, 그리하면 늙어도 그것을 떠나지 아니하리라(잠 22:6)".

성경에 나오는 위대한 인물들 중에는 자녀들에게 올바른 양육을 하지 않아 낭패를 당한 분들이 많았습니다. 엘리의 아들 홉니와 비느하스는 여호와의 제사를 멸시하고, 회막문에서 수종 드는 여인과 동침하는 악행을 저질렀습니다. 하나님께서는 이스라엘에 해악이 되는 엘리의 두 아들을 제하시고, 이스라엘을 영적으로 흥왕케 할 경건한 사무엘을 등장시키십니다.

특히 엘리는 하나님의 엄한 말씀을 분명히 알고 있었지만, 자녀를 향한 지나친 연민 때문에 엄하게 훈계를 하지 못함으로 두 아들을 하나님보다 높인 결과를 초래했고, 결국 한 제사장의 잘못으로 온 백성은 하나님의 말씀을 잃게 되었습니다. 이러한 그들의 행동은 불신앙으로 떨어지는 전형적인 본보기가 되었던 것입니다.

특히 출애굽 당시 아론의 아들 중 나답과 아비후는, 하나님께서 명령하신 번제단의 불을 사용하지 않고 '다른 불'을 사용하여 분향하다가 죽임을 당하는 사건이 발생하였습니다. 하나님께서는 큰 일을 맡은 사람일수록 더욱 엄하게 책망하시며, 그들의 죽음은 불순종을 범하지 말라는 경고성 징벌임을 알아야 합니다. 이 사건 역시 아론이 자식에 대한 훈계를 게을리한 탓이라 할 수 있습니다.

특히 사무엘마저 늙은 후 장자 요엘과 차자 아비야를 이스라엘의 사사로 삼았지만, 그들은 브엘세바에서 사사가 되어 자기 아버지의 선한 행위를 따르지 아니하고 사사로서의 사명을 다하지 못합니다. 이익을 따라 뇌물을 받고 판결을 굽게 하여, 이스라엘 모든 장로들이 라마에 있는 사무엘을 찾아갑니다. 당신은 이미 늙었고 당신의 아들들은 당신의 행위를 따르지 아니하니, 모든 다른 나라들처럼 왕을 세워 달라고 간청하는 빌미를 제공한 것입니다.

사무엘은 이스라엘 역사상 위대한 하나님의 종이자 사사였지만, 자식에 대한 훈계를 게을리 함으로 하나님의 통치에 대적하는 왕을 요구하게 만들고, 하나님과의 언약을 깨뜨리는 중대한 범죄를 저지르고 말았습니다.

이스라엘 역사상 가장 위대한 왕이었던 다윗은 어떠합니까? 그도 자녀들에 대한 훈계를 게을리하면서 자식들에 의해 많은 상처를 받았습니다. 장자인 암논은 압살롬의 누이 다말을 상대로 간통을 저질렀지만, 아버지 다윗은 징계하지 않아 결국 암논이 이복동생인 압살롬에게 처참한 최후를 맞이합니다.

다윗이 압살롬에 대한 징계나 훈계도 하지 않으면서, 압살롬이 아버지를 배신하고 반란을 일으켜 아버지의 후궁들을 범하는 불효막심한 사건이 발생하고 말았습니다. 다른 아들 아도니야는 왕위를 찬탈하기 위해 모략을 꾸미고, 아우 솔로몬 왕을 향해 다윗을 봉양하던 아비삭을 아내로 삼게 해 달라고 간청하는 등 왕권을 찬탈하려는 야심을 버리지 못하다 솔로몬에 의해 비참한 최후를 맞이합니다. 아비삭은 다윗의 후궁이었습니다.

야곱의 열두 아들 중 장자였던 르우벤도 아버지의 첩인 빌하와 통간함으로 장자로서의 특권을 상실하고 말았습니다. 뿐만 아니라 그의 방종과 무절제함 때문에 르우벤 지파에서는 새 지도자가 배출이 되지 않는 비극을 초래합니다.

이런 비극들이 일어나는 이유는 바로 하나님께 불순종함과 함께, 자녀에 대해 지나친 연민으로 훈계를 게을리한 탓입니다.

여기서 잠시 필자 가정에 대한 이야기로 자녀교육에 도움을 드리고자 합니다. 필자는 어린 시절 불행한 가정에서 태어나, 고단한 어린 시절을 보냈습니다. 저는 4대 독자였지만, 아버지께서 가정을 돌아보지 않으시고 자신의 욕망에 찬 세월을 한평생 보내셨습니다. 저는 어머님이 한 분이 아니었습니다.

저를 길러주신 어머님은 이북에서 처녀로 월남하신 분으로, 아버님의 꾐에 빠져 우리 가정으로 들어오시게 되었습니다. 어머님께서는 저를 지극정성을 다해 키워 주셨습니다. 옆방에 사시는 모녀의 진실한 신앙에 감동해 어머님과 저는 교회에 나가기 시작했는데, 당시 그 모녀는 1년 열두 달 하루도 빠짐없이, 눈이 오나 비가 오나 새벽기도회에 나갔습니다.

어머님께서는 저를 믿음으로 철저히 양육하셨고, 저는 믿음으로 어린 시절을 정직하고 바르게 살았습니다. 그리고 앞으로 제가 꾸릴 가정에는 이러한 불행을 다시는 되풀이 하지 않겠노라고 기도하며 다짐했습니다. 모든 불행은 제게서 끝나고, 후손들에게는 절대로 이런 비극을 주지 않으리라는 철저한 각오로 다짐을 했던 것입니다.

저는 결혼을 하여 두 자녀를 낳았습니다. 아들과 딸을 낳아 믿음으로 철저하게 교육을 하였습니다. 가장 먼저 자녀에게 가르친 것은 질서와 공중도덕을 지키는 일이었습니다. 자녀들이 어린 시절, 매일 저녁 7시만 되면 가정예배를 드렸습니다. 아이들을 안고 예배를 드리며, 3살 때부터 함께 성경을 읽고 예배를 드렸습니다.

마침 큰아들이 한글을 빨리 습득하여, 매일 성경을 돌아가며 한 장씩 읽었습니다. 나중에는 아들과 딸이 피아노를 배워, 매일 번갈아 피아노 반주를 하며 즐겁게 예배를 드렸습니다. 하루는 아들이, 다음 날에는 딸이 반주를 하며, 온 식구가 찬송을 부르며 예배를 드렸습니다. 그래서 주위에 사시는 분들이 저희 가정을 보며 부러워하기도 했습니다.

아들과 딸은 유치원을 가기 전 매일 아침마다 문 앞에 꿇어 앉았습니다. 제 아내는 두 자녀의 머리에 손을 얹고 기도를 했습니다. 기도 후 유치원과 학교로 보냈습니다. 고등학교 1학년 때까지 철저하게 가정예배를 드렸습니다.

가정예배가 얼마나 귀한 일이고 중대한 교육이었는지, 지금도 그들의 삶을 통해 실감하곤 합니다. 예배를 드리면서 오늘 하루를 반성하고, 자녀들과 소통하며, 정직과 이웃을 배려하는 마음을 나눴습니다. 특히 자녀와의 약속을 철저하게 지킴으로, 자녀들의 미래에 대한 두려움과 걱정은 하지 않아도 되었습니다.

학교에서는 친구와의 관계가 원만하였고, 교회에서도 성실한 신앙생활을 하였습니다. 지금은 자녀들이 모두 서울에 있지만, 하나님의 은혜 가운데 별다른 사고 없이 지금까지 충실하게 사회의 구성원으로서 열심히 자기 사명을 다하고 있습니다. 현재는 모두 결혼을 하여 믿음으로 주의 일꾼 되어 열심히 살고 있습니다.

저의 시대는 불행했지만 자녀들의 시대를 불행으로 만들지 않기 위해, 주안에서 믿음으로 찬양하며 기도와 함께 자녀들의 올바른 성장을 위해 최선을 다하리라는 결심으로 성공을 이룬 셈입니다. 자녀들이 사회적으로 유명 인사가 되는 것을 성공으로 생각하는 고정관념을 타파해야 합니다. 우리 믿는 성도는 무엇보다 무장된 신앙을 유산으로 물려주어야 합니다.

그 믿음 안에 기도와 찬미, 그리고 자녀들과의 소통, 신뢰, 그리고 정직함과 이웃 사랑을 실천하는 모범을 보여줄 때, 자녀들의 앞날에 대한 걱정과 근심,

두려움은 자연히 사라지는 것입니다. 자녀들을 사랑할수록, 더욱 엄한 징계가 필요합니다. 그 엄한 징계 속에는 깊은 사랑이 함께해야 합니다. 앞에서 말한 것처럼, 성경에는 하나님께서 기뻐하시던 많은 지도자들이, 자녀에 대한 징계를 게을리함으로 쓰디쓴 비극의 잔을 맛보는 낭패를 배울 수 있지 않습니까.

지금 시대는 거의 사라진 가정예배를 다시 회복하여, 어릴 때부터 자녀에 대한 양육을 믿음으로 철저히 해야 하며, 부모들도 이를 통해 함께 배워야 하겠습니다.

제5장

효도하는 신앙인들

율리부락 효자열녀 정려비를 보면서…

늘 다니던 길인데, 오늘따라 잠시 걸음을 멈추지 않으면 안 되었습니다. '효자열녀 정려비'가 눈에 들어왔기 때문입니다. 잠시 걸음을 멈추고, 비를 바라보았습니다. 비석의 주인공은 부산 금곡동 율리부락에서 태어난 조선시대 천승호(1817~1866년) 씨입니다.

임진왜란 당시 공신 천만리의 9세손으로 7층 5효 집안에서 태어났던 분인데, 7세에 부친을 여의자 시묘하고 홀로 된 모친이 중병에 걸려 지극한 간호를 했음에도 백약무효했습니다. 화사를 먹으면 병이 낫는다는 지인의 말을 들었지만, 한겨울인지라 눈물로 탄식하던 중 문득 눈얼음에서 화사를 발견하여 그 어머님의 중병을 고쳤다는 효자라고 합니다.

그의 처 이 씨도 역시 법통 있는 가문의 여성으로서 천성이 곱고 정숙한 여자였으므로 시모에게 효성이 지극하였고, 지아비 섬기기를 하늘같이 했습니다. 지아비가 병들어 죽자 여러 날을 물 한 모금 밥 한 술 들지 아니하고 운명하니, 고종 9년 1872년 4월 천승호와 그 부인에게 효행과 열행을 가상히 여겨 통훈대부, 사헌부 감찰과 부인에게 숙인이라는 벼슬 교지를 내립니다.

그리고 인근에 널리 알리고 후세에 귀감으로 삼고자 효자 열녀 정려각을 세우도록 하였으며, 자손에게는 세금 및 노역을 감면토록 하였습니다. 부모에 대한 효심이 지극했던 것은 물론, 부부 간의 깊은 사랑이 마음을 뜨겁게 합니다.

그러나 지금 시대는 어떠합니까? 부모를 내다 버리질 않나, 폭행을 일삼지 않나, 심지어 살인까지 범하는 불효막심한 시대입니다. 하나님께서는 아담과 하와 이후, 모세를 통해 인간에게 지켜야 할 십계명을 명하셨습니다. 그 중 다섯 번째는 아시다시피 '네 부모를 공경하라'는 명령의 말씀입니다.

십계명에서 4번째까지는 하나님께 대하여 지켜야 할 명령이고, 인간에 대한 첫 번째 명령이 바로 부모에 대한 효입니다. 그러나 과연 우리 기독교인들은 부모에 대한 효를 다하고 있는지 의심스럽습니다. 필자도 부모에게 효도를 못한 것이 막심한 후회가 되며, 지금도 늘 부모님 생각에 눈시울을 적십니다. 부모님께 잘 해드리지 못했던 그 세월이 지금도 마음을 아프게 합니다.

우리 기독교인들은 살아계시는 부모님을 주님처럼 모시고 효도를 위해 최선을 다해야 합니다. 하나님께서 허락하신 부모와 자식, 그리고 가정은 늘 화목하고 사랑이 넘쳐야 합니다.

부모는 자식에게 뜨거운 매를 들어야 합니다. 그 사랑의 매 없이 우리의 미래는 결코 허락되지 않을 것입니다. 먼저 믿은 모든 성도들은 자식과 부모를 주님을 모시듯 사랑해야 하며, 특히 하나님의 사랑을 깊이 깨닫고 교회와 이웃과 나라와 민족을 위하여 최선을 다하여 살아가도록 늘 훈계하며 가르쳐야 합니다.

특히 이혼이 많은 요즘 시대를 생각하면 정말 안타까울 뿐입니다. 필자는 성도들의 부탁에 의해 중매를 많이 합니다. 모두 한결같이 믿음 좋은 총각, 믿음 좋은 아가씨면 좋다고 말하지만, 막상 선을 보면 '어찌 그리' 요구사항이 많은지…. 인물이 없니, 키가 작니, 재산이 없느니, 직장 연봉이 너무 적니, 장남이라서, 또는 지방이라서 등등 이유가 너무 많은 것을 보면서 가슴이 아팠습니다.

　그래도 부모님들은 교회에서 장로, 권사, 안수집사님들인데, 어찌 말과 행동이 그렇게 다를 수 있는지, 믿음은 다 어디로 가 버리고 세상보다 더 요구사항이 많은 것을 바라볼 때, 앞으로 기독교의 앞날을 걱정을 하지 않을 수 없습니다.

　청년들이여, 주님을 바라보세요! 사람을 외모로 보지 마세요! 그리고 돈으로 사랑을 얻으려 하지 마세요! 부모님들이여, 제발 자녀들을 믿음 안에서 주님을 바라보게 하세요! 그리고 신랑·신붓감의 믿음을 보세요! 자녀를 사랑한다면 외모를 보지 마시고, 깊이 주님을 바라보는 처녀·총각을 골라 보세요!

　필자는 이 세상에서 저희 장인을 가장 존경합니다. 결혼 적령기에 제 홀어머님은 중풍으로 쓰러지셔서 대소변을 제가 봐 드려야 했습니다. 당시 필자는 대기업을 다니고 있었고 월급도 꽤 많았습니다, 매월 어머님에게 월급을 보냈는데, 어머님은 돈을 좀 키워보려고 이웃들에게 돈을 빌려주셨습니다.

　막상 중풍으로 쓰러지시니, 어머님에게 돈을 꾸어간 분들은 하나같이 다 갚았다고 하셔서 그 돈을 다 잃고 말았습니다. 돈 한 푼 없는 저에게, 그리고 중풍으로 쓰러지신 시어머니가 있는 가정에 누가 시집을 보내겠습니까? 지금 시대 같으면 '전설의 고향' 같은 이야기이지요,

　하지만 저희 장인은 장로님이셨는데, 제가 교회를 다닌다는 그 한 가지만으로 결혼을 승낙하셨습니다. 오직 평생을 믿음으로 이웃을 위해 사신 분이기에 필자는 장인을 더 존경하게 되었습니다. 장인이 돌아가신 후 많은 단체에서 장인에 대한 칭찬을 했습니다, 정말 오른손이 하는 것을 왼손이 모르게

이웃을 위해 헌신하셨던 분이었습니다. 말보다 행동으로, 그리스도의 사랑을 보여주신 분이셨습니다.

한 가지만 더 말씀드리겠습니다. 가정의 달 5월을 맞이하여, 어린이주일, 어버이주일, 스승의주일 등을 행사로만 지낼 것이 아니라, 하나님의 놀라우신 사랑을 깨닫고 그 사랑을 나누는 참된 한 달로 삼아야겠습니다.

이조 시대의 효도와 부부의 사랑이 지금과 왜 차이가 나야 합니까? 오히려 지금은 더 자유로운 시대이므로 더 뜨겁게 효도하고, 가정을 사랑하시는 주님께서 기뻐하실 아름다운 가정을 만들어야 하겠습니다. 그 가운데 사회는 평화로워지고, 사랑 넘치는 아름다운 세상이 될 것입니다.

젊은이들은 부모에게 진심으로 효를 다하며, 부모는 자식들을 믿음으로, 사랑의 매를 들어 이 세상을 그리스도의 사랑이 넘치는 가정을 만들어야 할 것입니다. 그리스도인들이 가정을 아름답게 잘 이끌 때, 불신자들은 그 모습을 보며 점점 하나님께로 나아올 것입니다.

5월은 사랑을 싣고

무겁고 어두웠던 긴 터널을 지나, 따스한 봄볕 곁에 파릇파릇한 새싹들이 기지개를 펴며, 대지 위에는 이제 곧 열풍을 예고하는 아지랑이가 서서히 자태를 드러냅니다. 봄의 중심에서 향기가 만발하는, 사랑의 고운 찬양이 울려 퍼지는 행복한 계절입니다. 5월은 봄과 여름을 연결해 주는 안내의 달이자,

모든 이의 가슴을 설레게 하는 벅찬 감동의 달이기도 합니다.

더구나 5월은 기념일이 13개나 되는 놀라운 달입니다. 특히 가정과 연관되는 기념일은 5월 1일 근로자의 날, 5월 5일 어린이날, 5월 8일 어버이날, 5월 15일 스승의 날, 5월 21일 부부의 날, 5월 셋째 월요일은 성년의 날입니다.

근로자의 날은 근로자가 있는 모든 가정의 행복과 삶의 질 향상을 바라며 만들어진 날입니다. 근로자들은 국가적으로 나라를 부흥케 하는 귀한 일꾼들입니다. 그러므로 사명감을 갖고 최선을 다해 열정적으로 일해야 합니다. 내가 일하는 곳에서 주님을 모시고, 신실하고 정직하게 일하며 인정을 받아야 할 것입니다. 믿지 않는 자들의 눈엣가시가 돼선 안 되며, 이기적인 생각이나 고집불통으로 손가락질받는 일이 있어서도 안 될 것입니다.

내가 좀 손해를 보더라도, 마음과 시간을 할애하여 회사와 동료들의 이익 창출을 위해 성실하게 근무해야 하겠습니다. '아, 기독교인들은 정말 성실한 분들이야!'라는 인정을 받으며 신뢰를 쌓는 인간관계를 이룰 때, 비로소 복음의 문도 열릴 것입니다.

5월 5일은 어린이날입니다. 주님께서는 어린아이들을 사랑하셨고, 자신 때문에 희생된 아이들을 생각하시며 매우 안타까워하셨습니다. 특히 요즘은 교회마다 주일학교 학생들이 감소세여서 더욱 마음이 무겁습니다.

'어린아이가 내게 오는 것을 용납하고 금하지 말라'고 하신 주님의 간절한 부탁을 따라, 우리 어른들이 아이들을 위해 많은 시간을 들이고 수고를 해야 할 것입니다. 대개 교회에서는 어른들 위주의 사업을 진행합니다. 하지만 아이들은 우리의 미래입니다. 내 아이를 다 키웠다고 방심하고 방관해서는 안

됩니다. 아이들은 어느 누구의 자식도 아닌 '주님의 자녀'들이며, 우리 모두의 자녀들이자 나라의 기둥임을 명심 또 명심해야 할 것입니다.

5월 8일은 어버이날입니다. 하나님께서 인간에게 명령하신 십계명 중 다섯 번째가 "네 부모를 공경하라"는 것입니다.

어린 시절, 길을 가다 어른을 만나면 인사하는 것을 잊지 않았습니다. 어르신들이 무거운 짐을 들고 가시면 재빨리 대신 들고 목적지까지 갔던 일들이 비일비재했습니다. 어르신들이 길을 묻거나 난처한 일을 당했을 경우, 곧장 그 고충을 해결해 드렸던 기억이 아련히 피어오릅니다.

하지만, 오늘날 젊은이들은 예전 같지 않습니다. 세상은 많이 변했어도, 부모를 공경하는 일에는 시대가 없는 것 아닐까요. 우리가 주님을 사랑하듯, 이 땅에서 부모에 대한 공경이 사라져서는 안 될 것입니다.

대중교통을 이용하다 보면, 자리를 양보하는 젊은이들을 구경하기 힘듭니다. 스마트폰 때문에 아예 주위를 쳐다볼 생각을 하지 않는 것은 물론, 배려하는 일에 관심이 없는 사람들 같습니다. 자신들의 부모가 함께 있다면 이러지는 않을 텐데 말입니다. 그들도 언젠가 어머니가 되고 아버지가 될텐데 말입니다.

특히 우리 믿는 자녀들은 부모님을 내 뼈와 살 같이 공경해야 합니다. 부모가 세상을 떠난 후 후회막심할 일을 만들어선 안 될 것입니다.

필자 역시 생전 어머니께 불효했던 일을 생각하면, 막심한 후회로 언제나 마음이 편칠 못합니다. 특히 5월이 오면 더욱 가슴이 뭉클해집니다. 어머니에 대한 죄책감 때문에 늘 마음이 아픕니다. '좀 더 잘해 드려야 했는데…' 하면서 말입니다. 자식이 아무리 잘한다 해도 늘 잘못 해드린 것 같아, 죄스러울 뿐입니다. 그만큼 어머니의 사랑은 깊고도 넓기 때문입니다. 그 깊고 넓음이 곧 하나님의 무한하신 사랑이 아닐까요?

우리 기독교는 5월 각 주일을 어린이주일, 어버이주일, 스승의 주일, 성년 주일로 지키면서 세상의 기념일보다 더욱 뜻깊게 보낼 필요가 있습니다. 특히 요즘 같이 아이를 가르치기 매우 힘든 시절에, 교회학교 교사 여러분들에게 진심 어린 위로와 격려가 있어야 하겠습니다.

어려운 환경에서도 시간과 물질, 그리고 아이들을 위한 열정 어린 사랑을 쏟아 부으시는 교사들에게, 모든 성도가 시선과 관심을 두어야 합니다. 특히 '교사의 날'은 교사의 노고에 감사하는 취지로 제정된 날로 많은 나라에서 시행되고 있으며, 매년 10월 5일은 '세계 교사의 날(World teachers' day)'로 기념되고 있습니다. 우리나라의 교사의 날(스승의 날)은 5월 15일로, 세종대왕 생일에 맞춰 제정됐습니다. 각 교회는 보통 5월 셋째 주일을 스승의 주일로 지킵니다.

이 밖에 많은 기념일이 있으며, 이들을 모두 합쳐 5월을 '가정의 달'로 정하여 지키고 있는 것입니다. 특히 예수님께서는 성령으로 잉태되셔서, 육신의 어머니인 마리아를 통해 이 땅에 오셨습니다. 30년이란 긴 세월을 가정을 위해 모든 수고를 감당하셨습니다, 아버지 요셉과 어머니 마리아, 그리고 동생들과 함께 가정을 지키셨던 분이십니다.

예수님께서는 이 땅에서 마지막 3년의 공생애를 위해 무려 30년이라는 세월을 준비하시며, 하나님의 철저한 계획을 한 치의 오차도 없이 실행하셨습니다. 그 계획 속에서도 부모에 대한 은혜와 존경심을 잊지 않으셨으며, 십계명 중 다섯째 되는 '네 부모를 공경하라'를 손수 이행하셨음을 배워야 하겠습니다.

우리 기독교인들은 주님의 사랑과 은혜에 대한 감사의 보답으로, 이웃을 향해 적극적인 사랑을 전해야 하겠습니다. 내가 받은 은혜와 사랑은 말로가 아니라, 깊은 가슴과 열정으로 해야 합니다.

말은 쉽지만, 실제 현장에서 행동으로 옮기는 것은 결코 쉬운 일이 아닙니다. 내가 서 있는 곳에서 주위를 둘러 보면, 할 일들이 보일 것입니다. 산업화와 도시화, 핵가족화, 그리고 점점 퇴색되는 어른 봉양과 경로사상을 다시 확산시키고, 이를 국민 정신 계발의 계기로 삼아 우리 실정에 맞는 복지사회 건설에 기여하는 일들을 교계에서 해 나갔으면 좋겠습니다.

해마다 다가오는 푸른 5월의 따사로운 햇빛을 받으며, 둥둥 떠 가는 은빛 구름과 강물에 반짝이는 은빛 물결에 하나님의 놀라우신 사랑을 싣고 이 세상을 향해 떠가야 할 것입니다. 그리고 온 산과 들을 메운 개나리와 진달래, 철쭉꽃이 만발한 대지 위에 하나님을 향한 고운 음악이 5월의 녹음과 함께 사랑을 싣고, 이웃을 향해 힘차게 나아가야 하겠습니다.

그리운 어머니의 행주치마

엊그제만 해도 찌는 듯 불덩이 같은 더위가 맹렬하더니, 언제 그랬냐는 듯

벌써 가을이 우리의 몸과 마음을 살며시 두드리며 속으로 파고들어 옵니다.

'가을'이란 단어를 사전에서 찾아보면, 무더위가 가고 찬바람이 돌면서 단풍이 물들고 곡식과 과일이 익는 계절이라고 나옵니다. 기상학적으로는 보통 9-11월을 가을이라고 하나 천문학적으로는 추분(9월 23일경)부터 동지(12월 21일경)까지를 말하고, 24절기상으로는 입추(8월 8일경)부터 입동(11월 8일경) 사이를 말합니다.

필자는 사계절 중 유난히 가을을 좋아합니다. 가을은 많은 추억들을 갖고 있고, 셀 수 없는 그 추억들을 가슴에 묻어 놓습니다. 또 이들을 오래도록 저축하는 가을 은행이기도 합니다.

집집마다 감나무에 달려 있는 홍시들의 아우성은, 무게를 이기지 못하고 땅바닥을 향해 돌진합니다. 진작 따 먹을 걸 후회하시며 숟가락으로 걷어 접시에 담으시는 할머니의 손길이 한 폭의 그림처럼 떠오릅니다.

가을이 무르익으면, 어머님의 '행주치마 이야기'가 빼놓을 수 없는 그리움으로 파고듭니다. '행주치마'는 여자들이 일할 때 치마(옛날 새하얀 롱스커트)를 더럽히지 않기 위해 위에 덧입는 작은 치마를 말합니다. '행주'란 그릇을 훔치거나 씻을 때 쓰는 헝겊입니다. 이러한 용도를 겸하여 사용했기 때문에 '행주치마'라 이름 붙여졌다고 합니다.

'행주치마'의 관련된 전설로는 임진왜란 3대 대첩 중 하나인, 행주대첩 이야기가 있습니다. 임진왜란 발발 다음해인 1593년, 당시 전라 감사 권율은 한양을 수복하기 위해 병력을 행주산성에 집결시켰습니다.

이에 평양에서 후퇴한 왜군 3만여 명이 그해 2월 12일 행주산성을 공격했으나, 권율 장군의 지휘 아래 군관민이 결사 항전하여 왜군을 물리친 이야기가 바로 행주대첩입니다. 당시 결사항전하면서 부녀자들이 긴 치마를 잘라 짧게 만들었고, 이것으로 돌을 날라 적에게 큰 피해를 입힌 데서 앞치마를 '행주치마'라고 불렀답니다.

그런 유래를 가진 행주치마는, 어머니를 향한 그리움과 사랑이 깊어가는 가을 속에, 더욱 애절함으로 어머니의 치마폭 속으로 들어가고 싶게 합니다.

이와 함께 깊은 가을 들녘에는 수확을 앞둔 벼들이 황금물결을 이룹니다. 농부들은 벅찬 기쁨으로 찬바람에 흔들리는 그 모습들을 바라봅니다. 초가집, 함석집, 판잣집, 기와집들의 굴뚝에서 피어오르는 연기에는 빈부의 차별 없이 가정의 평안과 화목을 위한 어머님의 숭고한 피와 땀이 보입니다.

잠시 후 집집마다 대문 앞에서 '저녁 먹으러 오라'는 어머니의 고함소리가 메조소프라노의 합창이 되어 온 마을이 소란해집니다. 아이들은 저마다 노는 데 정신이 팔려 어머니의 고함 소리는 아랑곳 하지 않고 노는 데만 열중합니다. 어쩌다 어머니가 부르는 소리를 들은 아이들은, 저마다 가기 싫은 표정으로 들은 체도 안합니다.

점점 어머니의 함성은 커져만 가고, 아이들은 연신 못들은 채 아무 말도 하지 않습니다. 어머니는 드디어 폭발 일보 직전에 직접 아이를 '잡으러' 갑니다. 아이들은 저마다 한 놈씩 잡혀 집으로 끌려 들어갑니다.

잡혀 온 아이들에게 어머니는 기다리는 식구들을 위해, 그리고 시간을 줄이기 위해, 치마에 덧입은 행주치마로 얼굴을 닦아줍니다. 그리고 콧물을 '횡횡' 풀기도 하고, 놀다가 더러워진 손도 닦아줍니다. 당시는 수건도 귀한 시대라, 수건 한 장을 온 식구가 다 사용하면서도 더럽다는 생각조차 못했습니다. 집 안 우물은 두레박으로 샘물을 퍼 올리므로, 동네 아낙네들이 물을 길어오거나 한 집에 여럿이 살면 한참을 기다려야 물을 떠 씻을 수 있었습니다.

이제 저녁 만찬이 시작됩니다. 아버지 밥상은 따로 있고, 나머지 밥상에는 온 식구가 둘러앉아 저녁을 먹습니다. 당시에는 밥 먹을 때 이야기를 하면 안 된다는 유교적 사고 때문에, 저마다 먹는 데만 열을 올렸습니다.

식사를 마치고 후식으로는 고구마가 나옵니다. 소쿠리에 담긴 파삭파삭한 고구마는 껍질도 보랏빛과 빨강색이 함께 어우러져 맛있어 보입니다.

잠시 후 동네 아낙네들 소리가 대문 밖에서부터 들려옵니다. 아버지는 자리를 피해줍니다. 어머니께서는 소쿠리에 고구마와 동치미를 함께 가져 오십니다. 가을밤은 점점 무르익어 갑니다.

동네 아낙네들은 시시콜콜한 이야기 웃음보따리를 온 집을 풀어 놓습니다. 이 집 저 집 사정들을 다 아는 듯, 집안은 법원으로 바뀝니다. 그러다 모두 돌아간 후 통행금지를 알리는 사이렌 소리는, 속히 꿈나라로 가라는 무거운 함성입니다.

모두 잠든 가을밤 하늘가 은하수들은 귀뚜라미들의 요란한 함성에도 아랑곳 하지 않고, 잠든 식구들의 단잠을 위해 포근한 담요를 덮어 주는 은하수들의 사랑의 노래소리가 들려옵니다.

이튿날 아침에는 어머님의 행동이 바빠집니다. 가마솥으로 밥을 지으시던 어머니는 행주로 가마솥을 열어봅니다. 김이 모락모락 피어오르는 그곳에서, 어머니는 눈가에 김으로 인한 눈물 때문에 앞이 흐릿합니다.

'아침밥이 다 되었으니 얼른 일어나라'는 어머니의 메조소프라노는 고요한 아침의 함성입니다. 깨워도 일어나지 않던 아이들은 저마다 더 자려고 애를 씁니다. 어머니는 방으로 가서 애들을 강제로 깨웁니다. 그래도 일어나지 않으면, 빗자루로 궁둥이를 칩니다. 마지 못해 일어나는 아이들은 눈을 비비며, 곧장 우물로 씻으러 갑니다. 이러한 어머니의 '아침과의 전쟁'은 어머니를 더 늙게 하고 있음을 아이들은 모르고 있습니다.

급한 나머지 우물에서 고양이 세수를 마친 아이들이 돌아오면, 어머께서는 행주치마로 아이들의 손과 얼굴을 닦아줍니다. 콧물도 풀면서 닦아 줍니다. 때로 아이들은 잘못을 저질러 숨을 때도, 어머니의 행주치마 폭 속으로 피신합니다.

어머니의 그 치마폭이야말로, 주님 계시던 그곳이 아닐까요? 그리운 어머니의 행주치마를, 지금 이 순간 그리움으로 불러보고 싶습니다. 밤새 불러보고 싶은 그리운 어머니, 그 그리운 행주치마 폭 속으로 다시 숨고 싶습니다.

나의 처지와 형편을 알고 치유해 주시는 주님의 치마폭 속으로 안기고 싶습니다.

소통은 가정에서부터

소통이란, 사물이 막힘 없이 잘 통하는 것을 말합니다. 어린 시절에는 가정에서 소통이 거의 없었던 시절이었습니다. 아침 식사를 하면 아버지와 할아버지의 밥상은 따로 챙겨드리며, 어머니와 자녀들은 다른 밥상에서 식사를 하던 기억이 새삼 피어오릅니다.

아침에 학교로, 일터로 갈라치면 매우 분주합니다. 아이들을 깨우는 소리, 할아버지의 헛기침 소리, 화장실에 서로 가려고 전쟁을 하며, 밥상을 챙기고 나면 어머니는 부엌에서 국에 밥을 말아, 그것도 서서 한 술 뜹니다. 그리고 각자의 짐을 챙기느라 늘 바쁜 하루의 아침이 시작이 됩니다.

그리고 식사 시간은 너무나 고요합니다. 식사 시간에 말을 하는 것을 좋아하지 않았던 옛 조선시대의 유교 사상이 지금까지 이어져 오고 있어, 식사 시간은 마치 소가 도살장에 끌려가는 그런 분위기였습니다. 국을 먹을 때도 후루룩 소리를 내어도 안 된다고 합니다. 서로 눈치를 보며, 재빨리 아침을 먹고는 재빨리 짐을 챙기며 각자의 길을 가 버리고 맙니다.

다들 사라진 후에는 어머니의 깊은 한숨이 들려옵니다. 어머니는 아침 일찍부터 식구들을 먹이기 위해 밥을 짓는 것부터 시작해 옷가지를 비롯하여 모든 식구들의 필요들을 빠짐없이 챙깁니다. 그 모든 책임은 어머니의 몫입니다. 어머니에게 '고맙다' 또는 '수고하셨습니다' 하는 말 한 마디 없이, 그저 당연한 것으로 모두들 허겁지겁 바쁘게 사라집니다.

저녁이 되어 집으로 돌아오는 식구들은 어머니에게 피곤하고 지친 것을 토로하며, 요구사항이 많습니다. 아이들은 내일 가져갈 학용품, 소풍, 운동회, 여행, 그리고 학교에 내야 할 기성회비와 월납금, 내일 입고 가야 할 옷들과 기타 필요한 모든 것들을 어머니에게 이야기합니다.

어머니는 가정의 모든 어려움을 해결하는 해결사이기도 합니다. 돈이 없으면 옆집이나 앞집, 뒷집에 찾아가 빌려오기도 합니다. 그리고 가게에서 외상으로 사오기도 합니다. 모든 어려운 것들은 어머니의 몫이 되어, 그 시절 어머니들은 참으로 고단하고 힘들었습니다.

소통이 없으며, 기계처럼 하루 하루를 살며 견뎌내야 했던 그 때의 가정환경은 너무나 열악했습니다. 모두들 일터로 나가면, 어머니는 옆집에 사는 아주머니들과 피곤하고 짜증스러웠던 시간들을 잊는 유일한 수다의 시간으로 모든 것을 털어버리며, 위로하는 행복한 순간입니다.

소통은 가정에서부터 먼저 시작돼야 합니다. 어머니의 아픔을 알아주고 공감할 때, 비로소 가정에서의 소통은 시작이 됩니다. 당시 아이들은 아버지에게 직접 말을 못하고 어머니를 통해 자신들의 요구사항을 해결합니다. 왜냐하면 아버지는 무서운 존재였기에, 늘 부드러우신 어머니의 소통을 통해 목적을 달성했던 시절이었습니다.

아버지는 아이들에게 대화를 할 수 있도록 분위기나 환경을 만들어야 하는데 그 시절 유교적 사상 때문에 통하지 않았고, 권위적인 시절이라, 모든 책임은 어머니의 몫이었던 것입니다.

우선 상대방과 소통을 잘 하려고 하면, 상대방에게 대한 친절과 자신의 열린 마음을 주려고 노력해야 합니다. 자기중심적이고 이기적이면, 소통은 절로 막힙니다. 내 주변 식구들과 사람들을 이용 대상으로 삼을 것이 아니라, 사랑의 대상으로 생각하고 품어야 소통은 가능해집니다.

소통이라 해서 그저 말을 많이 하는 것은 자기중심적인 사람의 특징입니다. 말을 많이 하기보다 듣기를 많이 하는 사람은 상대방 중심으로 생각하므로 소통이 잘 시작됩니다.

그러므로 탈무드는 말합니다. 하나님께서는 사람의 입을 하나 만드시고 귀를 두 개로 만드신 이유가 있다는 것입니다. 말하기보다 듣기를 두 배 많이 하라는 것입니다. 그래야만 소통을 잘 할 수 있기 때문입니다.

이스라엘 탈무드 '하브루타 소통놀이'에서는 유아 인성교육이 삶을 통해 지속해서 이루어지려면 교육기관의 교육만으로는 어려우므로, 가정과의 연계가 필요하다고 합니다. 최초의 교사는 부모이며, 인성교육을 실천하는 일차적인 장소는 가정이기 때문입니다. 가정 안에서 인성교육은 부모와 함께 탈무드로 공유하길 바랍니다.

대화나 토론을 통해 유아들의 사고의 폭도 넓히고 소통의 방법을 익히며, 더불어 살아가는 방법을 터득하게 되는 것입니다. 특히 질문을 많이 하도록 유도하고 저녁식사 후에는 유아와 함께 토론하는 습관을 갖도록 하면 좋습니다. 특히 부모가 기준이 되지 않고 자녀들이 기준이 되어, 이야기를 끝까지 들어주어야 합니다. 그리고 자녀들의 생각과 행동을 이해하려는 태도가 중요한 것입니다.

바로 온 가족이 모여 먼저 하나님께 예배드리는 순서가 우선시돼야 하며, 예배 후에 자연스럽게 토론의 장을 열어야 할 것입니다.

가족 간에는 정직하고 진실하며, 사랑을 품는 마음으로 가족의 귀를 훔치는 것이 아니라 가슴을 흔드는 말을 해야 합니다. 내가 하고 싶은 이야기보다 상대방이 듣고 싶은 말을 해야 하며, 상대방의 입장에서 이해를 돕는 말을 해야 합니다.

특히 건성으로 입에 발린 말을 하기보다, 눈과 표정으로도 말해야 합니다. 그리고 내가 뱉은 말 한 마디가 누군가의 인생을 바꾸어 놓을 수 있다는 것을 항상 염두에 두어야 합니다. 당신이 뱉은 말은 곧 당신의 그릇과 인격을 나타내는 말이므로, 말을 할 때도 조심스러워야 함을 잊지 말아야 합니다.

유대인들의 혁신적이고 창의적인 학습법인 '하브루타'는 그 어원이 '친구, 파트너'로, 내 생각과 네 생각을 둘 다 논의하고 토론하여 합의에 이르도록 이끌어내는 것을 말합니다.

그만큼 소통은 가정을 구하고 이웃을 구하며, 나라를 구하는 귀한 것입니다. 특히 요즘은 '네거티브(negative)'가 만연한 세상인 만큼, 이러한 소통이 소중합니다. 상대의 가짜와 나쁜 정보를 꺼내고 상대방에게 흠집을 내 자신의 목적을 달성하려는 치졸한 행동이나 사고를 서슴 없이 자행하고 있는 이들을 안타깝게 생각합니다.

네거티브란 상대방을 향해 '기면 기고, 아니면 그만'이라는 식으로 마구잡이 음해성 발언이나 행동을 하는 것입니다. '음해'는 남을 해치는 아주 나쁜 말이므로, 우리는 되도록 이를 삼가야 합니다.

그러므로 우리 신앙인들은 예수님께서 제자들에게 하셨던 소통의 정신을 마음에 새기고 품으며 실천하도록 가정에서부터 일깨워야 합니다. 교회 안에서도 서로 열린 마음으로 남의 이야기를 진실하게 경청하는 태도를 가져야 합니다. 내 주장만 옳다고 여겨서도 안 될 것입니다.

주님께서 제자들에게 일러주시고 손수 행하셨던 소통의 방법을 묵상하며 실천하는 신앙인들이 되어, 사회를 소통의 장소로 만드는 데 동참했으면 좋겠습니다.

10년만 젊었어도?!

가까운 친구들이나 동료, 후배들이 모인 곳에서 간혹 이런 말들을 많이 합니다. "내가 10년 만 젊었더라면 그 정도쯤이야, 충분히 하지."

100세가 되시는 분은 90대 할아버지에게 "내가 10년 만 더 젊었더라면" 하면서 90대 할아버지에게 자신의 자존감을 내세웁니다. 90대는 80대에게, 80대는 70대에게, 70대는 60대에게 60대는 50대에게 "내가 너처럼 10년 만 젊었더라면 세상천지 못할 게 없다"고 말합니다.

정말 그럴까요? 이 말은 한편으로는 못하면서 그저 남이 하면 샘나고, 또 남이 못하면 대리 만족을 하는 것 아닐까요. 역시 "그러면 그렇지" 하고 말입니다. 할 수 있다는 긍정에는 나이가 불문입니다. 100세는 100세에서 할 일이 있고, 90대는 90대에 할 일이 있습니다. 핑계 없는 무덤이 없다는 우리 조상들의 속담이 생각납니다.

나이가 들수록 고집과 핑계가 늘어갑니다. 그리고 음식에도 식탐이 있습니다. 육신에 몸이 피곤하고 얼굴이나 몸에 주름이 생겨나면서, '내가 늙었구나!' 하며 세월을 나무라며 자신의 처지를 비관하기도 하고, 남과 비교하거나 조상 탓도 하며, 때로는 자식들의 서운함과 사회에 대한 불만, 그리고 환경과 여건 탓만으로 오늘 하루 돌아올 수 없는 귀중한 시간을 낭비하는 분들이 많습니다.

'10년만 더 젊었어도'라는 생각은 아예 버려야 합니다. 지금 이 순간 내가 할 수 있는 것을 생각하고 찾아야 합니다. 분명 내가 해야 할 일들이 점차 늘어가며, 늘어가는 만큼 삶의 질은 향상되고, 늘 보람을 품고 살아가게 될 것입니다. 그리고 늘 부정적인 사고를 하는 친구들과는 거리를 두어야 합니다. 부정적인 사람은 매사가 다 그렇게 보이는 것입니다.

성경에도 기록되어 있는 정탐꾼 이야기는 모두가 잘 아는 사건이지만, 그냥 성경에 나오는 얘기로만 들려져서는 안 될 것입니다.

우리 믿는 성도들은 가만히 두 눈을 감고 생각에 젖어 보시기 바랍니다. 예수님께서는 33년을 사셨습니다. 그러면 당신은 얼마를 사셨습니까? 예수님보다 두세 배는 더 살지 않았습니까? 무엇을 주저하며 망설이십니까? 주님께서는 30년을 부모에게 효도하며, 하나님이 명령하신 3년의 시간 동안 계획하고 섭리하신 하나님의 뜻을 이루기 위해 철저히 준비하시며 성공적으로 사역을 완성하셨습니다.

그러나 우리는 주님보다 더 오래, 더 많이 살았으면서도 늘 '못한다, 좀 더 젊었더라면' 하면서 내 처지와 환경 탓만으로 핑계를 늘어놓습니다. 주님께서 이 땅에 오셨을 때와 세상은 변한 것이 없습니다.

세상은 말 그대로 세상입니다. 삶의 질이 좋아지고, 제 아무리 과학이 발전하고 인공지능의 시대라 할지라도 세상은 그저 세상일 뿐입니다. 오히려 더 좋은 세상에서 살고 있지만, 늘 부정적인 그늘에서 젖과 꿀이 흐르는 가나안을 바라보지 못하고 현재의 위치에서 안주하며 나아가지 못하는 안타까움은 실로 슬픈 일입니다.

내가 노인이다, 내가 늙어서 할 수 없다는 무례한 사고는 지금 이 순간에 저 광야로 쫓아내야 할 것입니다. '할 수 있다, 해 보자!' 하는 정신으로 신명을 다해 노력한다면 원하는 목적들을 얻을 수 있을 것입니다.

실로 아름답게 늙어간다는 것은 모든 사람들의 희망입니다. 하지만 희망사항으로 그쳐서는 안 될 것입니다. 특히 노인이라면 자신의 모습을 성찰 할 줄 아는 지혜와 자기 분수를 아는 현명함이 있어야 합니다. 자기 자신의 처지와 분수를 제대로 파악하고 안다는 것이 생각보다 쉽지는 않습니다.

그리고 과거에 묻혀 늘 지난 일을 그리워하며, '옛날에는 내가 잘 나갔는데…' 하면서 과거에 안주해 오늘의 현실을 인식하지 못하고 있다면, 오히려 추하게 늙어가는 꼴이 될 수 있습니다. '10년만 젊었어도'라는 말보다는, '이 세상에서 살면서 마지막 주어진 이 귀한 시간을 어떻게 보내야 할까'를 기도하면서, 할 수 있는 모든 역량을 발휘해 아름다운 노인의 삶을 살아야 할 것입니다.

어떻게 보면 늙음이 추하게 보일 수도 있습니다. 하지만 나만 늙는 것이 아니라 인간 모두에게 공평하게 찾아오는 것이기 때문에, 내가 부유하지 못하고 권력을 누리지 못했으며 잘나고 못나고를 떠나, 이 세상에서 주어지는 마지막 챤스를 아름답게 누려야 할 것입니다.

그러므로 노인이 되는 것은 영·유아시절부터 죽는 그날까지 흐르는 단계에 불과하기 때문에 민망하거나 부끄럽게 생각해서는 안 될 것이며, 오직 노인의 인격과 품성 그리고 존경의 대상이 되어 젊은이들이 볼 때, 꼭 필요한 노인으로서 사명을 잘 감당해야 할 것입니다.

날로 심각한 사회문제로 대두되고 있는 노인 문제에 대해 범국민적 관심을 고취시키고, 노인에 대한 공경과 감사하는 마음을 새기기 위하여 제정한 기념일이 바로 '노인의 날(10월 2일)'입니다.

산업사회에서 날로 늘어가는 고령화와 사회구조 및 가치관 변화에 따르는 노인 문제는 비단 우리나라뿐 아니라 모든 세계가 어려움을 겪고 있습니다. 경로효친의 미풍을 전통적으로 간직하면서도, 급속한 산업화 과정을 겪고 있는 상황에서 이를 발전시킬 계기의 마련이 시급합니다.

이에 우리나라는 노인 헌장을 제정, 전통 윤리의 측면 외에 인간은 늙어서도 인간답게 살아야 하며, 그러기 위해 본인의 부단한 노력과 더불어 사회와 국가의 뒷받침이 있어야 한다는 '반강제 조항'이 만들어져 있습니다.

세계 최초 노인헌장이라는 점에서 특별한 의의를 지니는 이 헌장은 전문과 5개 조항으로 되어 있으며, 노인의 위치와 산업사회 구조 속에서 노인이 처한 상황, 선 가정, 후 사회의 노인대책, 노인의 책임 등을 천명하고, 이어 조문을 통해 노인이 나라의 어른으로써 받아야 할 실천사항을 구체적으로 명시하였습니다.

우리나라는 예로부터 경로효친의 덕을 가장 큰 미덕으로 여기는 민족이며, 한 민족의 정체성이며 세계적으로도 모범적인 자랑거리인 덕을 실천하는데 조금도 소홀함이 없어야 하겠습니다. 특히 노인의 날은 1990년 빈에서 열린 제45차 유엔총회에서 '10월 1일'을 국제 노인의 날로 결의하고 91년 10월 1일 전 세계 유엔사무소에서 제1회 국제 노인의 날 행사가 시작이 되었습니다.

우리나라는 10월 1일 국군의 날이므로, 10월 2일을 노인의 날로 결정, 1997년부터 법정기념일이 되었습니다.

'10년만 젊었어도' 라는 말을 되풀이 하지 말고, 긍정적인 믿음만이 나를 젊게 한다는 것을 잊지 말아야 하겠습니다. 힘이 없고 아픈 사람은 할 수 없지만, 그렇지 않은 분들에게는 '나에게 맡겨만 다오, 나는 할 수 있다'는 각오와 긍정의 미소를 합쳐, 교회 안 구석구석 내가 해야 할 소명이 눈에 들어옴을 체험하게 될 것입니다.

핑계만으로 뒤처지는 안타까운 세월을 그냥 흘려보내는 일이 결코 없어야 합니다. 주님의 십자가를 기억하셔서, 지금 이 순간부터라도 믿음으로 도전하는 모든 성도들이 되었으면 좋겠습니다.

마지막으로 자녀들은 부모에게 극진히 효를 다해야 할 것이며, 나도 언젠가는 늙어가는 것임을 인지하고 노인들을 진심으로 사랑하는 마음으로 다가가기를 소망합니다.

화평의 신앙인이 되려면

'화평(和平)'이란 개인 간이나 나라 사이에 충돌이나 다툼이 없이 평화로운 상태를 말합니다. "화평케 하는 자는 복이 있나니 저희가 하나님의 아들이라 일컬음을 받을 것이요(마 5:9)."

분명 산상수훈의 대목에는 '화평케 하는 자'는 하나님의 아들이라고 분명

하게 말씀하고 계십니다. 세상에서는 산상수훈의 말씀을 보며 'Peace Maker'가 되려고 애쓰는 이들이 많다고 합니다.

그 대표적인 인물들 중 마하트마 간디라는 분이 계십니다. 간디는 산상수훈을 통해, 비폭력 무저항의 '평화 전도사'가 되었다고 합니다. 간디는 죽는 날까지 아침에 기상하면 가장 먼저 하는 일이 산상수훈을 읽는 것이라고 할 정도로, 이 말씀을 한 평생 묵상하며 실천하려 노력하신 분입니다.

산상수훈 말씀을 읽다 보면, 마치 모든 사람들이 다 화평케 할 수 있는 사람들이라 착각할 수 있습니다. 그러나 누구나 화평케 할 수 있는 것이 아니라, 성령을 받은 자들만 할 수 있는 특별한 권한이며 은사입니다.

성령을 받은 신앙인들도 인간이기 때문에 금세 다툴 수 있습니다. 그렇게 마귀가 역사할 환경과 여건이 조성되면, 화평은 멈추게 됩니다.

결국 성경에서 말하는 화평을 이룰 수 있는 사람은 오직 한 분, 평강의 왕이신 예수님뿐이십니다. 화평, 평강, 평화 모두 같은 말이지만, 우리 인간의 생각과 지식, 그리고 인격으로는 도저히 해낼 수 없는 것입니다. 인간들이 모이는 곳에는 늘 다툼이 있기 때문에, 이를 완전하게 화평으로 완성 할 수 있는 분은 오직 그리스도 예수 한 분 외에 없는 것입니다.

그러면 인간이 할 수 있는 화평은 과연 무엇일까요? 그것은 바로 '화목'입니다. 가정과 교회 안에서 서로를 이해하고 품을 수 있고, 잠시나마 견딜 수 있게 하는 것은 인간의 화목입니다.

태초에 하나님께서 천지를 창조하시고, 사람을 만들며 동식물들을 창조하시면서 인간에게 화평의 자유를 선물하셨지만, 인간은 뱀의 간교한 꾐에 이끌리어 죄를 짓고 말았습니다. 최초의 인간은 하나님께서 주신 선물, 자유와 화평을 깨트려 참혹한 세상을 만드는데 일조한, 비운의 조상이 되고 말았습니다.

이후 참혹한 세상에서는 전쟁과 기근, 인간들의 교만에 짓눌린 살인과 약탈, 방화가 늘 끊임없이 자행되고 있습니다. 이런 현실에서 화평의 시대를 꿈꾸며 평안의 행복을 누리려 안간힘을 써 보지만, 헛되고 헛된 삶의 연속입니다.

예수 그리스도만이 평강의 왕이요, 당신만이 하나님께서 인정하신 화평의 주인공이십니다. 하지만 인간으로서 이뤄낼 수 있는 화평도 있습니다. 바로 질서를 지키는 일입니다. 길을 건널 때, 신호등의 지시에 따라 움직여야 합니다. 대중 목욕탕만 가더라도, 에티켓을 지켜야 합니다.

잘못을 저질렀다면 인정하고, 상대방에게 누를 끼쳤다면 분명히 사과하며 용서를 빌어야 합니다. 남을 속이고 거짓말하며 상대방의 가슴에 대못을 박는 일은 절대로 해서는 안될 것입니다.

교회 안에서는 예배의 질서를 지켜야 합니다. 하나님 앞에 드리는 제사를 그저 왔다 가는 행사로만 여기지 말고, 최선을 다해야 할 것입니다. 비신앙인들도 부모의 제사 때가 되면 목욕재개하며 몸가짐을 반듯하게 하고 열과 성의를 다해 예의를 지키지 않습니까?

하물며 살아계신 만군의 여호와께 제사를 드리는 일에 소홀함이 있어서야 되겠습니까. 우리는 마음과 뜻과 정성을 다해 예배를 드려야 할 것입니다. 뿐만 아니라 예배는 즐거워야 합니다. 찬송은 즐겁고 기쁘게 부르며, 기도는 진심을 다해 하나님과 대화하듯 해야 합니다.

성도들 간에도 지켜야 할 예의범절은 철저히 지킴으로써 서로 신뢰를 얻어야 하겠습니다. 약속은 분명히 지키고, 금전과 물질 관계는 될 수 있는 대로 삼가는 것이 좋습니다. 부득이한 경우 물질을 빌렸으면, 약속은 철저히 지켜야 합니다.

특히 우리가 일상생활에서 사용하는 말과 생각과 행위로 죄를 지었다면, 반드시 회개해야 합니다. 성도들 간의 아픈 상처도 서로 싸매어 주고 보듬어야 하겠습니다. 특히 머리로만 얄팍한 수를 쓰면서 잔머리를 굴려, 잠시나마 피해보려는 사고는 물리쳐야 할 것입니다.

우리가 할 수 있는 화평의 세계는 대략 이 정도만 해도 그 무게가 무거울 것입니다. 하지만 주님께서는 우리가 잘못을 저질렀을 때, 참회의 기회를 주십니다. 주님께서 우리를 얼마나 사랑하시는지 알 수 있는 대목입니다.

기회를 주셨을 때 철저히 회개하고, 더 이상 죄를 짓지 않도록 늘 기도하며, 나보다 연약한 사람들을 보듬으며, 그들에게 미소를 선물하고 하나님을 찬양할 수 있는 진정한 화평의 신앙인들이 됩시다.

신앙인으로 아름답게 늙어가는 것

예전에 군대 생활을 한 분이라면, 이런 말이 떠오를 것입니다. "제대 말년에는 조심해야 한다." 그리고 정년퇴직을 앞둔 직장인들도 "말년에 조심해야 한다"는 말을 자주 사용합니다.

무슨 일이든 마무리를 할 때는 조심해야 한다는 의미일 것입니다. 우리 인생살이도 마찬가지입니다. 목적을 달성하기 위해 시작할 때는 건전한 마음으로 다짐하고 맹세하지만, 차츰 세월이 갈수록 초심을 잃고 마치 세상 환경이 자기를 그렇게 만든 것처럼 변명하면서, 초심은 어디로 가 버렸는지 무덤덤한 삶을 살면서 주책을 떠는 모습들을 흔히 볼 수 있습니다.

성경 속 많은 위대한 인물들도 처음 품었던 각오와 맹세를 했지만, 늙어서 분별력을 잃고 하나님의 뜻과 전혀 무관한 삶을 살면서 실수하는 분들을 발견합니다. 이스라엘의 가장 존경받는 왕 다윗은 자녀 교육에 실패하여, 늘그막에 자녀들에 의해 큰 환난을 당했습니다.

다윗의 아들 솔로몬은 어떻습니까? 그는 하나님의 마음을 기쁘게 하여, 하나님으로부터 지혜의 선물을 받아 정사를 바르게 펼쳤던 인물이었습니다. 그러나 그 역시 나이가 들면서 분별력을 잃어버리고 말았습니다. 나이 많은 노인들의 충심어린 간언에 귀를 기울이지 않고 자신과 비슷한 연소자들의 말을 듣다가, 그 끝이 좋지 못했음을 성경을 통해 배웁니다.

사울 역시 처음에는 겸손한 사람으로 인정을 받아 이스라엘의 초대 왕으로 등극했지만, 초심을 잃고 다윗을 죽이려 한 것도 모자라 신접한 여인까지 찾아가는 어리석은 짓을 범하므로, 그 끝은 처참한 죽음을 맞이하고 말았습니다.

반면 모세는 인생 황혼의 나이 80세에 하나님의 부르심을 받았지만, 민족을 구원해 내는 아름다운 사명을 감당함으로써 지금까지 이스라엘 백성에게 가장 존귀한 지도자로 평가받고 있습니다. 모세는 비록 늙은 나이에 이스라엘의 지도자가 되었지만, 초심을 잃지 않은 결과 120살까지 지도자로 활동했습니다. 생을 마감하는 순간까지도 전혀 눈이 흐려지지 않았고 기력도 쇠하지 않았다고 합니다. 그만큼 올바르게 하나님을 믿고 경외하는 처음 믿음을 그대로 유지하기 위해 기도하며 애쓴 결과가 아닐까요?

우리 신앙인들은 처음 주님을 영접했던 순간을 잊어서는 안 될 것입니다. 주님을 만났던 처음 그 때, 그 마음을 결코 잊어서는 안 된다는 것입니다. 그것이 초심입니다. 그 초심을 잃지 않는 신앙이 곧 평생 나를 지켜주는 것임을 의심해서는 안 될 것입니다.

교회 안에서도 초심을 잃고 모든 일을 자신의 마음 내키는 대로 하려는 이들이 있습니다. 더구나 지도자들인 장로와 목사가 그렇습니다. 물론 몇십 년간 신앙생활을 하면서 고통과 좌절을 맛보기도 하고, 때로는 의심하며 나를 넘어지게 하는 여건과 환경들이 종종 나를 괴롭힐 때도 있습니다. 사업 실패나 직장생활에서의 인간관계, 승진 문제, 그리고 교회에서의 문제들이 때로는 자신을 괴롭히기도 합니다.

하지만 신앙인이라면, 늘 자신을 되 짚어보는 성찰과 함께 나보다 더 어려운 환경에 처해 있는 이웃들과 성도들을 위해 마음을 쓰며 그들을 위로할 수 있는 따뜻한 마음을 발휘해야 합니다.

젊어서 겪었던 수많은 시행착오와 성공했던 것들을 종합하여, 하나님의 뜻에 어울릴 수 있게 응용하여 하나님의 교회를 위해 사용을 해야 하는데, 지금 시대의 지도자들은 하나님의 거룩한 뜻은 뒤로 한 채, 자신이 주가 되어 그 조직을 마음대로 주물럭거립니다. 그래 놓고선 하나님의 뜻이라는 어처구니 없는 주책으로 많은 신앙인들의 가슴을 아프게 하고 있습니다.

젊으나 늙으나 신앙인들이라면 최소한 신앙인으로서 신앙인다운 삶을 영위해야 할 것입니다. 젊은이는 젊은이대로, 늙은이는 늙은이답게 늙어가야 합니다. 특히 노인답게 늙어 가고 죽는 것은 참으로 어려운 일이지만, 가능한 그렇게 할 수 있도록 노력하는 것만이 아름답게 익어가는 삶입니다.

처음 다짐하고 맹세했던 것들을 늙어감으로, 변치 않고 실행하는 것은 매우 어려운 일이지만, 초심을 잃지 않고 노력을 게을리하지 않는다면, 어려운 것도 아닌 것입니다.

나이가 익어 갈수록 하나님과의 대화를 자주 해야 합니다. 그리고 잠들기 전에 오늘 하루를 반성하는 그 시간이 있어야 초심을 유지할 수 있습니다. 때로는 일기를 쓴다든지 성경을 읽으면서 오늘 하루의 일과를 되짚어보는 시간을 유지한다면, 참으로 좋은 선택이 될 수 있을 것입니다.

그리고 노인의 삶이 익어감에 찾아오는 것들이 있습니다. 고통. 질병, 고독, 금전, 친구 등 이런 분류들이 노인들을 괴롭힙니다. 특히 고통과 질병은 나이가 익어감으로 평생을 기계를 아끼지 않고 사용하므로 서서히 망가져 가고 있습니다.

거기다 적당한 돈이 없다면, 필요한 일들을 하지 못할 때가 종종 있습니다. 그리고 인간관계를 잘 하지 못하여 친구조차 없어, 자연적으로 고독함이 매일같이 밀려오는 것입니다.

그러므로 젊어서부터 노인에 이르기까지 주님의 뜻을 확실히 아는 지혜도 필요합니다. 매일 같이 말씀을 묵상하는 시간을 가지며, 가족 간에 아름다운 소통과 끈끈한 형제애가 있어야 하고, 매일 같이 가정예배를 드리며 하루를 마무리하는 시간을 만든다면, 어떠한 환경이 우리를 괴롭히더라도 꿋꿋이 인내하며 나아갈 수 있습니다.

특히 요즘 신앙인들은 나이를 한 살씩 먹어가는 것을 참으로 두려워합니다. 잘 익은 감이나 홍시들을 맛보며, 즐거워하지만, 인생이 익어가는데 대해서는 참으로 냉혹합니다.

신앙인들이라면 아름답고 먹음직스럽게 잘 익은 믿음의 열매를 주님께서 먹어 보신다면, 얼마나 흡족해 하실까 하는 마음을 바꾼다면, 내 신앙이 얼마나 성숙되었는지를 가늠할 수가 있지 않을까요?

이 지구상에 위대한 업적을 남긴 나이는 주로 60-80세라고 합니다. 젊어서부터 계획하고 이루려 했던 성공은, 긴 세월을 통해 그 빛을 보는 것임을 알아야 합니다. 우선 눈앞에 보는 이익을 위해서 미래를 내다보지 못하고, 안주하여 일을 그르칠 대가 참으로 많습니다.

신앙인이라면, 미래를 볼 수 있어야하며 현실을 직시하며 교회의 부흥을 위하여 새로운 도전으로 나아가야 하겠습니다.

그리고 내가 교회 장로라고 해서, 권위만 세울 것이 아니라 교회 안의 모든 조직을 습득할 수 있어야 하며, 그 조직 하나 하나를 점검하며, 발전을 위해서 건의나 아이디어를 창출할 수 있도록 사기를 올려주며, 모두가 동참하는 문화를 만들어가야 하겠습니다.

특히 교회 안의 최고 기관인 당회에서는 무조건 안 된다는 의식을 뿌리 뽑아야 합니다. 먼저 교회 안의 어르신들과 장로들께서는 버려야 할 사고는 과감하게 버리고, 주님께서 담당하셨던 사명들을 하나하나 짚어보며 순종하는 마음으로 거듭나야 합니다.

나이가 익어감으로 상대방으로부터 초라하게 보이지 않으려면, 나 중심에서 벗어나 배려하는 삶으로 바뀌어야 합니다. 나이가 들수록 이기주의나 노욕이 심해진다면 친구도 인간관계에서도 실패하며, 홀로 외로워지는 것입니다.

물질 중심의 인간관계를 하다보면, 죽는 날까지 그 물질이 계속 유지가 된다면 모를까, 물질이 다한 후에는 친구들이 차츰 멀어지므로, 노년에 쓸쓸함과 고독한 삶으로 마감이 될 것임을 하루 속히 깨달아야 할 것입니다.

특히 연령에는 자연 연령, 건강 연령, 정신 연령, 영적 연령이 있다고 합니다. 인생에 1/4은 성장이고, 3/4은 늙어가는 인생이라고 합니다. 그러므로 그 3/4은 일하는 것입니다. 내가 늙었다 해서 편하고 안일한 것만 찾아서는 안 될 것입니다. 내 나이에서 할 수 있는 모든 것들을 미루지 말고 적극적인 자세로 임해야 할 것입니다.

그것이 바로 열정입니다. 내가 할 수 있는 것들을 최선을 다하는 것이 바로 열정입니다, 그 열정은 성실과 정직 그리고 부지런히 움직이는 것만이 부정적이었던 장애물들을 극복할 수 있는 것입니다.

늘 존경의 대상이었던 종교지도자들 중에 특히 기독교 지도자들의 은퇴에는 많은 교훈을 우리 신앙인들에게 주지만, 그것이 근절되지 않고 지속적으로 유지되고 있음을 슬프게 생각을 하고 있습니다.

초심을 잃어 눈이 흐려지며, 명예와 권력, 노욕이 발동하여, 초심으로 여태 쌓아왔던 모든 것들이 한 순간에 무너지는 초라함에는 어제 오늘일이 아니라 주님의 재림이 곧 닥쳐오는 그 날까지 근절되지 않을 것입니다.

교회 안의 어르신들의 여태 살아온 좋은 경험을 토대로, 나를 나타내지 말고 좋은 열매의 결과를 젊은이들에게 나눠주며, 선한 마음과 건전한 모습으로 서로 소통하며, 이웃을 위해 배려하는 삶으로, 오늘 하루도 최선을 다하는 열정의 모습들을, 이 시대 신앙인들에게 보여줘야 할 것입니다.

제6장

행동하는 신앙인들

오늘 하루의 삶을 순교의 정신으로

길을 가면서 잠시 쉬다, 지인이 쓰신 글을 읽고 감동이 되었습니다.

어느 대학 교수가 강의 도중 5만원권 지폐를 꺼내 들더니 학생들에게 물었습니다. "이거 가질 사람 손 들어 보세요." 그러자 학생들이 일제히 손을 번쩍 들었습니다. 그러자 교수는 그 돈을 있는 힘껏 꾸깃꾸깃 구기더니 학생들에게 다시 내보이며 물었습니다. "그래도 가질 사람?" 이번에도 모든 학생이 손을 들었습니다.

이번에는 그 돈에 침을 뱉더니 바닥에 내동댕이치고는 발로 지근지근 밟아 버렸습니다. 그러고는 다시 주어 들더니 물었습니다. "그래도 가지고 싶은 사람?" 학생들은 이번에도 손을 다 드는 것이었습니다.

교수는 말했습니다. "5만원권 지폐는 아무리 구겨지고 더러워져도 5만원의 가치는 변하지 않았습니다. 5만원과 비교할 수 없는 가치, 바로 하나님의 그 이름을 위해 목숨까지 내놓은 순교의 숭고한 얼을 가슴에 담습니다. 행악자들에게 무참히 짓밟히며 더럽혀진 육신으로 주님을 부르며 형장으로 끌려갔던 그들의 고단했던 삶들을 잠시 묵상합시다."

성서를 통해 많은 믿음의 조상들의 순교를 깨닫고 배웁니다. 이역만리 낯선 땅에서 기꺼이 목숨을 내놓으신 토마스 목사님, 그리고 이 땅에서 오직 주님을 위해 목숨을 바쳤던 믿음의 순교자 주기철 목사님과 손양원 목사님, 살아 생전 주님의 복음을 위해 순교의 정신으로 살아가신 한경직 목사님….

이름 없이 남몰래 피 흘려 순교한 많은 순교자들이 위대한 이유는, 단순히 신앙을 위해 목숨을 버렸다는 점만은 아닐 것입니다. 그들은 삶 자체가 순교였습니다. 목숨 뿐 아니라 삶 자체를 하나님께 바친 순교였습니다.

순교는 목숨만 바치는 것이 아닙니다. 삶까지 하나님께 바치는 행위입니다. 삶을 먼저 바칠 수 있을 때 비로소 목숨을 바칠 수 있는 것입니다. 사도 바울은 "날마다 죽노라"고 했습니다. 이것이 바로 순교를 나타내는 말씀 아닐까요?

내가 숨 쉬고 살아가는 이 하루를 하나님께 온전히 드리는 행위가 바로 순교인 것입니다. 온전히 그분께 다 내어놓고, 그 분을 위해 하루를 사는 것, 그렇게 하루하루를 봉헌하다 인생에 주어진 마지막 날을 주님께 내놓고 가는 것이 순교입니다.

지금 우리에게는 더 이상 피의 순교가 요구되지 않습니다. 그러나 순교의 기회마저 사라진 것은 아닙니다. 순교는 모습이 바뀐 형태로 우리 삶에 여전히 존재합니다. 내가 머무는 삶의 현장이 온통 순교의 자리이며, 내가 쓰고 있는 시간들이 모두 순교의 기회입니다.

괴로운 일들, 힘에 부치는 일들, 아프고 슬프고 화나고 짜증나는 일도 참고 견디고 인내하면서 복음적인 일을 선택하는 것이 바로 순교입니다. 큰 순교는 작은 순교가 모여 비로소 완성되는 것입니다. 피를 바치는 순교는 삶을 바치지 않는 사람은 결코 도달할 수 없습니다.

5만원의 가치를 위해서도 땀을 흘린다면, 하나님을 위해 더욱 가치 있는 선택을 해야 합니다. 앞으로 내게 닥칠지 모를 큰 순교를 위해, 오늘의 작은 순교들을 연습합니다. 그리고 여태 몰랐던 참 순교의 정신을 알리며 말씀을 통해 우리에게 명령하시고, 맡겨주신 사명을 각자의 자리에서 순교하는 마음으로 최선을 다하기를 바랍니다.

교회 안에서부터 순교를 위한 교인이 되고, 교회 밖에서는 성도의 향기를 뿜어내는 순교를 하시기를 바랍니다. 맡은 직분에 따라 목사로, 장로로, 집사로, 권사로, 그리고 평신도로 모두가 그 자리에서 순교의 열정을 담아, 오늘 하루도 주님을 위해, 이웃을 위해 순교하시는 시간들이 되시기를 축복합니다.

형식적인 헌신예배

몇 년 전 한 교회에서 교육부 주관으로 중·고등부 연합 헌신예배를 드리는 과정에서, 사회자와 대표기도 하실 분을 선정해야 했습니다. 중등부장 집사님은 중등부 목사님께 중등부에 대한 광고가 있으니, 중등부장 집사가 사회를 하고 고등부장 집사님께서 대표기도를 하시면 어떻겠느냐고 물었습니다.

목사님께서 고등부장 집사님에게 "어때요?" 하고 물었습니다. 고등부장 집사님께서는 쾌히 승낙을 하셨습니다.

며칠 후 주일 저녁 헌신예배 시간이 임박했는데, 갑자기 대표기도를 하실 고등부장 집사님이 보이질 않았습니다. 시작 시간이 다 되어서도 찾지 못해, 장로석에 앉아 계시던 B장로님을 급히 모셔서 대표기도를 부탁했습니다.

무사히 헌신예배를 드린 후, 수 개월이 지났습니다. 고등부장 집사님을 만나 얘기를 하던 중, 헌신예배 이야기가 나와서 당시에 어딜 가셨느냐고 물었습니다. 그런데 집사님의 대답이 정말 황당했습니다. 자신이 고등부장이니 사회를 맡아야 하는데, 중등부장이 사회를 했기 때문에 그냥 가 버렸다는 것 아닙니까?

그래서 "그때 사회를 하겠다고 말씀하시지요?" 했더니 하시는 말씀이, "목사님과 짜고 했기 때문에 그랬다"고 했습니다. 표현할 수 없을 만큼 황당한 말씀에 넋을 잃고 말았습니다. 아무리 그렇지만, 하나님 앞에 헌신하는 예배인데 그리 가볍게 생각을 하시는지….

이후 세월이 지나, 두 집사님은 함께 장로가 되셨습니다. 중등부는 아래이고 고등부는 위라는 권위의식이 작용했나 봅니다. 드디어 그분의 은퇴식에 참석하면서, 당시의 기억이 떠올라 올바른 헌신예배를 위해 소신 있는 말씀을 드리고자 합니다.

요즘 헌신예배랍시고 드리는 예배는 진정성이 없고, 형식적인 연중 행사로 전락해 사회에서 하는 것과 다를 바 없는 행사가 되고 말았습니다. 남선교회·여전도회 헌신예배 때는 담임목사님의 신학교 동기나 은퇴하신 분들을 초대해 그 날 들어온 헌금 일부를 사례금으로 드리고, 나머지는 주관 부서나 남·여전도회 수입으로 충당하는 게 현실입니다.

기왕 헌신예배를 드리려면, 타 교파 목사님들도 초청해 설교를 듣는다면, 성도들에게도 많은 도움이 되지 않을까요? 그런 마음에 당회에서 구세군에 대해 말씀드리자, 이야기를 꺼내기 무섭게 어느 장로님께서 "구세군 그거 이단 아닌가?"라고 하시는 게 아닙니까?

처음엔 당황했습니다. 아니 장로 안수 받은 지도 꽤 오래된 분의 입에서 어떻게 그런 말이 나오는지···. '정말 몰라도 한참 모르시는 분이구나' 하면서 목사님께 "구세군은 이단이 아닙니다" 하고 말씀드렸더니, 목사님께서는 고개만 끄덕이셨습니다. 이단이 아니라고 말씀해 주셨으면 좋겠는데, 아무 말씀이 없었습니다.

헌신예배는 주로 담임목사님 고유 권한으로 거의 인맥을 통한 신학교 동기생 아니면 잘 아는 분을 초대하여 설교를 하게 합니다. 현재 사이비나 이단들이 활개를 치는데, 전문가들을 초청해 어떤 것들이 이단이며 어느 교파가 이단이 아닌지를 들어보고, 각 계파에 대한 상식들을 성도들에게 알게 하면 어떨까요?

순복음교회, 성결교회, 감리교회, 구세군교회 그리고 장로교회에서 기장과 예장, 합동, 통합, 고신 등을 소개하고, 각 계파의 특색이 무엇인지 알게 하여 사이비 이단의 유혹에 넘어가지 않도록 사전에 예방하면 좋겠습니다. 그렇게 한다면 성도들은 다양한 메뉴로 말씀을 듣는 기회를 제공받아 타 교파에 관한 지식을 습득할 수 있으며, 다양한 말씀을 들을 수 있어 흥미롭고 은혜 충만한 헌신예배가 될 것으로 판단됩니다.

국가 기념일의 기념예배도 마찬가지로, 형식적으로 드리는 예배가 거의 대부분을 차지하기 때문에 의미를 상실하는 것입니다. 집에 태극기도 달지 않고, 심지어 교회에 태극기 꽂는 깃봉도 없는 교회가 수없이 많습니다. 그리고 항존직 중 태극기조차 없다면서도 나라를 위해 기념예배를 드린다고 하니, 황당한 일 아닙니까? 주님께 대한 헌신은 온데간데없고, 기관 행사로 지나치는 모습은 안타까울 뿐입니다.

갈수록 예배가 형식적으로 드려지고 있어 심히 마음이 아프고 무겁습니다. 정말 은혜를 받았다면, 정말 주님을 사랑한다면, 기쁘고 즐거운 예배를 드려야 하는데 어찌 감동 없는 형식적 행사로 치르는지…. 주님의 가슴에 이제 그만 못을 박으시기 바랍니다. 물질을 구하는 예배는 더 이상 묵과해서는 안 될 것입니다. 강사들에게 도움을 주려고 하는 설교 초청도 그만해야 합니다.

세상에서 지치고 찌든 성도들의 심령에, 주님의 위로와 뜨거운 감동의 말씀을 먹여줄 강사를 초빙하여, 주님이 기뻐하시는 참 제사의 헌신예배가 될 수 있도록 함께 기도하고 노력하기를 바랍니다. 특히 계파를 초월한 사랑의 형제들이 모여 이 땅에 주님께서 주시는 참 평안의 복락이 넘치는 가나안이 될 수 있도록 함께 노력하며, 주님의 명령인 하늘나라 소망을 전할 전초기지로서 사명을 다하도록 모두 최선을 다합시다. 그리고 사이비를 제외한 교파가 하나 되는 그날을 소망합니다.

십자가의 영광

매년 사순절이 되면 늘 주님 지신 십자가를 생각을 하며 묵상합니다. 십자가는 원래 로마 제국에서 가장 잔인한 행악자들에게 사형의 도구로 사용했습니다. 하지만 이 나무는 예수님을 만나고부터 의미가 달라집니다.

우리가 죄를 짓게 되면 하나님과 연결되었던 끈이 끊어져 버리는데, 예수님께서 십자가의 고난과 형벌을 받으심으로 단절되었던 끈을 연결해주었다고 교회는 고백합니다. 곧 단 한 번 자신을 희생의 제물로 바침으로써 하나님과 완전한 화해를 이룬 최대의 사건이 바로 십자가의 희생 번제인 것입니다.

이렇게 예수님의 십자가로 모두에게 구원의 길이 활짝 열렸다는 점에서, 십자가는 구원과 승리의 상징이란 새로운 의미를 갖게 되는 것입니다.

알렉산더와 루포의 아버지인 구레네 시몬이라는 사람은 시골에서 와서 지나가다, 예수님의 십자가를 억지로라도 메고 감으로써 큰 영광을 얻었습니다.

예수님께서 십자가에 달리셨을 때 함께 달린 행악자 중 하나는 주님을 비방하여 이르되 '네가 그리스도가 아니냐 너와 우리를 구원하라' 하되, 또 다른 하나는 '네가 동일한 죄를 정죄를 받고서도 하나님을 두려워하지 아니하느냐 우리는 우리가 행한 일에 상당한 보응을 받는 것이니 이에 당연하거니와 이 사람이 행한 것은 옳지 않은 것이 없다'고 고백하여 주님께 확실한 구원의 영광을 안았습니다. 같은 십자가를 지고도 한쪽 강도의 십자가는 멸망의 길로, 한쪽 강도의 십자가는 승리의 길로 인도되는 것을 성서를 통해 알 수 있습니다.

비록 십자가는 나무토막에 불과하지만, 그 의미는 이처럼 판이하게 다른 것입니다. 예수님께서는 '스스로 십자가를 지고 나를 따르라' 하시며 또 다른 십자가를 말씀하십니다. 십자가는 우리가 지고 가야 하는 짐을 말합니다. 부모와 자식들의 양육 문제와 사회적으로 맡겨진 짐 뿐 아니라, 자기에게 닥친 병고와 질고, 그리고 불행을 겸허히 받아들이는 자세 또한 십자가에 포함됩니다.

고난과 승리, 영광과 짐, 이 모든 것이 부활 사건 안에서 하나로 모입니다. 그리고 그 끝에 있는 십자가는 바로 사랑입니다. 십자가의 절망이 없었다면, 부활의 승리는 없었을 것입니다. 인간적인 생각으로 주님께서 십자가에 달리실 때는 어느 누구도 부활이라는 위대한 승리의 영광을 생각해보지 않았을 것입니다.

지금 현재 우리들이 섬기는 교회 안에서는 어떤 모습의 십자가를 지고 계시는지요? 교만과 자랑, 시기와 모함, 그리고 편가르기 등으로 성도들에게 상처를 주는 그러한 십자가는 그저 막대기일 뿐입니다. 절망의 십자가를 주님께 지게 하신 분들이 누구입니까? 바로 교회 안에 있던 지도자들 아닙니까?

주님의 십자가를 핑계의 도구로 이용하지 말고, 정말로 성도를 사랑하며 교회 미래를 위해 무거운 짐을 지는 십자가를 지시기를 부탁드립니다. 주님을 알지 못하는 백성들을 생각하시고, 그들을 위해 십자가를 지십시오! 주님은 지금도 자기 십자가를 지고 나를 따르라 하십니다. 그 음성을 듣고 모든 그리스도인들은 행함의 십자가를 지시기를 소망합니다.

목사와 성도

교회는 목사 혼자 이끌어 가는 것이 아닙니다. 교회는 하나님을 믿고 사랑하는 성도들이 기도하는 집입니다. 그리고 예수님을 머리로 모인, 그리스도 안에서 하나를 이룬 공동체여야 합니다.

그러므로 교회를 구성하는 목사, 부목사, 장로와 권사, 안수집사와 평신도에 이르기까지 서열로 구분해서는 안 되는 것입니다. 오직 하나님께서 주신 각자의 달란트를 사명으로 알고, 하나님께서 이루고자 하시는 목적을 위해 성실한 자세로 함께 나아가는 동지이자 형제들인 것입니다.

우리가 한 몸 안에 수많은 지체를 가지고 있듯, 그 지체들이 하나같이 맡은 기능과 역할이 다르듯, 많은 성도들이 그리스도 안에서 한 몸을 이루며 서로 지체가 되어야 합니다.

성도들은 하나님께서 각자에게 베푸신 은총을 따라, 서로 다른 은사를 가지고 있습니다. 그러므로 모든 성도들은 하나님나라 건설을 위해 각자 능력에 따라 주신 달란트와 재능을 가지고 자발적이고 열성적으로, 한 마음으로 함께 협력하고 사랑해야 합니다.

그런 의미에서 목사는 예수님께서 이 땅에서 행하신 일을 거울 삼아 성도들에게 솔선수범하며 봉사해야 하고, 성도들은 목사와 더불어 하나님나라 복음을 위해 적극 참여해야 합니다. 이를 위해 우리 모두는 '교회의 주체'임을 깨닫고, 교회 안에서의 작은 일도 충성스럽게 해야 합니다.

목사는 성도들에게는 아버지 역할을, 때로는 어머니 역할을 해야 합니다. 어렵고 힘든 성도들에게는 친구가 되어주며, 눈물로 기도하고 웃음으로 치유하는 '탤런트'가 되어야 합니다. 믿음의 선배들께서는 이 땅에 복음을 전하기 위해 외롭고 힘든 싸움을 인내하며 치렀고, 후손들에게 값진 믿음을 물려 주었습니다.

'무엇을 먹을까 입을까 염려하지 말라'고 강단에서 말씀을 전하시지만, 말씀하시는 본인의 삶을 가만히 보면 그것이 허구임을 목격하게 됩니다. 금전의 노예가 되어, 돈 때문에 한평생 일궈온 교회를 망치는 사례를 볼 수 있습니다. 일부 목자들의 이기심과 탐심 때문에, 존경받아야 할 성직자의 향기에 오물을 뿌려 세상 사람들에게 손가락질을 받고 있습니다.

이 땅에 복음이 들어올 때, 많은 선교사들과 평신도들의 순교가 있었습니다. 우리가 받은 복음은 그러한 값진 선물인 것입니다. 그러므로 목사님들은 언제나 아버지 같은 사랑으로, 그리스도 안에서 성도들이 바라는 요청과 열망을 존중해야 합니다. 그리고 성도들은 그리스도를 대신하여 전하는 목사의 말씀과 결정을, 그리스도 안에서 존경하고 순종해야 합니다.

그리고 목사는 교회와 성도들을 위해 기도하는 일을 게을리해서는 안 될 것입니다. 목사님들은 아버지 같은 사랑과 어머니 같은 기도로, 소외되어 외롭고 지쳐 있는 성도들에게 마음과 가슴으로 다가가야 합니다. 머리로 이해하고 지식으로 하는 신앙보다, 몸으로 부딪히며 실천하는 신앙으로 바뀌어야 합니다.

내 안에, 교회 울타리 안에 들어앉아 있기보다, 다치고 깨질 위험이 있더라도 세상을 향해 나아갈 때, 목사와 성도들이 함께 연합하는 진실한 하나님의 교회가 되는 것입니다.

그렇다 해서 무턱대고 순종하는 것은 금물입니다. 하나님 말씀에 순종하는 것이지, 사람의 말에 순종하라는 것이 절대 아닙니다. 서로 올바른 의사소통 아래 감동을 동반하는 그리스도의 성실한 자세만이, 어려운 이 시대를 품고 헤쳐나갈 유일한 길임을 잊지 맙시다.

믿음의 '매뉴얼'

매뉴얼(manual)의 사전적 의미는 '기계나 컴퓨터 따위의 사용 방법이나 기능 등을 알기 쉽게 설명한 책'입니다. 사용설명서, 매뉴얼, 또는 유저가이드(userguide)는, 특정 시스템을 사용하는 사람들에게 도움을 제공하기 위한 기술 소통 문서입니다.

그러면, 우리 성도의 '매뉴얼'은 과연 무엇일까요? 그것은 바로 하나님의 말씀입니다. 하나님께서는 백성들을 끝까지 보호하고 사랑하시기 위해 말씀 즉 '매뉴얼'을 주신 것입니다. 그 '매뉴얼'을 쉽게 이해하고 실행에 옮길 수 있도록 기록한 것이 성경 아닐까요?

아담과 하와는 하나님이 선물로 주셨던 에덴의 낙원에서 지시하신 '매뉴얼' 대로 살지 못하고, 탐심의 작용으로 낙원에서 추방되어, 인류의 시조로서 후손들에게 영원히 씻을 수 없는, 무겁고 고단한 삶을 물려 주는 뼈아픈 사건의 단초를 제공하고 말았습니다.

인류 최초의 살인 사건 주인공인 가인, 노아의 홍수, 소돔과 고모라의 멸망, 여호수아 7장에 기록된 아간, 바벨론 포로, 특히 구세주이신 그리스도를 십자가 형틀에 못 박는 사건 등이 모두가 하나님께서 일러주신 '매뉴얼'을 따르지 않았기 때문입니다. 전능하신 여호와 하나님을 전적으로 의탁하고 신뢰하여 아름답고 행복한 삶을 누려야 하는데, 오직 자신의 '매뉴얼'을 유지·사용함으로써 비참한 음부의 권세에서 헤어 나오지 못한 사건들을 성경을 통해 볼 수 있습니다.

특히 하나님께 기름부음을 받았던 이스라엘의 초대 왕 사울이 떠오릅니다. 하나님께서는 사울을 왕으로 세운 것을 후회하신다고 하셨습니다. 그는 자신의 딸까지 다윗에게 주어 사위로 삼았음에도, 왕위가 위태로움을 깨닫고 다윗을 죽이기 위해 많은 시간을 허비하였습니다.

심지어 하나님께서 자신을 떠나신 것을 알고 신접한 여인을 찾아가기도 했습니다. 블레셋 군대와 마주했을 때도 하나님을 전적으로 신뢰하지 못하고 두려움을 견디지 못하여, 사무엘이 드려야 할 번제를 자신이 행함으로써 더욱 하나님의 신뢰를 잃었습니다. 이 모두 하나님을 신뢰하지 않고 '매뉴얼'을 따르지 않은 결과이며, 후손들에게 비참한 역사를 남기고 말았습니다.

솔로몬도 그렇습니다. 그는 하나님께 넘치는 은혜와 부귀영화를 받아 누린, 아버지 다윗을 이어 '매뉴얼'을 잘 이행하는 왕으로 추앙받았지만, 나이가 들면서 연로자의 말 대신 소년들의 말을 청종했으며, 많은 이방 여인을 취함으로 우상을 섬겨 하나님으로부터 외면당하는 왕이 되어, 나라가 둘로 갈라지는 슬픈 역사를 제공하게 되었습니다. 왕이 되었을 때의 믿음처럼 '매뉴얼'을 이행했더라면, 오래도록 건강하고 하나님이 기뻐하시는 행복한 나라가 되었을 텐데 말입니다.

우리 그리스도인들은 전적으로 하나님을 신뢰하며, 사랑해야 합니다. 우리는 주님이 가르쳐 주신 '매뉴얼' 대로 기도를 드려야 합니다. 늘 세속에 파묻혀 습관적으로 행하는 기도에는 기쁨과 행복이 없습니다. 특히 하나님과 대화를 통해 자주 관계를 맺어야 합니다. 여기에는 깊고 진실한 기도가 필요합니다.

그러나 우리는 기도를 마치 '오늘 내가 필요한 것을 해결해 주는 도구'로 여기는 것이 아닐까요. 혹은 세속적인 복을 비는 도구로 착각하는 경우를 볼 수 있습니다. 때로 불행을 당하거나 기도 응답이 없으면, 하나님의 역사를 의심하면서 '기도해 봤자 다 소용 없다'면서 하나님을 배신하고 멀리 무당집을 찾아가는 신자들을 종종 목격할 때 마음이 아픕니다.

믿는 형제들 중 자신의 어려움을 호소하며, 내가 원하는 것을 해결하려는 기도만 드리는 이들이 가끔 있습니다. 집을 사도록, 자녀가 명문대학에 입학하도록, 대기업에 취직하도록, 아이를 갖도록, 좋은 이성과 결혼하도록, 각자 소원들을 주님께 부탁합니다.

물론 주님께서는 우리의 간구를 다 알고 계시지만, 내 뜻이 아닌 주님의 뜻대로 응답해 주시는 분이시지요. 무조건 내가 필요한 것만 요구하는 기도에는 능력이 없음을 깨달아야 합니다. 그것은 올바른 신앙적인 자세가 아닌 것 같습니다. 무엇을 달라고만 하는 기도를 하지 않아도, 주님께서는 이미 다 알고 계시기 때문입니다.

이제 성도들이 드려야 할 예배나 기도의 품격을 높여야 합니다. 자질구레한 불평과 자신을 위한 이기적인 기도만이 아니라, 아름다운 자연환경과 건강한 육체, 그리고 찬양으로 영광 돌릴 수 있는 시간을 주신 것에 감사하는 기도로 변화해야 합니다.

그 변화에 있어서도, 하나님께서 당부하신 '매뉴얼'을 잘 따라야 합니다. 인간들의 편의를 위해 제작된 기계, 선박, 항공기, 자동차, 그리고 가전제품 역시 '매뉴얼'을 따르지 않으면 큰 낭패를 당하지 않습니까?

그리고 교회 안에서는 모두가 맡은 자리에서 직분에 따라 각자 소임을 '매뉴얼'에 의해 실행해야 할 것입니다. 목사로, 전도사로, 장로로, 집사와 권사, 그리고 평신도로서, 창조주 하나님의 '매뉴얼'을 벗어나서는 절대로 살 수 없음을 알아야 합니다. 좌로나 우로나 치우치지 말고 전적으로 그분을 신뢰하며, 사랑하고 늘 감사하며 행복한 삶을 살아야 한다는 '매뉴얼'을 지켜야 합니다.

우리 믿음의 동역자들은 하나님께서 주신 놀라운 선물, '매뉴얼'을 가슴판에 새기고, 주시는 명령을 지켜 행하며, 서로 사랑하는 마음으로 즐겁고 행복하게 예배드리며, 기쁨으로 찬양하고 전적으로 그분만을 바라봅시다. 이 '매뉴얼'을 늘 숙지하여, 날마다 나를 내려놓는 귀한 오늘의 삶이 되기를 소망합니다.

보게 된 맹인처럼… 당당한 믿음

"대답하되 그가 죄인인지 내가 알지 못하나 한 가지 아는 것은 내가 맹인으로 있다가 지금 보는 그 것이니이다(요 9:25)."

요한복음 9장을 요약해 보면, 이를 기록한 요한은 맹인(어둠)을 쫓아내신 예수님의 권능과 맹인의 변화에 초점을 맞추고 있습니다. 예수님은 세상의 빛이셨습니다. 맹인은 부모와 바리새인들의 위협에도 자기가 직접 체험한 구원에 대한 사건을 말했습니다. 그의 메시아관은 점점 분명해지고 확신에 찼습니다. 그러므로 한 사람의 구원은 지식과 행동에까지 개혁과 변화를 추구하게 됩니다.

당시 유대인들은 일반적으로 사람의 질병이나 재난, 죽음 등이 자신의 죄나 부모의 죄 때문에 발생한다고 믿었습니다. 우리나라 사람들도 예나 지금이나 무슨 일이 잘못 되면 모든 것을 '조상 탓'으로 돌리고, 잘 되면 '자기 탓'으로 공을 돌리지 않습니까?

당시 로마나 유대 사회에서는 '침'이 눈병을 치료해 주는 약으로 사용되었다고 합니다. 우리도 간혹 벌에 쏘이거나 모기에 물렸을 때, 간지럽거나 따가울 때, 상처가 날 때 종종 침을 바르고 진흙을 발랐던 시절이 있었습니다. 지금도 간혹 침을 바르고 진흙을 바르는 분들을 볼 수 있고, 진흙으로 피부질환을 치료하거나 고운 피부를 위해 진흙을 사용하는 분들도 있습니다. 진흙은 화장품 연료로 사용되기도 합니다.

진흙은 빛깔이 붉고 차진 흙을 말합니다. 보통 벽돌은 진흙과 모래, 석회 따위를 버무려 높은 온도로 굽습니다. 진흙으로 만든 이 팩은 유분 제거 능력이 탁월해 지성 피부에 효과적이라고 합니다. '침'은 수분점액 단백질 무기염류 및 소화요소인 아밀라아제로 구성돼 있으며, 입안을 돌면서 음식 찌꺼기, 세균 세포 및 백혈구를 모은다고 합니다.

사람의 입에서 매일 1-2리터의 침이 분비된다고 합니다. 침은 다양한 기능을 하는데 ,주로 입안을 매끄럽게 하고 축축하게 함으로써 말을 할 수 있도록 도우며, 음식물을 약화시키거나 반고체로 변화시킴으로써 맛을 느끼게 하고 음식물을 보다 쉽게 삼킬 수 있도록 해 주며, 특히 세균의 감염을 억제하는 효과가 탁월하다고 합니다.

그 시대는 안식일이면 일하는 것은 물론, 약의 사용도 금지됐습니다. 그래서 예수님께서는 소경에게 진흙을 발라 실로암 못에 가서 씻으라고 합니다. 이러한 기적의 치료 방법을 통해, 유대인들의 형식주의와 권위적 사고를 지적하십니다.

약을 쓰지 않았지만, 치료는 일어났습니다. 이렇게 안식일에 소경의 눈을 뜨게 하셨지만, 아무도 그를 믿지 않았습니다. 오히려 부모는 두려워하여 아들에게 책임을 돌리려는 논쟁을 벌이기도 했습니다.

하나님으로부터 온 사람은 안식일을 지킬텐데, 예수님께서 안식일에 병을 고쳤으니 그가 하나님께로서 온 사람이 아니라고 그들은 말했습니다. 하나님께로서 온 사람들만이 날 때부터 맹인 된 사람을 고칠 수 있는데, 예수님께서 그 일을 하신 것은 그가 하나님께로서 온 사람임을 이미 증명하고 있는 것입니다.

더구나 바리새인들은 맹인이 눈을 뜬 것이 사실이 아니며, 요술을 부리거나 일종의 속임수가 분명 깔려 있을 것이라고 생각했을 것입니다. 하지만 맹인은 이미 예수님을 선지자로 호칭했으며, 그를 다시 부른 유대인들 앞에서 맹인이던 자신이 지금은 볼 수 있다는 사실을 분명하고 당당하게 진술함으로써, 예수님이 죄인이 아니라 하나님께로부터 오신 분, 곧 메시아임을 증거했습니다.

하지만, 바리새인들은 눈앞에 펼쳐진 사실을 애써 부인하며, 안식일에 관한 모세 율법의 권위를 존중한다고 말합니다. 예수는 이 안식일의 법을 무시하고 깨뜨렸으니, 우리는 그가 어디에서 왔는지 알지 못한다고 합니다. 그가 하나님께로부터 왔을 리가 없다는 것입니다.

눈앞에서 일어난 사건도 인지하지 못하고, 오래 동안 지니고 가두었던 사고를 털어내지 못한 것입니다. 과거로부터 쌓여온 병폐와 위선에서 탈피하지 못하며, 장차 임할 새 세상을 바라보지 못하는 지도자들 때문에, 많은 백성들이 고달픔의 연속에서 벗어나지 못하고 고난과 고통의 비참함 속에 소망 없이 살아가고 있습니다.

우리 신앙인들은 맹인의 믿음을 본받아, 의심치 않고 두려워하지 않는 주의 군병들이 돼야 할 것입니다. 옳은 믿음을 갖고 과감히 증거할 수 있어야 하며, 거짓된 풍설과 낭설에 현혹되지 않고 오직 주님만 믿고 따르는 참 그리스도인들이 돼야 할 것입니다.

예수님 당시 눈을 뜨는 것을 직접보고도 믿지 못하는, 감동 없는 삶의 연속에는 늘 좌절과 불행의 그늘에서 희망 없는 삶만 되풀이할 뿐입니다. 이렇듯 오늘날 한국교회 안에는 현대판 바리새인과 맹인의 부모처럼, 암울한 신앙생활을 하시는 분들이 너무 많아 안타깝습니다.

버려야 할 구습을 버리지 못하며, 내려놓아야 할 것들을 내려놓지 못하고, 두 손과 마음으로 굳게 붙잡고 있는 병폐들을 과감히 청산하지 못하며, '이대로가 좋다'며 안주하는 신앙인들 때문에, 한국의 기독교가 앞으로 나아가지 못하고 늘 제자리걸음만 반복하고 있는 것은 아닐까요.

오래도록 믿어온 우리 신앙인들이 획기적인 변화를 추구하지 않으면, 앞으로 기독교는 낭패를 당하고, 미래를 열지 못하는 뒤처진 종교로 전락할 것입니다. 책임 있는 교회 지도자들과 노회, 총회의 지도자들께서는 말로만 변화를 외칠 것이 아니라 실제 가슴에 와 닿는 변화를 추구하셔야 합니다.

잘못된 법은 과감히 수정하고, 미래희망적인 제안은 과감히 수용해야 합니다. 자신들의 잇속을 위해 변화를 뒤로 미루며, 양들을 불공평하게 대우하거나 아파하는 이웃들을 외면한다면, 장차 오실 그리스도께서는 "난 너희들을 도무지 모른다"고 하시며, 소나기 같은 무서운 징벌을 내리실 것을 명심 또 명심해야 합니다.

그러므로 우리는 맹인과 같은 믿음과 확신의 눈으로, 당당히 맞서 싸우는 참 평안의 그리스도인이자 당당하고 용맹스런 십자가 군병들이 돼야 할 것을 잊지 말아야 하겠습니다.

두려워하지 않는 믿음

종교개혁자인 마르틴 루터는 성서학자이자 언어학자라고 합니다. 그는 독실한 신자였던 아버지와 어머니의 믿음을 본받아 종교개혁을 일으켰습니다. 그것이 전 세계에 남긴 역사적 파장은 실로 엄청납니다. 그 종교개혁의 첫머리에 서 있는 인물이 바로 마르틴 루터였던 것입니다.

16세기 중세 사회는 급격한 변화를 겪기 시작했습니다. 당시 중세 사회를 떠받치는 세 가지 버팀목이던 봉건제도와 길드, 장원경제 등이 급격히 해체되면서 자본주의 경제가 출현하기 시작했습니다. 이러한 사회 경제적인 변화에 따라 교회 역시 변화 해야 했지만, 교회는 급격한 사회 변화에 적응하지 못하면서, 그 세력이 급격히 쇠퇴하기 시작했습니다.

이런 쇠퇴와 비례하여 교회의 타락상들도 속속들이 모습을 드러내기 시작합니다. 이름만 성직자일 뿐, 가장 기본적인 도리마저 외면하는 사람들이 많아지면서 가톨릭교회에 대한 불신을 낳기에 충분했습니다.

면죄부 판매 등 교황청의 부패를 보고 비텐베르크 대학교회 문 앞에 이를 반박하는 '95개조 반박문'을 붙여 교황청에 루터는 정면으로 대응했습니다. 교황에서 파문당하고 사형당할 위기에 처했으나, 지지자들에 인해 사면을 받습니다. 이후 은거하며 라틴어로 된 신약성서를 독일어로 번역함으로써 교회를 재건하여, 루터파를 조직하여 활동을 하다 1546년 여행 도중 숨을 거두었습니다.

루터는 기독교 신앙에서의 권위와 그리스도에 대한 믿음, 하나님의 은혜를 통한 구원을 강조하였으며 이는 믿음만으로, 은혜만으로, 성서만으로(sola fide, sola gracia, sola scriptura)라는 말로 함축 할 수 있습니다.

중세 시대, 교회의 타락상을 보고 정면으로 반박했던 루터의 용기 있는 믿음에는 든든한 여호와 하나님이 계셨습니다. 하나님을 확실히 믿고 신뢰하며 오직 정의를 위해 개혁을 단행했던 그는, 오늘날 개신교 역사에서 가장 빛나는 성직자의 한 반열에 올라 존경을 받고 있습니다.

루터의 빛나는 개혁과 수많은 성직자들과 지도자들의 헌신적인 노력으로, 이 땅 수많은 이들에게 그리스도의 복음이 전파되었습니다. 하지만, 오늘날 많은 성직자와 지도자들 중에는 주님의 뜻과는 무관하게 자신의 뜻으로 교회를 치리하는 분들이 있어 실로 안타까울 뿐입니다.

신앙인들에게 삶의 의미는, 모든 순간을 통해 예수님을 만나고 체험하는 것입니다. 기쁘고 행복한 순간 하나님께 감사를 드리고 영광을 돌리듯, 고통의 순간에도 그 고통을 통해 예수님의 십자가에 동참해야 합니다. 예수님께서 지셨던 십자가는 가장 이해할 수 없는 고통일 것입니다. 죄 없는 분이 가장 무서운 죄를 지은 자들에게 주어지는 형벌인 십자가형을 주님께서는 아무 조건 없이 감당하셨습니다.

주님께서 선택하신 제자들마저 등을 돌리며 배신하고, 열렬히 환호했던 수많은 사람들은 분노에 가득한 목소리로 예수님을 죽이라며 함성을 질렀습니다. 예수님은 결국 나무 형틀에 달려 고통당하며 숨을 거두셨습니다.

그리스도인의 고통은 바로 십자가입니다. 우리 신앙인들의 고통 역시 단순히 견디거나 버텨야 하는 순간이 아닙니다. 그것을 통해 십자가에서 처참하게 돌아가신 주님을 만나는 시간입니다.

참을 수 없는 고통을 허락하신 하나님의 사랑을, 십자가를 통해 그 뜻을 기리고 찾으며 실천하는 신앙인들이 되어야 합니다. 그 고통을 함께 동참한다면 예수님의 고통을 이해하고 그 의미를 깨달을 수 있을 것입니다.

하지만 오늘날, 교회는 주님의 십자가를 잊어버리고, 내가 주님이 되어 신앙생활을 하고 있어 문제입니다. 예수님께서는 사회의 약자들과 소통하시고,

그들이 바라고 원하는 것들을 이해하시며 함께 나누는 삶을 실천하셨습니다. 예수님께서 좋아하는 사람들은 교회 지도자들이 아니라, 가난하고 소외되고 힘없는 약자들과 고아와 과부들이었습니다. 그들을 도우시기를 즐겨하셨음을 깊이 깨달아야 합니다.

교회 안에는 자신의 잇속을 챙기기 위해, 자기 목적을 달성키 위해 갖은 수단과 방법을 동원하여, 많은 양들에게 상처를 주고 있습니다. 심히 한탄스러울 뿐입니다. 세상에서도 보기 드문 치졸하고 형편없는 각본으로 교회를 좌지우지 하는 것을 보노라면, 정말 주님을 신뢰하고 믿는 신앙인들인지 묻고 싶을 뿐입니다.

지난번 이단성 문제로 교회를 그렇게 시끄럽게 하고 많은 재정을 탕진하며 성도들이 떠나가는 고통을 겪은 지 얼마 되지 않아 또 다시 교회를 어지럽게 하는 무리들 때문에, 교회는 교회가 아니라 개인이 운영하는 회사 같은 어처구니없는 실상을 드러내고 있습니다. 그리고 상급기관에서 조차 그 대열에 합류하여 일을 꾸미는 성직자들도 보기에 심히 민망할 따름입니다.

입으로는 루터의 개혁을 논하면서도, 실제로는 개혁에 동참하는 것이 아니라 오히려 교회를 봉건적인 장소로 만들고 있습니다. 현 시대에는 복음을 전하기가 매우 힘듭니다. 지도자들의 끝없는 노력과 희생 없이, 주님께서 부탁하신 복음은 제대로 전해질 수 없습니다.

주님께서 전하라고 하신 복음에는 관심이 없고, 오직 자신들이 누리는 명예와 권력에 맛을 들여 교회를 다스리고 있는 꼴이 너무나 속상합니다. 그 가운데 원로들과 은퇴 지도자들은 교회의 어린 양떼들을 생각지 않고 그들과 생각을 같이 합니다. 도무지 이해가 되지 않는 현상입니다. 시대는 눈코뜰 수 없을 만큼 빠르게 변화 하는데, 교회는 조선 시대에 머물고 있음이 실로 안타까울 뿐입니다.

돈 있고 힘 있는 몇몇 분들 때문에 교회가 망가지고 있습니다. 또 다시 주님을 십자가에 못 박으라고 소리치렵니까? 또 세 번씩 부인하시렵니까? 은 30에 내 믿음을 팔아 훗날 후회하시렵니까?

제발 자신을 내려놓고, 루터의 종교개혁의 의미를 깊이 이해하시기를 바랍니다. 복음을 위해 거룩한 순교하신 이 땅 선배들의 용기 있는 믿음을 배워, 교회로서의 사명을 잘 감당하기를 소망합니다.

꼬부랑길과 좁은 문

옛부터 우리나라는 금수강산이라 부릅니다. 국토의 3분의 2가 산으로 둘러싸여 있고, 강과 시내로 이어져 있는 천혜의 아름다운 나라입니다. 꼬부랑길이라 함은, 이리저리 많이 구부러져 나 있는 길을 말합니다. 여린 말은 고부랑길이고, 큰 말은 꾸부렁길이라고 합니다.

국토가 거의 산으로 둘러져 있어, 길은 매우 협착하여 사나운 절벽 사이로 사람들은 이 마을 저 마을을 찾아다니며 농사지은 것들을 팔기도 하고 필요한 것들을 사기도 하며, 때로는 날이 저물어 중간에 주막에서 하룻밤을 묵어가기도 하며, 민박도 합니다. 지금 시대라면 상상조차 할 수 없는 이야기입니다.

산골짜기마다 들려오는 산새 소리와 폭포수 떨어지는 함성, 그리고 저마다 자태를 뽐내는 나뭇잎들의 사치스런 소리와 흐르는 물줄기의 메아리는 좁은 길의 정겨움을 잘 말해줍니다.

그 좁은 길에는 마음이 가난한 사람들의 발자취가 그려져 있고, 사랑으로 가득한 향기가 꼬부랑길을 따라 좁은 문으로 들어갑니다. 그 길에는 고통과 힘듦이 있으며, 누구도 가지 않으려 하는 숲길이기도 합니다. 아무도 가지 않는 그 길을 따라 가야만 산삼이 보여지는 것입니다.

성경 말씀에 "좁은 문으로 들어가라 멸망으로 인도하는 문은 크고 그 길이 넓어 그리로 들어가는 자가 많고, 생명으로 인도하는 문은 좁고 길이 협착하여 찾는 자가 적음이라(마 7:13-14)"고 했습니다. 만약 우리나라에 산이 적고 평탄하고 넓은 길이 많았다면, 사람들은 좁은 길을 이용하지 않았으리라 생각됩니다. 넓은 길에는 아주 편리한 도구가 많기 때문입니다. 에스컬레이터도, 엘리베이터도 있을 것이고, 때로는 철도나 항공기, 배를 이용하기도 할 것입니다.

그 넓은 길을 가다 보면, 나를 유혹하는 것들을 흔히 볼 수 있습니다. 재래시장이 아닌 백화점에는 주차장이 준비돼 있고, 여름에는 서늘하며 겨울에도 따뜻하여 고객들을 유혹하기에 아주 좋습니다. 그리고 넓은 길에는 수많은 죄악으로 물들어 분간할 수 없을 정도의 볼거리가 제공돼, 사람들을 유혹하여 죄를 생산하기도 합니다.

그 가운데 거짓말과 탐욕, 사치와 향락이 춤추며, 마약과 사기꾼들의 탈을 쓴 이리들이 우글우글 하는데도 구별할 수 있는 능력이 부족하여, 계속해서 넓고 편안한 길을 찾아 가고 있습니다. 그 길을 넓고 행복해 보이는 길로 착각해 넘쳐나고 있음을 한탄할 뿐입니다.

좁은 문을 향해 가는 길은 협착하여 찾는 이가 적다고 했습니다. 이 문을 통하여 들어가는 길은 고난의 길이요 가시밭길이지만, '말세에 의인을 보겠느냐' 말씀하시는 주님은 이 길을 선택하는 사람들이 적으나, 곧 이 길을 따라 참고 인내하며 가는 사람들은 생명으로 가는 길이 될 것이며, 면류관이 기다리는 최후 승리의 길임을 오늘 우리들에게 알려 주십니다.

"거짓 선지자들을 삼가라 양의 옷을 입고 너희에게 나아오나 속에는 노략질하는 이리라". 하나님의 말씀에 어긋난 교훈과 도덕적·윤리적으로 불건전한 생활이나 행위 등을 보며 거짓 선지자들을 분별할 것을 교훈하십니다.

과연 그 거짓 선지자는 마지막 심판대 앞에서 거짓으로 말할 수 있겠습니까? 그들 스스로 자신에게 속은 자들입니다. 누가 감히 진리를 말하면서 거짓으로 행한다면, 어떤 의미에서 그 역시 거짓 선지자입니다. 그러므로 각각 자기 이웃뿐 아니라 자신의 성찰을 통해, 자기 관리를 철저히 해야 할 것입니다.

이 세상에 있는 좋아 보이는 모든 것들이 다가 아닙니다. 눈에 보이지 않는, 저 영원한 세상에서 주님과 함께 영원복락을 누리는 참 평안의 삶이 있기에, 보이지 않는 내 안의 삶 속에서 참 행복을 맛볼 수 있는 것입니다.

한평생 살아봐야, 인생의 수가 강건하면 80이라고 성경은 말씀하고 있습니다. 100세 시대를 맞이하여 150세까지도 바라보는 장수 시대를 맞이했습니다. 그러나 영원의 세계에는 시간 개념이 없으며, 시간을 정할 수도 없는 시공

간과 넓은 세계에서 영원히 주님을 찬양하는 천국을 향한 좁은 길을 지나면, 주님께서 미소 지으시며 '이제 오느냐' 하시며 기다리고 계심을 믿어야 할 것입니다.

좁은 문을 향한 길은 협착하고 길이 작고 좁습니다. 그 작은 길을 가는 사람들은 길이 좁고 위험함을 알기에 함께 걸어가며, 서로 나누기도 하고 양보하며, 부정적이 아닌 긍정적인 마음으로 서로를 믿고 의탁하여 목표를 향해 한 걸음 한 걸음씩 더디 나아갑니다.

그러한 믿음의 협동으로 비록 보잘 것 없는 삶이지만, 자신을 낮추며 겸손한 마음으로 차근차근 선을 행하며 나아갈 때, 천국의 열쇠는 바로 좁은 길, 꼬부랑길을 가는 사람들이 아닐까요?

넓은 길에서는 서로 앞다투어 차지하려고 달려들며, 싸웁니다, 명예를 얻고 부와 권력을 누리며, 자신의 욕망을 채우려 갑질을 하며, 사치스런 향수 속에 부귀영화를 누리겠다고 사람을 죽이기까지 하는 넓은 길은, 부모도 없고 형제자매도 없는 음부의 길임을 알아야 합니다.

더 웃음거리는 거짓 선지자의 말씀에 순종한 성도는 천국으로 가지만 거짓 선지자는 천국을 차지하지 못하고, 거지 나사로 이야기처럼 부자는 음부의 세계에서 바라다보며 이를 갈고 있다는 것입니다.

그러므로 우리 신앙인들은 총회장, 노회장, 이사장, 대표회장, 이생의 자랑과 명예와 권력들을 주님께서 지신 십자가 뒤로 물리고 이웃의 아픔을 함께하며, 내 자아를 내려놓고 꼬부랑길을 따라 "좁은 문으로 들어가라" 명령하시는 주님의 말씀을 고요하게 묵상하며 이를 실천하는 주님의 행복한 군병들이 되기를 소망합니다.

더 좋은 것을 선택하는 신앙인들

　성경에 나오는 인물들 중 하나님께서 인간들에게 특별히 주신 선물 중에는 선택 할 수 있는 자유를 허락하셨습니다. 특히 가인의 잘못된 선택의 비극적인 사건으로 시작하여, 에서와 야곱, 사울과 다윗 그리고 예수님께서 십자가에 달리시기 전, 빌라도 총독은 예수님을 석방하기를 원했지만, 대제사장과 바리새인, 그리고 많은 군중들이 예수님 대신 바라바를 선택하여, 실로 영원히 씻을 수 없는 안타까운 비극적인 사건을 만들고 맙니다.

　예수님께서 십자가에 달리실 때도, 두 강도 중 한 강도의 옳은 선택은 참으로 오묘하고 신비스런 선택이며 천국을 차지하는 놀라운 역사의 주인공이 되어 믿음의 후손들에게는 소망의 본보기가 되어 지금까지 전해져 오고 있습니다.

　오순절 성령의 역사가 불길같이 일어나 많은 사람들이 세례를 받고 예수님을 영접했던 놀라운 사건들이 일어날 때, 그들은 서로 물건을 통용하고 재산과 소유를 팔아 나눠 쓰며 신앙의 공동체뿐 아니라 삶의 공동체를 이루며 살았습니다.

　그러나 아나니아와 삽비라 부부는 성령의 뜨거운 감동을 받아 자기들의 소유를 팔아 공동체에 바치기로 했지만, 그 마음속에 사탄의 침투로 인해, 판 것에 일부를 감추고 일부만 사도 앞에 내어 놓았습니다.

이 사실을 안 베드로는 "아나니아야, 왜 성령을 속이느냐? 왜 거짓말을 하느냐?" 라고 꾸짖자 아나니아는 그 자리에서 즉사합니다. 부인인 삽비라도 남편이 성령을 속여 즉사한 사실을 모르고 남편인 아나니아가 말한 그대로 속이므로 즉사하고 마는, 어처구니없는 사건이 지금도 우리에게 좋은 교훈으로 전해지고 있습니다.

지금 한국교회 안에는 지금도 아나니아와 삽비라 같은 부부들이 많다는 사실이 안타깝기 그지없습니다. 성령을 속이며, 이 모든 것이 하나님의 뜻이라고 늘 입버릇처럼 쏟아내는 함성을 듣다 보면, 진실이 사라진 거짓과 가면으로 가득 메운 공동체 같기도 합니다.

그러나 성경에 나오는 부부 중에는 브리스길라와 아굴라 같은 아름다운 부부도 있습니다. 아굴라는 노예의 신분인 반면 브리스길라는 명문가 출신이었습니다. 사도행전에 따르면 이들의 직업은 천막을 제조하는 직업이었고 바울역시 사도가 되기 전 천막을 제조하는 일을 했으므로, 서로 소통하는 과정에는 어려움이 없었을 것으로 추측해 봅니다.

브리스길라와 아굴라 부부는 성경에 5번이나 언급되며, 바울의 사역에 절대적인 협력자가 되는 놀라운 선택을 합니다. 그리고 우연히 아볼로의 강의를 듣고 잘못된 강의임을 알고, 자신의 집에 초대하여 성경말씀을 제대로 가르치며 풀어주기도 하는 등, 성경 지식에도 상당히 해박했음을 보여줍니다. 사도 바울도 그 부부를 전적으로 신뢰하기를 주저하지 않았습니다.

심지어 바울은 이 부부에게 '나의 동역자'라고 합니다. "브리스길라와 아굴라에게 문안하라, 저희는 내 목숨을 위하여 자기의 목이라도 내어 놓았나니 나뿐아니라 이방인의 모든 교회도 저희에게 감사하느니라(롬 16:3-4)".

과연 신앙인들 가운데 진정 하나님을 위해 목숨 걸고 사명을 감당할 분이 과연 몇이나 될까요? 브리스길라와 아굴라 부부는 하나님을 더욱 사랑하고 신뢰하기 위해 고달픈 이사를 3번씩이나 했습니다. 하나님 중심적인 믿음의 생활이었고, 마치 해바라기가 해만 바라보듯 부부는 전적으로 주님만 바라보는 신앙이었습니다.

예수님 당시, 두 자매의 이야기가 성경에 나옵니다, 마르다와 마리아 자매의 이야기는 우리 신앙을 점검할 수 있는, 아주 귀감이 되는 본보기입니다.

예수님께서 진심으로 바라는 것은 "당신의 말씀을 듣고 실천하는 것"입니다. 하지만 마르다는 예수님이 자신의 집에 찾아오셨기에, 시중을 들기 위해 분주하게 애를 많이 씁니다. 그러나 정작 들어야 할 주님의 음성에는 관심이 없었습니다. 이런 마르다에게 예수님께서는 "많은 일을 염려하고 걱정하고 있다"고 야단을 치십니다.

이와 달리 마리아는 그 분의 발치에 앉아 말씀에 귀를 쫑긋 하여 마르다의 시중을 모르는 채, 주님의 음성에만 열중을 합니다. 인간적인 생각으로 봐서는 분명 마리아의 행동이 선한 것이 아닐 수 있습니다.

그러나 예수님께서는 마리아에게 "좋은 몫을 선택한 사람"이라 단언하시며 칭찬하십니다. 사람의 중심을 꿰뚫어 보시는 예수님께서는 두 자매 중 누가 올바른 자세를 가지고 있는지 잘 알고 계셨기 때문입니다.

이 이야기를 읽으면서, 종종 마르다에게 감정이입이 되는 분들을 보기도 합니다. 손님맞이에 분주할 때 도와주지 않고, 얄밉게 손님 발치에 앉아 노닥거리는 이들이 못마땅했던 경험이 있으신 분들도 있을 것입니다.

하지만 이야기의 핵심은 자기 방법대로가 아닌, 주님께서 원하시는 방법대로, 곧 주님의 말씀에 귀를 기울이고 실천하는 것이 중요하다는 것을 말해주고 있는 것입니다. 남들이 일할 때 눈치 보며, 요령을 피우거나 협력하지 않은 것을 말하는 것이 아닙니다. 실제 누가복음 6장 46-49절은 주님의 말씀을 실천해야 함을 강조하는 말씀이며, 다만 실천할 때 누구의 뜻을 실천해야 하는지를 명확하게 말씀 해주시는 대목입니다.

특히 누구를, 무엇을 선택해야 옳은 일인지를 잘 증명해 주는 주님의 말씀이며 뜻이기도 합니다. 물론 손님에게는 융숭한 대접으로 임해야 합니다, 하지만, 더욱 중요한 것은 주님께서 원하시는 참 뜻을 헤아리는 일이 옳은 선택임을 잘 알아야 하겠습니다.

작금의 한국교회는 주님의 뜻에 관심이 없이, 자신들의 명예와 권력과 이생의 자랑으로 가득 채워져 있습니다. 교회 공동체 안에는 사탄들의 놀이 장소로 변해가는 것 같기도 하여 심히 마음이 무겁고 괴롭기도 합니다.

우리 모든 신앙인들은 목사와 장로, 그리고 권력과 돈, 명예를 얻으려는 선택이 아니라, 내가 비록 평신도 일지라도 오직 주님만 바라보며, 서로의 믿음을 점검하는 친교 속에, 나아가 아파하는 세상에 주님의 긍휼을 나누고 그들에게 진정한 주님의 사랑을 전하는 올바른 선택을 해야 하겠습니다,

다시 한 번 더 강조합니다, "화있을진저 양떼를 버린 못된 목자여 칼이 그의 말과 오른쪽 눈에 내리리니 그의 팔이 아주마르고 그의 오른쪽 눈이 아주

멀어 버릴 것이라 하시니라(슥 11:17)."

이 말씀은 사악한 지도자들로부터 학대받는 이들 에게는 큰 위로가 되는 말씀입니다. 하나님께서는 목자로부터 버림받은 당신의 눈물과 괴로움을 닦아주시고 어루만져 주실 것이며, 목회의 부름을 받은 청지기직을 남용한 자들에게는 하나님의 의로운 진노의 심판을 시행할 것을 말씀해주고 있는 것입니다.

그러므로 하나님의 뜻을 자신의 뜻으로 이용하는 목사와 장로들의 말에 아멘으로 입술 잔치를 할 것이 아니라, 오로지 주님만을 선택하여 나의 믿음의 생활이 변질되지 않도록 늘 점검해야 합니다. 뿐만 아니라 작은 일에도 최선을 다하여 충성하여 곧 다가올 주님의 재림에 기쁨과 환희로 맞이할 영광의 때를 위하여 말씀에 귀를 기울이며, 실천하는 삶을 사는 주님의 십자가 군병들이 되어야 하겠습니다.

벧엘로 올라가는 신앙의 약속

창세기 34장에 나오는 사건은 히위 족속 세겜이 야곱의 딸 디나를 겁탈하고, 이에 분노한 시므온과 레위가 성의 모든 남자들을 할례를 빌미로 살육하는 비극적인 사건입니다.

이 사건은 야곱이 형 에서의 위협으로부터 피해 있다 다시 고향으로 돌아올 때, 벧엘에 '하나님의 전'을 짓겠다고 한 맹세를 행하지 않고, 세겜에 머물러 안주하다 야곱 일가에 내려진 하나님의 진노의 징벌이자 경고였습니다.

야곱은 가나안 땅에 들어섰을 때, 아브라함이 취했던 행동을 본받아 하나님에게 단을 쌓았습니다. 그 이름은 엘엘로헤이스라엘, '하나님은 이스라엘의 하나님이시다'라는 뜻입니다. 야곱은 밧단아람에서 곧장 벧엘로 가야 했지만, 중간에 세겜에서 장막을 치며 거주하다 뼈아픈 사건을 체험하고 말았습니다.

사고를 저지른 세겜과 그의 아버지 하몰은 그 일에 대해 깊이 반성하거나 사과하지 않았고, 오직 디나와의 혼인을 허락해 준다면 어떠한 대가라도 지불하겠다고 말합니다. 이 같은 몰염치한 태도는 야곱 아들들의 마음을 더욱 격분하게 만들었습니다. 후에 시므온과 레위는 세겜이 마치 여동생을 창녀같이 취급했다고 말합니다. 돈을 주기만 하면 언제라도 함께 즐길 수 있는 창녀와 같다고 생각했던 것이 사고를 부른 것입니다.

하지만, 이런 엄청난 사건이 일어났는데도 야곱은 함구합니다. 오히려 "악취를 내게 하였도다"고 했는데, 이는 '화를 입게 했다, 수치를 당하게 했다, 욕을 먹어 마땅하게 했다'는 뜻도 됩니다. 어떤 학자들은 야곱이 윤리적 차원에서 시므온과 레위의 행위를 책망하지 않고, 그들이 저지른 사건으로 말미암아 자신에게 미칠 위험만을 생각한다고 비난합니다.

창세기 49장 6-8절에서는 야곱이 직접적으로 아들들의 악한 행동에 대해 언급하면서, 그들의 행위는 저주를 받을 만한 것이라고 했습니다. 이 경우 그들의 살육은 어느 면으로 보나 끔찍한 죄악이기 때문에, 창세기의 기자는 고의적으로 야곱의 책망을 생략했을 수 있다고도 보는 것입니다.

이 사건은 오늘날 우리 교회들 안에서 많은 생각을 하게 합니다. 야곱이 곧장 벧엘로 갔더라면 이런 사고를 미연에 방지했을 수도 있었습니다. 하몰의 아들 세겜도 디나를 만나지 않았을 것입니다.

하몰의 아들 세겜이 디나를 정말 사랑하고 마음에 두었더라면, 사고를 치기 전 먼저 가서 혼인을 청했더라면, 이런 사고를 사전에 막았으리라 필자는 생각합니다. 사고 후 이 사실을 알게 된 시므온과 레위도 속히 가족에게 알려 서로 소통을 했더라면, 슬기롭게 해결했으리라 봅니다. 하지만 '욱' 하는 급한 성격 때문에 비참한 사건을 체험하게 됩니다.

그리고 사고를 당한 동생 디나를 이용해, 할례를 받도록 유혹합니다. 당시 할례는 주변 민족들 간에도 공공연하게 행해졌습니다. 특히 야곱은 가진 소유가 대단히 많아, 주변 사람들이 탐낼 정도였다고 합니다.

그러므로 세겜 사람들은 별 의심이나 저항감 없이, 할례를 행하자고 하는 제안을 순순히 받아들인 것입니다. 그리고 디나를 욕보인 세겜은 야곱의 재산 많음을 보고 나중에는 그것을 취하자고까지 합니다.

시므온과 레위는 저들을 죽이고 그 성에 있는 모든 것을 취하기 위해 할례를 요구하여 그들이 원하는 바를 모두 성취합니다.

세겜과 야곱의 아들 간의 물고 물리는 잔꾀 속에서, 시므온과 레위가 이긴 것입니다. 팥죽 한 그릇으로 에서에게 장자를 뺏은 야곱의 잔머리가 자손들에게까지 영향이 있나 봅니다.

특히 야곱에게 벧엘은 뜻깊은 장소입니다. 벧엘은 야곱이 형 에서를 피해 밧단아람으로 내려갈 때, 하나님께서 그에게 처음으로 자신을 나타내셔서 야곱을 안심시키며, 보호해 주실 것을 약속하셨던 장소였습니다. 이 사건을 기념하기 위해 그는 그 곳에 기둥을 세웠던 것입니다.

그리고 하나님의 복을 받아 안전하게 고향으로 돌아오게 되면, 그 기둥 위에 '하나님의 전'을 세우겠다고 서약했던 곳이기도 합니다. 그 약속의 이행을 위해 야곱은 이제 벧엘로 올라갑니다. 이것은 곧 디나의 사건이 하나의 큰 동기부여가 되었을 것으로 추정해 봅니다.

여기서 우리는 죄를 지었으면 응당 거기에 상응하는 사과와 회개가 반드시 뒤따라야 함을 배웁니다. 일을 저질러 놓고도 오히려 당당하게 더 큰 것을 쟁취하려는 교만함과 탐욕에는 늘 화가 뒤따른다는 것은 결코 잊지 말아야 할 교훈입니다.

믿음의 조상들도 많은 시행착오를 겪습니다. 교회 안에서도 마찬가지입니다. 우리는 '신'이 아니고, '하나님'을 사랑하는 성도요 종들입니다. 종들은 주인의 말씀에 순종하고 그에 따른 모든 것들을 믿고 의지해야 합니다. 종이 교만하여 주인 행세를 한다면, 주인의 마음은 얼마나 아프고 고단하시겠습니까?

요즘 시대, 교회 안에서 행해지는 일들을 보노라면 참으로 안타깝습니다. 자신들의 목적에 부응하지 않는 성도에게 교회를 나오지 말라고 하며, 자신들의 목소리를 청종하지 않는다고 개개인에게 전화를 해서 위압감을 주거나 공포 분위기를 조성하기도 합니다. 지도자들의 그 어리석은 교회 정치에 환멸을 느끼며 떠나가는 성도들도 있습니다.

한 영혼이 천하보다 귀하다면서 많은 경비를 들여 총동원 전도주일을 하면 무슨 소용이 있습니까? 사람을 귀하게 여기지 않는, 감동 없는 잔치에는 늘 사탄들이 우글우글할 뿐입니다.

야곱이 하나님과의 약속을 이행하기위해 그 큰 화를 감내하며 벧엘로 올라간 사실에 대해서는 어찌 함구하십니까? 하나님 앞에서 한 약속은 엄격하게 지켜져야 합니다. 자신들이 함께 약속하고 설정하여 놓은 사실을 왜곡하며 지키지 않는다면, 야곱이 서약했던 일을 잊고 안주한 탓에 하나님으로부터 진노를 불러일으킬 것입니다. 이 참혹한 현실 가운데, 우리는 하나님 앞에 서약하고 맹세했던 약속들은 목숨을 내놓는 한이 있더라도 반드시 지켜져야 합니다.

목자와 지도자들의 잘못된 행동에 눈치를 보거나 함구하며, 잘못을 저지르는 지도자들 편에서 동조하는 일이 일어난다면, 나머지 많은 양떼들에게 상처와 절망을 줄 것입니다. 그것은 고스란히 하나님의 마음을 힘들게 하며 아프게 하는 것 아닐까요?

하몰의 아들 세겜의 교만함, 시므온과 레위의 교만함과 탐욕이 부른 슬픈 사건은 많은 사람들이 처참히 죽임과 괴로움을 당했다는 역사의 교훈을 줍니다.

모든 신앙인들에게 경종을 울리는 이 사건을 통해, 우리는 진실하게 회개하며 뉘우쳐야 할 것입니다. 그리고 우리 모두는 하나님께 서약하고 맹세했던 벧엘로 반드시 올라가야 할 것입니다.

제7장

거짓 없는 신앙인들

욕심이 망친 성경 인물들

욕심(慾心, greed)이라는 명사는 '어떠한 것을 정도에 지나치게 탐내거나 누리고자 하는 마음'을 뜻합니다. 쉽게 말해 무언가를 바라는 마음, 그리고 얻고자 하는 마음을 뜻합니다. '욕심은 부엉이 같다'는 속담은, 욕심이 매우 많다는 말입니다.

동물들에게는 욕심이 없습니다. 배가 고프면 즉시 해결할 뿐, 더 이상 욕심을 부려 다른 동물들을 잡아먹는 일이 없습니다. 하지만 인간의 욕심은 끝이 없고 한계가 없습니다. 그렇기 때문에 인간은 잠시의 만족은 있을 수 있으나, 오래도록 지속되는 행복을 누릴 수 없는 것입니다.

욕심의 주위에는 늘 사탄들이 우글거리며, 인간들의 심령을 유혹하여 죄를 생산케 하기 위해 24시간 항시 대기하고 있음을 알아야 하겠습니다.

인류의 조상인 아담과 이브는 남부러울 것 하나 없는 아름다운 낙원에 살았지만, 간교한 사탄의 유혹으로 욕심이 발동하고 말았습니다. 결국 하나님께서 금지하셨던 선악과를 따 먹으므로 교만하여, 인류 역사 최초로 불순종의 죄를 생산한 범인으로 지목됐고, 이는 지금까지 우리를 괴롭게 하고 있습니다.

욕심의 대명사는 사울 왕이지요, 그는 왕권을 다윗에게 옮겨갈 것을 두려워 한 나머지, 다윗을 죽이려고 혈안이 되었습니다. 수단과 방법을 가리지 않고 헛된 수고를 했지만, 결과적으로 비참한 죽음과 장자인 요나단까지 죽음으로 몰아넣는 안타까운 사건을 초래하고 말았습니다.

아말렉과의 전쟁에서 불순종으로 전리품을 챙겼던 아간의 최후는 또 얼마나 불행했습니까? 북왕국 이스라엘 왕인 아합은 이스르엘 사람 나봇의 포도원을 탐내 자신에게 팔라고 간청합니다. 하지만 나봇은 조상으로부터 물려받은 포도원을 지키기 위해 거절합니다. 아합 왕이 포도원을 얻지 못하여 고민하는 것을 부인인 이세벨이 보고, 나봇에게 거짓 누명을 씌우고 모함하여 돌로 쳐 죽여 포도원을 아합 왕에게 바친 사건도 있었습니다. 그의 최후 역시 비참한 죽음이었습니다.

다윗왕은 아끼고 사랑했던 부하의 아내를 취하고, 적과 전쟁 중에 있던 그 부하를 불러들여 사건을 포장하려 합니다. 부하에게 융숭한 대접을 청했으나 거절하고 돌아간 부하를 전쟁 중에 죽일 것을 명령하고 부하의 아내를 취했던 다윗은, 자신이 저지른 죄를 선지자 나단의 충고를 듣고 깊이 회개한 결과, 하나님으로부터 용서를 받아 후광을 얻은 사건은 이세벨과 대조를 이룹니다.

다윗의 셋째 아들 압살롬은 아버지의 왕권을 차지하려는 무모한 욕심으로 비참한 최후를 맞습니다. 다윗의 아들 암논은 압살롬의 누이 다말을 욕심냈습니다. 다윗의 형 시므아의 아들인 요나답은 간교한 사람으로, 암논을 꾀어 압살롬의 누이인 다말을 겁탈하여 압술롬에게 비참한 최후를 맞게 했습니다. 야곱의 딸인 디나를 욕심낸 하몰의 아들 세겜 때문에, 그 성 안에 있던 모든 백성들은 비참하게 생을 마감했습니다.

예수님께서 활동하시던 시절, 삭개오는 세상 욕심으로 부를 채웠습니다, 하지만 그는 주님을 만난 후 토색하여 얻는 재물을 도로 나눠주며, 많은 재산을 가난한 이들을 위해 사용하겠다고 말합니다. 그의 놀라운 회개는 우리 신앙인들이 본받아야 할 것입니다.

반대로 권력의 욕심으로 예수님을 모함하여 죽였던, 당시 율법학자들과 대제사장들 그리고 바리새인들, 눈치 보며 동조했던 수많은 군중들, 그리고 은 30냥에 자신의 주인인 그리스도를 팔아넘긴 가롯 유다의 최후는 얼마나 불행했습니까?

세상에 수많은 종교들이 있지만, 이들 대부분이 욕심은 금물이라고 합니다. 특히 성경에서는 욕심은 죄이고, 죄의 결과는 사망이라고 합니다.

그리고 욕심이란, 끝이 없는 아주 못된 놈입니다. 무슨 일을 하든지 시작과 끝이 존재하는데, 욕심은 시작은 있지만 끝이 없다는 것이 문제입니다. 특히 욕심은 무게로 치면 측량할 수 없는 무거운 존재입니다. 그리고 욕심은 착각과 환상에서 벗어나지 못합니다.

욕심은 자기 자신을 속이고, 또 속으면서 합리화합니다. 욕심은 사물을 제대로 보지 못하고 판단력이 흐려지게 합니다. 늘 자신의 뜻에 유리한 방향으로 생각하며, 눈을 뜨고도 앞을 보지 못한 채 지금 현실 속 이익에만 몰두하게 하여, 먼 미래를 바라보지 못합니다.

욕심이란 병에 걸리면, 수술이나 약으로도 치료할 수 없음을 하루속히 깨달아야 합니다. 욕심을 치유할 수 있는 비결은, 오직 하나님 앞에 진심어린 회개 기도를 하고, 자신의 내면을 비워내는 것만이 욕심의 병에서 이겨내는 것입니다.

세상의 욕심으로 권력과 돈, 부동산과 주식, 명예와 출세, 그리고 장수하기 위한 많은 보양식이나 영양분들을 채우려 무던히 애를 씁니다. 하지만 이것들만 가지고는 절대로 행복해질 수 없음을 신앙인들은 깨달아야 합니다.

즐겁고 행복한 삶을 누리는 것은 오직 한 분이신 여호와를 경외하며, 그를 사랑하고 그의 말씀에 순종하며 살 때 가능합니다. 이것만이 최대의 기쁨이요 행복임을 성경을 통해, 그리고 많은 신앙 선배를 통해 배워야 합니다.

죄 가운데 제일 무서운 것이 바로 욕심입니다. 모든 죄는 인간의 욕심에서 시작되는 것이므로, 우리는 욕심을 품지 않는 정화된 마음으로 살아가야 합니다. 그러기 위해 정직한 신앙생활, 남을 배려하는 신앙생활, 자기를 낮추며 이웃을 높이는 신앙생활을 해야 합니다. 상대방을 존중하고 사랑하며, 이웃의 아픔을 내 아픔같이 품고 살아가야 합니다.

교회는 주님께서 모범적으로 손수 행하시고 말씀하셨던 사랑으로 가득해야 합니다. 물론 많은 사람들이 모이는 공동체이므로 별별 사람들이 다 모이는 곳이기도 하지만, 욕심을 비워내도록 모두가 한 마음으로 이어 간다면, 교회 안에는 따스한 사랑의 향기가 가득해질 것입니다.

고집과 아집, 그리고 교만과 자랑은 사라져야 합니다. 이 모두가 욕심으로부터 시작되는 암적 존재입니다. 교회를 개인 소유물처럼 마음대로 좌지우지하는 이들을 볼 때, 참으로 안타깝기 그지없습니다.

특히 교회 안에는 시기와 모함이 없어야 합니다. '서로 사랑하라'는 주님의 명령을 순종하는 신앙인들이 되어, 자신을 높이는 일과 자신을 드러내는 일과 교만, 권력, 돈, 명예를 위해 고군분투하는 시간들을 쫓아내야 합니다.

책임질 일이 있으면 떳떳하게 책임을 감수하고, 물러서야 할 때를 정확하게 진단하여 물러서는, 용기 있는 지도자가 돼야 공동체를 살릴 수 있습니다.

'나 없으면 안 된다'는 얄궂은 사고방식은 버리고, 한 점 부끄럼 없는 마무리를 통해 후배들과 공동체의 발전을 도모하고, 우리는 고요히 뒤안길로 서서히 사라지는 것이 바람직합니다.

참된 주님의 평화를 위해 오늘 하루도 욕심 없이 충만하시길 축복합니다.

양심을 팽개친 신앙인들

'양심(良心)'이란 선악을 판단하고 선을 명령하며 악을 물리치는 도덕 의식입니다. "한 점 양심의 가책이나 부끄러움이 없다"고 말하듯, 자기가 행하거나 행하게 되는 일, 특히 나쁜 행위를 비판하고 반성하는 의식을 말합니다.

양심은 헬라어로 '쉬네이데시스'라고 하며, '쉬'는 함께, '네이데시스'는 본다는 뜻입니다. 그러므로 쉬네이데시스는 '함께 같이 본다'는 뜻입니다.

오늘날 이 땅에 사는 모든 인류는 함께 같이 보았습니다. 무엇을 함께 보았느냐, 하나님의 형상을 보았습니다. 때문에 일말의 양심을 통해 옳고 그른 것을 스스로 판단할 수 있으며, 하나님께서 주신 양심을 제대로 사용하고 있는지 우선 나부터 돌아볼 필요가 있습니다.

사전을 찾아보면, 양심이란 '어떤 행위에 대하여 옳고 그름. 선과 악을 구별하는 도덕적 의식이나 마음'이며, 크게 3가지로 분류됩니다. 먼저 '두 개의 서로 다른 마음', 둘째 '겉 다르고 속 다른 마음', 셋째 '심성을 수양함'입니다.

우리가 흔히 사용하는 속담 중 '귀 막고 아웅, 눈 감고 아웅한다'는 것도 있고, '그 사람은 양심도 없는 사람이야!'라는 말도 합니다. 어떤 일에 대한 옳고 그름, 선과 악을 판단할 도덕적 의식이 없는 사람이라는 뜻입니다.

기독교에서, 양심은 마음에 새긴 율법이라고도 합니다. 그러므로 태초에 하나님의 형상대로 사람을 지었다고 할 때, 그 심상에 하나님의 선하고 온전하신 것이 무엇인지를 알 수 있도록 그 율법을 이미 마음에 새긴 것입니다. 최초 하나님께서 인간을 창조하신 아담과 하와는 간교한 사탄의 유혹으로 그만 하나님께서 주신 양심을 멀리하고, 욕망의 늪에 빠져 후손들에게 씻지 못할 상처를 제공했습니다.

다윗은 나단으로부터 질책을 받은 후 양심의 가책을 느껴 신실하게 회개했고, 그 결과 하나님으로부터 용서함을 받아 더 큰 축복으로 열매를 맺었습니다. 이 이야기는 후손들에게 참 아름다운 기업으로 지금까지 전해오고 있습니다. 반면 아나니아와 삽비라가 베드로의 질문을 받았을 때 하나님이 주신 양심을 잘 활용했다면, 그러한 참변을 당하지 않았을텐데 하고 생각해 봅니다.

아브람과 이삭은 부인으로 인해 자칫 화를 당할 것을 두려워한 나머지, 부인을 '누이'라고 속이는 양심 없는 행동을 합니다. 아마도 부전자전 인 것 같기도 합니다. 은 30냥을 받고 자신의 스승이자 구세주이신 예수님을 팔아넘긴 가롯 유다는 결국 양심의 가책을 느껴 괴로움으로 자살을 선택하고 말았습니다. 이 슬픈 역사는 주님께서 재림하시는 그 날까지 후손들에게 경종을 울려주는 교훈이기도 합니다.

가롯 유다는 은 30냥을 도로 갖다주면서 인간적인 양심으로 자살을 선택하기까지 그 마음이 참으로 고단했을 것입니다. 진실로 주님을 향한 회개를 선택했더라면 얼마나 좋았을까 하는 마음도 간절합니다.

하지만 작금의 한국교회 안에 가룟 유다보다 못한 신앙인들이 많다는 사실에, 참으로 서글퍼지기도 합니다.

양들을 보호하려고 애쓰며 양들의 억울함과 양들의 고통을 함께하고 위로해야 할 지도자들이 오히려 양들을 내쫓는 교회가 있으니, 참으로 어처구니없고 놀랍기도 하며 슬프기까지 합니다.

도대체 왜 이런 현상이 일어나는지, 지금은 박해를 받는 로마 시대도 아니고 오직 은혜를 누리며 행복을 누려야 할 때인데, 오히려 신앙인들이 로마 시대보다 못한 신앙생활을 하고 있습니다. 실로 어처구니없는 오류를 범하고 살고 있는 것이 정말 놀라울 뿐입니다.

목사는 재판장이 되어 양들을 재판하고 출교시키려 온갖 만행을 저지르며, 자신과 코드가 맞지 않는 사람은 다른 교회로 가라고 공공연하게 말합니다. 자신과 코드가 안 맞는 신자들에게 "다른 교회로 가라"며 양을 내몰고 있는 주의 종이 있다니, 어쩌다 이 지경까지 왔는지, 올해가 종교개혁 500주년이 맞는지 구별조차 무색하게 만듭니다.

강단에서도 자신과 코드가 맞지 않은 사람들은 사탄이나 불순한 사람들이라고 몰아세웁니다. 이런 목사를 따르지 않는 성도들이 문서를 통해 이를 알리려 하니, 그 문서를 괴문서라고 하며 신천지에서 하는 수법이라고 강단에서 소리칩니다. 어제 했던 말과 오늘 하는 말이 전연 다르며, "나는 그런 말을 한 사실이 없다"고 양심 없이 오리발을 내밉니다.

장로와 목사 정년은 총회법상(예장 통합)으로 70세입니다. 그러나 당회원들의 합의로 후배들을 위해 65세에 조기 은퇴를 하기로 하여, 이미 8년 동안 많은 분들이 조기 은퇴를 감행했음에도 불구하고, 약속을 어긴 채 양심 없는 태도로 돌변하여 꼼수를 앞세워 다시 70세로 정년을 올림으로써 교회 안에 어려움을 당한 곳이 있어 참으로 안타깝기도 합니다.

이런 양심 없는 지도자들 때문에, 많은 양떼들은 흩어지기 시작합니다. 교회를 바로 세우기 위해 불철주야 아낌없이 봉사하시는 분들에게, 시무정지와 출교를 단행하려 하고 있습니다. 교회가 마치 법원이나 검찰 같기도 합니다.

누가 누구를 정죄한단 말입니까? 주님께서는 간음하다 현장에서 잡혀온 여자에게도 정죄하지 않는다고 하셨습니다. 하물며 자신들이 양심을 저버리고 빚어진 사태를 포장하면서 이리나 늑대로 둔갑하여 성도들을 내몰고 있으니, 이를 어떡합니까?

그를 추종하는 목사와 장로들은 사건의 주범들 말만 듣고 오히려 그들의 편에서 함께합니다. 당회원들 모두에 의해 생긴 사건의 경우 당회를 거치지 않고 상급기관에 곧바로 고소할 수 있는 제도를 만들어야 함에도 불구하고, 총회는 이를 무시하고 반드시 당회를 거쳐야 하는 악법을 폐기하거나 수정 보완할 의사가 전혀 없어 보입니다.

뿐만 아니라 정년과 은퇴 문제로 교회에 빚어지고 있는 사태에 대해, 노회나 총회에서는 불구경하듯 자신들의 안위만을 추구하며 함구하고 있습니다.

법이란 약자를 보호하는데 의의가 있지만, 교회법은 그렇지 못한 것 같습니다, 사회법은 약자를 위해 법을 수정 보완하려는 노력이라도 하지만, 기독교는 이러한 변화에 전혀 관심이 없어 보입니다.

해마다 선거 때만 대면 변화와 개혁을 외치지만, 노회나 총회가 끝나고 나면 언제나 그랬듯 양심 없는 태도로 돌변합니다. 목사님들이 내려놓을 것은 내려놓아야 하는데, 오직 자신들의 잇속만 차리려다 보니 법은 개정되질 않습니다. 장로들 역시 마찬가지입니다.

모세의 장인인 이드로는 모세가 힘겨운 업무를 처리하는 모습을 보고 획기적인 아이디어를 냈습니다. 십부장, 오십부장, 백부장, 천부장 제도를 만들어 업무를 효율적으로 할 것을 제안해 이를 실시하므로 모세의 과다한 업무가 해소됐으며, 오늘날 조직과 인사제도에 획기적인 영향을 끼쳤음을 왜 모르시는지요.

지금 사회는 너무나 빠르게 변화하고 있는데, 오늘날 교회는 구시대적 발상에서 탈피하지 못하면서 타종교보다 뒤떨어져 가는 현상이 두드러지게 나타나고 있습니다. 안정적인 부흥을 원한다면, 먼저 자신을 내려놓아야 합니다. 사도 바울처럼 나는 "날마다 죽노라"는 신앙과 함께, 자신의 많은 학문과 자랑거리는 모두 배설물처럼 여기는 정신을 가져야 합니다. 강단에서 설교만 이렇게 외칠 것이 아니라, 지도자들 모두가 함께 배우고 실천해야 할 것입니다.

양심은 하나님께서 인간들이 죄를 짓기 전, 필터의 역할을 하는 아주 중요한 기능으로 주신 것입니다. 그런데 신앙인들은 그 양심이라는 필터를 거치지 않고, 곧바로 죄를 생산하며, 거침없이 자연스럽게 도모합니다. 우리에게는 양심의 가책이 있어야 합니다. 가책 없는 양심은, 죄 짓는 일에 감정 없이 무감각한 상태로 돌변하게 하여 많은 사람들에게 깊은 상처를 주기도 합니다.

신앙인들이라면 더욱 신앙양심을 갖고 살아야 할 것입니다. 나보다 못한 이들을 위해 나를 내려놓고, 이웃 간에 필요 없는 고집과 아집을 버리며, 하나님께서 인간들에게 주신 양심을 통해, 교회 안에서부터 세상 끝까지 주님의 아름다운 신앙양심을 이웃과 세상을 위해 내뿜어야 하겠습니다. 그러기 위해서는 내가 먼저 양심으로부터 구속되어, 나 자신부터 하나님과 성도들의 신실한 종임을 잊지 말아야 하겠습니다.

천국의 CCTV… 우리의 은밀한 죄까지도

CCTV(Closed Circuit TeleVision)란 특정한 수신자에게 특정 장소의 영상을 전송하는 텔레비전 방식 유선 텔레비전을 통해 특정 장소와 화상을 전송하는 전송 시스템을 가리키며, 특정인만이 영상을 볼 수 있기 때문에 폐쇄회로 텔레비전이라 합니다. 흔히 범죄 예방을 위한 검사 카메라로 사용되며, 산업 교육 등 많은 분야에 활용되고 있습니다.

성경은 은밀한 죄가 드러나는 날이 올 것이라고 말씀하십니다. 사람들 눈에는 반듯하게 보일지 모르지만, 하나님 보시기에는 악한 행동일 수 있습니다. 자신의 유익과 명성을 얻기 위해 갖은 포장으로 신실하게 보이려 하는 것입니다. 이는 세상의 CCTV만을 의식하여, 하나님의 세심하고 은밀하고 완전

무결한 '천국의 CCTV'를 보지 못하는 어리석은 신앙인들인 것입니다.

특히 겁 없는 사람들은 자신을 마음껏 드러냅니다. 자신이 교회를 위해 일하는 아주 귀한 일꾼이라고 합니다. 하지만, 거짓은 다 드러납니다. 세상의 CCTV만으로도 드러나는데, 하물며 천국의 CCTV는 아주 미세한 먼지 하나까지 크게 드러남을 알아야 합니다.

사람들을 현혹해 우선 속아 넘어가는 것 같지만, 하나님께서 친히 간섭 하시면 때는 이미 늦습니다. 우선 곶감이 달다 해서 좋을지 모르지만, 죄의 시작은 먼저 달콤한 유혹입니다. 그 달콤한 유혹에는 늘 뱀이 도사리고 있다는 사실을 깨달아야 할 것입니다.

"주는 그리스도시요 살아계신 하나님의 아들"이라고 말한 베드로는 예수님으로부터 칭찬을 얻습니다. 백부장은 하인의 병을 고치기 위해 주님께 부탁합니다. 주님께서 자신의 집까지 오시기를 감당치 못한다고 고백하며, 말씀만 하시면 하인의 병을 고쳐 주실 것을 확실히 믿는다고 했습니다. 결국 그는 예수님으로부터 엄청난 칭찬을 선물로 받는 놀라운 사건을 경험했습니다.

예수님께서 활동하셨던 시대나 지금의 시대나, 우리 믿는 성도들은 주님께 칭찬을 듣는 신앙생활을 해야 합니다. 주님께서 우리 눈에 안 보이신다 해서, 거짓말을 하거나 약속을 지키지 않는다거나 권력으로 이웃을 불행하게 하는 것은 옳지 않습니다. 교회 안에는 늘 따스한 미소와 위로가 가득해야 합니다, 긍휼히 여기는 마음과 행복이 넘쳐흐르는 곳이 되어야 합니다.

요즘에는 학생들도 자신이 저지른 행동에 대해 지적하면 반성이나 뉘우치지 않고, 하지 않았다는 거짓말과, 그것도 모자라 오히려 증거가 있느냐고 따집니다. CCTV를 켜서 자신의 행동을 보여주면, 그제서야 못이기는 체 하지만, 끝내 잘못을 시인하지 않고 그저 잠시 꼬리를 내릴 뿐입니다. 이처럼 자신의 행동에 대해 무책임함을 떠나 양심까지 부패해서 어디서부터 손을 써야 할지 참으로 암담합니다.

이처럼 오늘날 교회 안에서도 양심까지 속여 가며 권력을 누리는 이들이 있어, 참으로 안타깝기 그지 없습니다. 자신을 위해 모든 회무처리를 진행하고서도, 말바꾸기와 함께 약속했던 것까지 꼼수를 써 가며 자신의 목적 달성을 위해 파기하려 하는 지도자들이 있음을 참으로 슬프게 생각합니다.

힘 있는 지도자들에게는 말 한 마디 제대로 못하는 신앙인들도 있습니다. 참으로 고단한 신앙생활입니다. 우리가 주님을 영접하고 주님을 믿는다고 확신한다면, 그 무엇이 두렵고 무서울까요? 그 앞에서 말문을 열지 못하고 아부하다, 그 사람이 없으면 뒤에서 욕과 험담을 합니다.

그런 사람들은 예수님의 뒤를 따르다 자신이 원하는 것을 획득치 못하면, 다른 권력들과 함께 오히려 예수님을 정죄하며 십자가에 못 박으라고 소리치는 군중들과 같은 신앙인들입니다.

교회 안에서도 하나님이 아닌 자신의 뜻대로 모든 것을 좌지우지하려는, 비신앙인들보다 못한 이들이 많아 참으로 안타깝습니다. 성도들에게 모범이 되고 비신앙인들에게 존경받아야 할 지도자들이, 자신이 저지르고 있는 사실을 인지하지 못하고 점점 다른 길로 가는 가고 있으니 실로 민망하기도 합니다.

인간이 만든 CCTV에는 지극한 관심을 가지면서, 보이지 않는 하나님의

CCTV는 왜 두려워하지 않을까요? 참으로 답답합니다. 성도들을 품고 보듬으며 사랑하고 행복하도록 이끌어야 할 지도자들이, 오히려 성도들에게 상처를 주고 성도들 가슴에 못을 박습니다. 이런 지도자들 때문에, 교회는 점점 교회로서의 사명에서 멀어지고 있습니다.

교회 안에서 내 뜻대로 되지 않는다거나 자기 편에 서지 않는다 해서 그 사람들을 멀리하고 배척하려 한다면, 크리스천 지도자로서 자격이 없는 것 아니겠습니까?

뿐만 아니라, 교회 안에서 지나친 경쟁과 명예욕으로 권력을 누리려는 이들도 있습니다. 자신의 욕심 때문에 주변에 있는 사람들에게 불만과 불편을 제공하고 일을 그르치기도 합니다.

그들은 자신의 권력을 위해 지나친 경쟁과 힘든 시간을 소모하고 있다는 점을 알아야 합니다. 그 시간을 그렇게 힘들게 사용하지 말고, 오히려 감사와 찬송의 시간으로 바꿨으면 좋겠습니다. 자신의 권력 유지보다는, 주님께서 선택하신 성도들을 더 생각하고 사랑해야 할 것입니다.

이 세상에 올 때는 모두 빈손으로 왔다가, 갈 때도 빈손으로 갑니다. 무엇을 더 가지려고 그렇게 고단한 삶을 영위합니까? 내 생명보다 더 귀한 것이 어디 있겠습니까? 지금의 지위, 명예, 재산, 이 모든 것도 하나님 뜻에 따라 맡겨진 것들입니다. 이 모든 것들을 영원히 자신의 것처럼 붙잡고 매달린다면, 참으로 어리석은 집착에 불과합니다.

자신이 가지고 누리는 모든 것들을 하나님께 돌려 드리고 나를 진정 내려놓을 줄 안다면, 지금 누리고 있는 모든 것에 하나님께 감사할 따름일 것입니다. 스스로를 명예와 권력의 집착에 가두고 불안과 불만에 찌들고 쌓이지 말고, 모든 것들을 주님께 맡기고 주님께로 나아가는 시간을 감사와 찬양으로 즐기고 살아간다면 성공한 신앙인이 될 것입니다.

그리고 인생의 목표가 자신의 이익을 위한 이기적인 것이 되어서는 안 됩니다. 자신의 목표에는 주님을 향한 믿음이 전제돼야 하고, 그 믿음 안에서 아파하는 세상을 향한 긍휼히 여기는 마음 또한 품어야 하겠습니다. 분별 없는 세상 명예와 권력에 사로잡힌다면, 그것은 집착이요 시간이 흐를수록 커져가는 죄악의 구렁텅이로 몰아가게 될 것입니다.

특히 교회 일을 할 때도 능력과 절차 대신 내 뜻에 맞는 방식을 고집하는 지도자들과 신앙인들이 있다면, 다른 사람들에게 큰 부담으로 돌아오게 됩니다. 능력에 어울리지 않는 직위나 재산을 탐하는 일 등은 모두 자기 집착에서 비롯된 것임을 깨달아야 합니다.

돈으로 모든 것을 얻을 수 있다는 착각도 버려야 합니다. 요즘은 물질만능 시대라, 교회에서도 돈 많은 사람들이 교회 권력을 누리고 있습니다. 돈이 없다고 힘까지 빼앗아가는 돈 많은 신앙인들을 보노라면, 주님의 CCTV를 보여 주어야 정신을 차릴까 하는 생각도 듭니다.

우리 믿는 신앙인들은 백부장처럼 예수님께 칭찬 듣는 믿음의 신앙인이 되어야 하겠습니다. 서로가 동역 자 되어 합심해서 기도하고 찬양하며, 나눔과 베풂의 정신으로 이웃을 돌아보고, 내 안에서 역사하시는 주님의 사랑을 아파하는 세상을 향해 널리 전파해야 하겠습니다.

명예와 물질의 욕망에서 벗어나

필자의 어린 시절, 1960년대에는 참으로 배가 고팠습니다. 점심시간 당시 꽤 잘 산다는 아이의 도시락을 구경하노라면, 무척 먹고 싶었습니다. 밥 위에는 노랗고 하얀 계란이 있었으며, 반찬은 빨갛게 고추장 양념으로 만들어진 오징어가 매우 탐스럽게 보여, 먹고 싶은 마음에 입이 저절로 벌어지기도 했습니다.

그래도 자존심은 있어, 먹어보자는 말을 차마 꺼내지 못했던 시절이었습니다. 몰래 도시락을 훔쳐먹는 친구가 있는가 하면, 수돗물로 점심을 대신 한 친구들도 있었습니다. 그래도 그 시절에는 인간미가 철철 넘쳤고, 서로의 인간관계가 좋았던 시절이었습니다.

살기가 수월해지고 먹는 음식들이 차고 넘치며 의식주가 풍성해졌지만, 언제부터인가 불편함을 전혀 느끼지 못하고 살아가는 요즘 시대를 보면서, 배고픔과 헐벗음 속에서 살았던 그 시절이 가끔 그리울 때도 있습니다.

물질만능의 시대에 찾아오는 문제들 때문에, 너무 많은 것을 잃어버리고 있습니다. 영양과잉으로 비만과 운동부족도 그렇지만, 그저 편한 것만 고집하는 요즘 젊은 세대들은 아버지 세대들이 가꾸어놓은 세상을 그저 하늘에서 떨어진 것처럼 전혀 느끼지 못하고 살아갑니다. 심히 통탄스럽습니다.

교회 안에서조차 물질의 유혹 앞에서 넘어지는 성도들이 많습니다. 그 물질의 유혹에는 잘못된 '믿음의 소화불량' 때문에 많은 상처를 제공하고, 서로 불신 속에서 으르렁거리며 신앙생활을 하는 교회와 성도들이 많음을 볼 때 너무나 안타깝습니다.

교회의 직분을 가지고 서로 쟁취하려고 하는 모습들은 더욱 아이러니 합니다. 직분은 계급이 아니라, 당번임을 아셔야 합니다. 교회 내 일들에 있어 유용하게 시간과 물질을 절약하고, 행정상 모든 일들을 빠르고 손쉽게 하기 위해 직분을 정해놓은 것입니다. 그러나 마치 직분을 계급장으로 여겨, 그 직분을 서로 쟁취하기 위해 고군분투하는 모습들은 실로 가관입니다.

안수집사와 권사, 그리고 장로회장과 노회장, 총회장이 되기 위해 그리스도인이라는 것조차 잊고 신앙생활을 하는 분들을 많이 봅니다. 주님께서도 열두 제자를 옆에 두고 일하신 것은, 복음의 활용을 위해 각자 책무를 나눠 서로의 편리와 불협화음을 막기 위한 것이었습니다. 그리고 소통과 나눔의 진리를 가르치기 위해서였습니다.

교회 안에서 크고 인기 있는 직분이 따로 있는 게 아닙니다. 모든 직분은 주님 안에서 하나같이 소중한 것입니다. 직분을 이용하여 성도들을 현혹해서는 안 될 것이며, 물질이나 권력을 이용해 교회 안의 성도들을 자기 편으로 만들어 교회를 좌지우지해서도 안 될 것입니다. 교회의 주인은 주님입니다. '주님이라면 어떻게 하실까?' 하는 질문을 많이 하는 지도자들이 돼야 합니다.

특히 명예를 얻기 위해 갖은 수단과 방법을 가리지 않고 행해지는 모습을 보면, 차라리 교회를 떠나고 세상의 명예를 위해 싸우는 게 어떨까 싶습니다. 그 직분과 명예가 천국의 열쇠가 될 수 없습니다. 선한 사마리아인 이야기를 늘 입에 담으면서도, 정작 본인은 돈 없고 힘 없는 성도들에게 눈길도 주지 않는 지도자들도 흔히 볼 수가 있습니다. 과연 지도자로서 태도가 옳은지 묻고 싶습니다.

교회 안에서 진실한 소통과 나눔의 신앙생활은 찾아볼 수 없으며, 힘 있고 권력으로 짓누르려 합니다. 이러한 악순환의 고리를 끊지 않으면, 주님 오시는 날까지 교회는 능력을 발휘하지 못하고, 늘 세상의 뒷편에서 조롱당하는 교회가 돼 주님의 음성을 들을 수 없게 될 것입니다.

우리 신앙인들은 그리스도를 쳐다보며 바라보는 신앙에서, 더 깊이 주님을 체험하고 주님을 사랑해야 합니다. 그것이 세상을 이길 권세 있는 믿음이요, 세상 사람들이 부러워하는 교회의 모습입니다.

나를 위한 이기심, 그리고 내가 원하는 것을 채우기 위해 성도들에게 상처를 주는 행위는 이제 근절되어야 합니다. 먼저 나를 비우고, 주님께 먼저 항복하는 신앙인으로 바뀌어야 합니다. 내 목이 곧아서는 아무 일도 할 수 없습니다. 그것이 계속 이어질 때는 분쟁의 악순환이 거듭될 뿐입니다.

또한 교회 안의 법질서는 반드시 지켜져야 하며, 나의 명예와 이익을 위해 법을 무시해서도 안 될 것입니다. 당회에서 정한 법은 어떤 개인의 이익을 위해 무시되거나 바꿔서는 절대로 안 될 것입니다. 당회의 권위나 신뢰가 무너지므로, 조심스럽게 접근해야 합니다.

특히 명예를 얻기 위해 수단과 방법을 가리지 않는 일부 몰지각한 지도자들 때문에, 고결하고 순결한 성직자들이 적잖은 피해를 입기도 합니다. 주님의 제자 중에는 신실하고 존경스러운 종들이 많습니다. 일부 물질욕과 명예욕에 사로잡혀 주님을 기억하지 못하는 종들 때문에, 오늘날 기독교가 불신자들에게 깊은 외면을 당하며 복음의 씨가 세상에 묻히기 힘들어지는 것입니다.

불교, 유교, 천주교 지도자들의 이름은 세상 사람들도 존경하고 알고 있지만, 개신교에는 존경스러운 지도자들이 많음에도 성도들조차 모르는 분들이 많습니다. 이는 이유가 있습니다. 교회마다 목사님들이 자기 자랑과 명예욕과 물질욕에 사로잡혀, 개신교 역사에 빛나는 존경스러운 분들을 강단에서는 이름조차 거론하지 않고 오직 자신의 자랑만 하고 있기 때문입니다.

주님께서는 사람들에게 잔치의 윗자리와 회당의 높은 자리, 시장에서 문안 받는 것과 사람에게 랍비라 칭함을 받는 것을 좋아한다고 하셨습니다. 그리고 지도자라는 칭함을 받지 말라고 하셨습니다. 지도자는 오직 한 분이시니 곧 하늘에 계신 그리스도시니라 고 하셨습니다.

그리고 주님께서는 예루살렘에서 죽임을 당하시리라 말씀하시지만, 세베대의 아들 야고보와 요한은 주님께서 무엇을 해 주기를 원하느냐고 물을 때 '주의 영광 중에서 우리를 하나는 주의 우편에 하나는 좌편에 앉게 하여 주옵소서'라고 부탁했습니다. 이에 나머지 열 제자들은 화를 냈습니다. 자신들을 제쳐두고 자기 들만 영광을 얻으려 하니, 무척 기분이 상했습니다.

이와 같이 우리 신앙인들은 높은 자리나 명예에 연연하지 말고, 주님의 진지한 말씀에 귀를 '쫑긋' 세워, 날마다 아파하는 세상을 위하는 데 열과 성을 다하면 좋겠습니다. 하찮은 명예와 물질의 욕구에서 탈피해, 주님이 계시는 진정한 영광의 자리를 위해 오늘도 내일도 귀하게 쓰임 받는 종들이 되기를 소망합니다.

위장전입과 그리스도인의 최소한의 양심

약 35년 전, 필자가 항공회사에 근무할 때 있었던 일입니다. 입사 동기생 부인이 제게 와서, 자신의 친척인 오빠 자녀를 우리 집 주소로 잠시 옮겨주었으면 하고 부탁했습니다. 알고 보니 그 분은 군에 있을 때, 선배이며 참 좋은 분이셨습니다.

부탁을 하는 분과 실제로 주소를 옮기는 두 분 모두, 저와 절친한 사이였습니다. 하지만 저는 거절했습니다. 법을 위반하는 것이 아니냐고 되물었습니다. 물론 법을 위반하는 것이지만, 애들 학교 문제로 그러니 전입을 해달라고 거듭 부탁하였습니다.

차마 거절하기 쉽지는 않았지만, 그리스도인으로서 법을 위반해 가면서까지 그 요구를 들어주려니 무척 마음이 괴로웠습니다. 곧바로 냉정을 찾으며 거절을 했습니다. 부탁 하는 분의 안면을 봐서라도 해 주어야 했지만, 저는 원칙을 중요시하는 성미라 과감하게 거절하였습니다. 하지만, 내심 마음은 심히 무겁고 괴로웠습니다.

옛 성인 중 맹자의 어머니는 아이를 위해 세 번씩이나 이사를 했다고 합니다. 부동산 투기를 위해서 한 것도 아니고 오직 아이 장래를 위해서 한 일이니, 그냥 넘어갈 수도 있겠다 싶기도 합니다.

지금 생각해 보면, 그때 그 부탁을 들어줄걸, 하면서 무척 후회가 되기도 합니다. 정직하게 살기 위해 한 일이지만, 그 분들을 생각할 때마다 때로는 가슴 한구석에 마음이 편치 못해 아쉬움이 많이 남기도 합니다.

그때 일이 떠오른건, 요즘 한창인 인사청문회 때문입니다. 저 같은 평범한 회사원도 법을 지키려 노력하는데, 하물며 나라에서 대통령 다음으로 막중한 사명을 감당해야 할 국무총리가 위장전입을 했는데도 국회의원들은 별 근심 없이 무난히 청문회를 통과시키는 것을 보면, 법 앞에 평등해야 한다는 말은 그들이 먼저 하면서, 정말로 백성들을 사랑하고 나라를 위해 일하는 이들인지 묻고 싶을 뿐입니다.

공직자나 성직자는 한 점 부끄러움이 없어야 합니다. 특히 지도자들은 국민을 상대로 속이거나 거짓말을 해서는 안 되는 것입니다. 청문회 때마다 오르내리는 위장전입, 논문표절, 병역문제, 학력위조, 부동산투기, 세금탈루와 성추행은, 이미 공직자로서의 거론조차 하지 말아야 합니다.

청문회 때마다 쏟아지는 이런 문제들은 실수로 저지른 것이 아니라 자신의 이익을 위한 계획된 것이므로 마땅히 퇴출되어야 하며, 처음부터 공직자에 대한 생각을 접었어야 합니다. 공직자로서 최소한의 양심이 있다면, 처음부터 출마해서는 안 되는 것입니다.

청문회 때마다 이런 식으로 통과할 바에는, 차라리 위장전입이라는 법을 없애버리는 것이 오히려 낫지 않을까 싶기도 합니다. 자신들이 야당일 때는 그렇게도 공격을 하며 못하게 하더니, 자신들이 권력을 누리면 아무렇지도 않은 사건으로 생각하는 어리석은 공직자들도 함께 물러나야 합니다. 공직자의 양심은 곧 민심임을 알아야 합니다.

특히 그리스도인으로서 갖춰야 할 믿음과 양심은, 우리 믿는 사람들의 근본임을 알아야 합니다. 세상의 권모술수를 본받아 사용해서도 안 될 것이며,

오히려 세상보다 못한 그리스도인들이 있다는 것이 문제입니다.

하나님 말씀을 절대적으로 순종하고 사랑한다면, 세상의 법은 자연히 함께 이루어지는 것입니다. 자신의 명예와 이익을 위해 수단과 방법을 가리지 않는 무모한 생각과 행동은 삼가야 할 것입니다. 그러므로 그리스도인들은 교회 안과 밖에서 행하는 모든 일에 신뢰가 동반되어야 하며, 정한 약속은 목숨을 걸어서라도 지켜져야 한다는 것입니다.

성경에는 많은 종들이 하나님으로부터 받은 약속을 지켰으며, 또 한 이를 위해 목숨을 내걸고 싸웠던 종들이 있습니다. 그 종들은 하나같이 자신의 이익을 도모하지 않고 백성들을 위해, 자신의 모든 것들을 내어놓으며 하나님의 뜻을 따랐던 종들이 많음을 성경을 통해 배웁니다.

성도 한 사람 한 사람을 주님께서는 천하보다 귀하다고 했는데, 작금의 교회 안에는 실제로 말로만 했지 실행은 전혀 되지 않고 있어, 과연 하나님의 종들인지 구별하기가 쉽지를 않습니다.

그리스도인들이여, 하나님을 왜곡하지 않았으면 좋겠습니다. 더구나 하나님을 나의 뜻에 맞춰 이용하지 말았으면 좋겠습니다. 그리고 주님께서 주신 믿음 안에서 양심을 저버리지 말고, 양심을 사랑하며 신앙생활을 했으면 좋겠습니다.

천국을 차지하는 자

"천국은 마치 밭에 감추인 보화와 같으니 사람이 이를 발견한 후 숨겨두고 기뻐하며 돌아가서 자기의 소유를 다 팔아 그 밭을 사느니라 또 천국은 마치 좋은 진주를 구하는 장사와 같으니 극히 값진 진주 하나를 발견하매 가서 자기의 소유를 다 팔아 그 진주를 사느니라(마 13:44-46)."

보화와 진주, 이 두 비유의 요점은 하나님 나라가 무한한 가치를 지니기 때문에, 다른 모든 소유보다도 귀하다는 점입니다. 어떤 면에서 하나님 나라는 외적 표시나 가시적 영광이 없습니다. 예수님을 따른다는 것은 세리와 죄인의 친구가 되는 것을 의미합니다. 그러나 실상은 하나님 나라의 축복에 동참하는 것입니다.

따라서 그 나라는 다른 모든 소유보다 값진 보화이며, 가치에 있어 다른 모든 것을 능가하는 진주인 것입니다.

오늘 복음서에서 말하는 하나님 나라는 밭에 묻혀 있는 귀한 보물을 발견하고, 가진 것을 다 팔아 그 밭을 산 것을 비유로 말씀하셨습니다. 우리 성도들은 여기서 발견한 것을 그냥 지나쳐서는 안 될 것입니다. 여기서 발견한 것은 깨달음을, 가진 것을 다 파는 것은 결단을, 밭을 사는 것은 실천에 옮기는 행동이라 할 수 있습니다.

하나님 나라에 이르는 과정은 이 세 단계를 거치는데, 사람에 따라 그 시기가 다를 수 있습니다. 어떤 사람은 빨리 발견하여 깨닫는가 하면, 또 다른 사람은 생의 끝에 가서야 진리를 발견하고 깨닫는 사람들도 있습니다.

첫째, 깨닫는 것입니다. 하나님 나라의 신비는 세속적 지식이나 지혜에 의해 깨달아지기보다, 어느 날 우연히 은총의 선물로 주어지는 것입니다. 학식이 많고 지위가 높은 사람이라도, 세속에 묻혀 살게 되면 하나님을 알지 못하고 헛되이 생을 마감할 수 있습니다. 하지만 배우지 못한 사람이라도 참된 삶을 추구하고 진실하게 살려고 노력한다면, 하나님을 쉽게 만날 수 있습니다.

어떤 사람은 성공과 부귀영화 가운데서도 참된 삶의 의미를 깨닫지 못하지만, 어떤 사람은 실패와 좌절과 역경 속에서 삶의 의미를 깨닫고 하나님을 만나기도 합니다.

둘째, 농부가 보물이 묻혀 있는 밭을 사기 위해 가진 것을 모두 파는 단계, 곧 결단의 시기입니다. 사도 바울은 빌립보에 사는 성도들에게 보낸 편지에서 "나는 그리스도 때문에 모든 것을 잃었지만 그것들을 배설물로 여긴다"고 말씀하셨습니다.

내가 가지고 있는 모든 소유, 그것이 물질적인 것이든 정신적인 것이든 기꺼이 버릴 수 있는 마음, 그 정신과 마음은 참으로 주님께서 말씀하신 가난한 마음이요, 참된 기쁨입니다.

어떤 것에도 얽매이지 않고 포기할 수 있는 자유로운 마음입니다. 재물이나 권세나 명예에 대한 애착에서 벗어나지 못하고 여기에 얽매일 때, 신앙인으로서 추해지고 비참해지는 것입니다.

셋째, 깨달음과 결단을 통해 이뤄지는 행동의 단계입니다. 칼로 잘라 버리듯 세속적 인연이나 미련, 애착과 집착을 버리고, 밭을 사는 실천의 단계를 거쳐야 합니다.

이제 농부는 완전한 기쁨으로 주님 안에 머무르게 되고, 세상의 누구도 부러워하지 않는 행복한 자가 될 것입니다. 자신이 꿈꾸고 원하던 것을 모두 얻었으니, 죽어도 여한이 없을 것입니다. 이것은 하나님의 사랑 안에 머무는 사랑의 신비이며 환희의 신비입니다.

특히 사도 바울은 자신의 의를 완전히 포기하고, 그리스도의 의를 소유하려고 노력을 했습니다. 그리스도의 의는 율법을 지킴으로써 얻는 것이 아니라, 오직 믿음으로 말미암아 얻는 것이라고 했습니다.

성도 여러분! 참된 복락과 행복은 하나님 나라의 신비를 깨닫고, 이 신비 속에 온전히 누리기 위해 자신의 모든 기득권과 권력, 명예를 포기하고 교만함을 내칠 때 얻을 수 있습니다. 그때 온전히 자유로워진 해방의 삶을 만끽하며, 천국의 주인이 됨을 비로소 체험하게 될 것입니다.

그러나 오늘날 교회 안에서 '법'을 논하는 분들이 많습니다. 어린 양들을 위한 좋은 의미의 법이 아니라, 기득권 세력들이 자신들의 부귀영화를 위해 그물을 쳐 놓고 자신들이 유리한 방향으로 모든 것들을 이끌고 가려는 법입니다.

어린 양들은 이러한 '갑질' 때문에 숨도 제대로 쉬지 못하고 있습니다. 사회나 교회나 법은 약한 자를 위해 있는 것인데, 오늘날 교회의 법은 기득권 세력을 위한 것이 되어, 신앙양심에서 더 발전하지 못하고 늘 그 자리에 머물고 있어 심히 안타깝고 개탄스러울 뿐입니다.

천국을 차지하는 사람은 마음이 가난한 자라고 했습니다. 숨도 제대로 쉬지 못했던 양들은 이제 오직 믿음으로 하나님에게 모든 것을 의탁하고, 기도

하면서 찬양으로 나아가야 할 것입니다. 고난과 핍박이 나를 괴롭히더라도, 양들은 주님을 끝까지 따르며 나아가야 할 것입니다. 그 후에는 천국을 차지하는 주인으로 바뀌어 영생복락을 누리는 참 아름다운 때가 분명히 올 것이기 때문입니다.

그러므로 모든 성도들은 자신의 소유를 다 팔아, 빈부의 차이가 없고, 사람 간의 차별이 없으며, 명예와 물질욕이 없고, 모략과 시기, 모함 없는 천국의 밭을 모두 사야 할 것입니다. 오늘도 순교하는 마음으로 기도하며 행동합시다.

가라지

사전을 찾아보면, 가라지는 '볏과에 속한 한해살이 풀'이라고 합니다. 명사로는 볏과에 속한 한해살이 풀로, 밭에서 자라며 '강아지풀'과 외형이 비슷합니다.

가라지는 1년생 초본으로 종자를 번식하며, 중북부 지방에 분포하여 들과 하천가에서 야생으로 자라고, 줄기는 분열하여 포기를 이루며 높이는 80-160cm 정도로 자라고 꽃차례는 길이가 10-25cm 정도의 원주형으로 끝이 굽습니다.

'조'와 '강아지풀'의 잡종으로서, 그 형태도 중간입니다. 8-9월에 개화하며 '조'와 '강아지풀'의 잡종으로 전체가 대형이고 소수가 성숙하여도 담녹색이며, 아래로 떨어지고 거센 털만 남는다는 점이 '조'와 다릅니다. 종실은 새 모이로 이용하고 목초로 쓰이기도 하며, 식용으로도 사용됩니다.

가라지는 주로 보리밭에서 자라며, 뿌리의 발육성이 좋아 함께 자라는 보리를 다 싸매며 보리의 성장을 더디도록 합니다. 심지어 보리가 얻은 영양분까지도 다 빼앗아 섭취하므로, 그 키가 보리보다 커서 자기의 우월성을 나타내는 나쁜 종자이며, 열매는 방아를 찍어도 잘 찍어지지 않습니다. 특히 맛이 없고, 텁텁하여 윤기까지 없는 것이 특징입니다.

요즘은 잘 사용되지 않는 말이지만, 옛날에는 사람다운 행실을 하지 않은 사람들을 짐승만도 못한 버러지 같은 사람, '가라지 같은 사람' 이라고 비유하며 욕 대신 사용하였습니다.

"주인이 이르되 가만 두어라, 가라지를 뽑다가 곡식까지 뽑을까 염려하노라 둘 다 추수 때까지 함께 자라게 두라 추수 때에 내가 추수꾼들에게 말하기를 '가라지'를 먼저 거두어 불사르게 단으로 묶고, 곡식은 모아 내 곳간에 넣으라 하리라(마 13:29-30)."

이 비유의 말씀은 예수님의 초림으로 하나님 나라는 이미 임했으나, 악인들에 대한 즉각적인 심판이 유보된 채 선인들과 악인들이 섞여 살다 '세상 끝', 곧 예수님의 재림 때에 최종 심판과 더불어 하나님 나라의 완전한 통치가 이뤄지는 것을 교훈합니다. 그리고 무결하신 예수님의 제자 중에도 '가라지'가 있어, 인류 역사에 씻을 수 없는 큰 상처를 남긴 안타까운 비운의 역사를 제공하였습니다.

필자는 지난해 있었던 일을 잠시 소개할까 합니다, 학교 운동장을 둘러보던 중, 금반지를 주웠습니다. 반지는 대략 2.5-3돈 가량으로 보였습니다. 저는 금에 대한 지식이 없으므로, 습득한 물건에 대해 주인을 찾아주도록 반지를 맡겼습니다. 같이 근무하는 몇몇은 "왜 맡기느냐, 그냥 팔아먹지" 하기도 했습니다.

"내 것이 아니기도 하고, 잃어버린 주인은 얼마나 속이 상하겠습니까" 하고 말씀드렸더니, 그 분들께서는 "역시 교인들은 머가 달라도 다르구나!" 하셔서 내심 기뻤습니다. 그 후, 6개월이 지나도 주인이 나타나질 않아, 학교에서는 저에게 반지를 돌려 주셨습니다. 이제는 제가 반지의 주인이라면서요.

저는 그 날 퇴근길에 두 곳의 금방엘 찾아갔습니다. 한 곳에서는 금을 보더니 값을 너무 적게 쳐서, 다른 가게로 찾아갔습니다. 그 금방에서는 제가 가지고 온 반지를 자세히 살펴본 후, 저울에 달더니 32만 2천 원을 준다고 해서, 주민등록번호와 이름, 전화번호를 기재하고 돈을 받아 집으로 향했습니다. 저는 이 돈을 제가 봉사하는 무료급식단체에 전액 기부하기로 마음먹었습니다.

즐거운 마음으로 집으로 돌아와 방문을 여는 순간, 한통의 전화가 걸려왔습니다. 저는 왠지 이상한 느낌이 들었습니다. 떨리는 마음으로 전화를 받는 순간, 아저씨! 조금 전에 반지를 산 '금방'인데요, 그 반지가 가짜이니 속히 돈을 갖고 오라는 것이었습니다. 저는 너무 당황스러웠습니다. 창피한 느낌과 얼떨한 기분이 교차하는 순간이었습니다.

그 날따라 제가 걸음을 너무 많이 걸어 피곤했던 참인데, 어쩔 수 없이 다시 금방엘 찾아갔습니다. 돈을 돌려주고 장부에 기록되어 있는 제 정보를 지운

후, 씁쓰레한 기분과 무거운 발걸음으로 집에 돌아왔습니다.

와! 전문가가 보아도 속을 정도의 교묘한 반지를 보고 제 손가락에 끼워 보면서, 주님께서 가르쳐주신 가라지에 대한 비유의 참 뜻을 생각하게 되었습니다. 진짜가 아닌 가짜가 판을 치는 세상, 자신들이 옳다고 많은 군중들을 이용하여 죄 없는 주님을 십자가 형틀에 죽음으로 이끈 저 가라지들.

지금 교회 안에 머물고 있는 많은 가라지들도 떠올랐습니다. 하지만 저들은 자신이 가라지인 줄을 모르고 일방적으로 나서서 갖은 간섭을 다 합니다. 오히려 자신들이 알곡이라고 현혹하며, 교만과 권력, 자기자랑으로 많은 성도들을 유혹하고, 믿음의 성도들로 둔갑하여 성도들 위에서 군림하고 있습니다.

이단들의 출입을 저지하기 위해 "추수꾼들의 출입을 금한다"는 내용의 스티커를 교회 문 앞에 붙여놓은 것도 그렇습니다. 믿지 않는 비신앙인들이 볼 때, 기독교에 대한 인식이 좋지 않을 것 같습니다. 분명 주님께서는 가라지도 제거하지 말고 추수 때까지 가만 두라고 분명히 말씀하셨습니다. 오히려 알곡들이 가라지의 유혹에 넘어갈까 염려하고 있는 꼴입니다.

제대로 주님의 뜻을 알리며, 일점일획이라도 가감하지 말고 진실되게 말씀을 전한다면 가라지들의 유혹에 넘어 갈 수 없을 것입니다. 오늘날 지도자들은 말씀다운 말씀을 정확하게 전달하지 못한 채 자신의 의지와 인본적인 사고로 인해, 많은 이리 떼들 속에서 늘 성도들이 이탈될까 불안하고 염려스러운 것입니다.

특히 지도자들은 안일과 무사주의에서 탈피하지 못하고, '가라지'의 편에서 또 다시 주님을 십자가에 못 박으려 하고 있습니다. 늘 힘 있는 목사와 장로들의 편에서 그들에게 아부하며 그들의 말에는 절대적으로 순종하나, 말씀에는 여전히 함구하고 있습니다. 성경에서는 판단하지 말고 네 이웃을 네 몸과 같이 하며 서로 사랑하라고 명령하셨는데, 날이 갈수록 소돔과 고모라 성이 점점 가까이 옴을 느낍니다.

노아의 대홍수가 임박해 오는 세상의 징조가 나타나는데도, 주님을 잃어버리고 자신들의 뜻이 알곡인양 근엄하게 보이도록 노력합니다. 마치 염소가 양처럼 둔갑을 합니다. 까마귀가 백로처럼 말입니다.

하지만, 가라지는 있어야 합니다. 가라지가 없으면, 알곡도 없는 것입니다. 분명 주님께서는 말세에 의인을 보겠느냐고 말씀하셨습니다. 그러므로 갈수록 세상은 더 포학해지고 이기적이며 향락적이 될 것입니다. 이웃을 돌아보려는 가난한 품성은 사라지고, 오직 자신들을 위한 부귀영화를 꿈꾸며 살아가는 저들은 분명 가라지들입니다.

사회 어느 조직이나, 단체에는 가라지들이 분명 존재합니다. 그 가라지들이 있기에 참된 일꾼들이 있는 것입니다. 모두 가라지가 될 수 없고, 모두 알곡이 될 수 없는 것입니다. 그러므로 알곡과 가라지는 함께 가야 하는 운명임을 성경은 우리들에게 교훈해 줍니다.

주님께서 심판 하실 때까지 참고 기다리라는 따뜻한 당부를 우리는 겸손으로 품어, 하루 하루를 진실된 주님의 군병으로 살아가기를 소망합니다.

2017년 4월 10일 부산시 부산진구 경찰서장표창 봉사상

제8장

안목 있는 신앙인들

좁은 길과 넓은 도로

설 명절입니다. 모두들 고향을 찾아 그리운 친지들을 만나는 시간입니다. 우리나라, 삼천리 금수강산은 아름답기로 유명하여, 많은 관광객들이 해마다 찾아옵니다.

그 아름다움에는 많은 푸른 산과 천혜의 계곡, 굽이굽이 흘러내리는 폭포, 대지를 흡족히 적셔 주는 많은 강물이 은물결 반짝이며, 들녘을 가로질러 흐르는 모습은 정겨운 노랫가락 같기도 합니다. 특히 전 국토의 4분의 3이 산으로 덮여 있어, 병풍처럼 바람과 적을 막아 주는 성이 되기도 합니다.

옛 선조들은 과거를 치르기 위해 험준한 산 계곡을 따라, 그리고 꼬부랑 산길로 들길로 봇짐과 지팡이에 힘을 의지하며 다녔습니다. 어머님이 읍내로, 지어 놓은 농산물을 팔러 5일장마다 다니셨던 꼬불꼬불했던 산'길', 아이들이 책 보따리를 허리에 차고, 뛰며 달리던 추억의 산'길', 친구들과 사이 계곡에서 가재 잡고 물장구치며 즐겼던 산'길'….

그 산길을 따라가다 보면, 주위의 아름다움을 많이 볼 수 있었습니다, 비록 가난했던 시절이었지만, 길 따라 다녔던 그 행복했던 시절이 지금도 무척 그립습니다.

시대를 따라 사람들의 욕망으로 인해 산길은 점점 사라지고, 이제 많은 도로가 생겨났습니다. 작은 도로 큰 도로가 생겨날 때마다 그곳에는 굉음이 울리고, 사람들의 이기심에 찬 차가운 전쟁이 시작됩니다.

산길을 다닐 때 바로 옆에서 쏟아져 내리는 하얀 폭포수의 자태를 감상하고, 그 속에서 친구들과 물장구치며, 서로 등을 밀어 주고, 고무신으로 물싸움 하던 그 시절이 가슴 저리듯 그리워집니다. 하지만 여기저기 도로가 생겨나면서 인간들의 욕망은 더 거칠어지고, 인간관계도 점점 멀어져 가며, 보아야할 것들을 보지 못하게 됩니다. 당장 눈앞에 아른거리는 물욕에 급급해 사나운 도로로 광야 같은 마을로 변질되어 가는 모습을 볼 때면, 여기가 사하라 사막인가 싶기도 합니다.

성경에 나오는 인물들 중에도, 험준한 산길을 헤매고 걸으며 하나님을 만나고 기도함을 통해 영광을 나타냈던 분들이 많습니다. 우리나라와 이스라엘에는 산이 많아, 산에서 이뤄지는 역사가 많다는 점이 비슷한 것 같습니다.

'길'은 참 소중하고 중요한 역할을 합니다. 우리에게 가야 할 목적지를 정확하게 알려주는 이정표이기도 하고, 생명의 길이기도 합니다. '길'을 잘못 선택했을 때는 아주 참혹한 경험을 하기도 합니다.

그리고, '길'을 가다 보면 이웃이 보입니다. 조그만 냇물도 보이고, 사이사이로 굽이굽이 흐르는 폭포도 보이고, 논두렁 밭두렁에서 피는 파란 잎들도 보이며, 흥얼거리면서 추수를 기대하는 즐거움으로 연신 땀을 닦는 이들이 있습니다. 하루가 지는 서산, 발갛게 물든 저녁 하늘을 바라보며 허리를 펴는 농부들의 모습들을 보노라면, 삶의 정성이 무르익어가는 아름다움이 느껴집니다.

하지만 도로는 '악마의 길'일 수 있습니다. 인간들의 편리와 욕망으로 인해 환경이 파괴되고 질서가 무너지며, 행복해야 할 삶들이 짓밟히곤 합니다. 이는 세상이 점점 검어져 가고 있음을 암시하는 것입니다.

그리스도인들인 우리는 좁은 문으로, 그리고 좁은 길로 가야 합니다. 큰 문과 큰 도로에는 언제나 간교한 뱀들이 우글거리고 있음을 아셔야 합니다. 산길을 걸을 때는 그렇게도 마음들이 아름다웠는데, 점차 도로가 커지면서 이웃을 보지 못하게 되고 내 삶의 중심도 바뀌어 버리면서 주님의 가르침과 점점 멀어져 감을 크게 느낍니다.

오늘날 교회 안에서도 작은 일을 소홀히 하면서 눈앞에 보이는 일만 하는 사람들이 생겨납니다, 담임목사님 앞에서 생색을 내는 데는 잔머리를 굴리지만, 어렵고 힘들며 누가 보지 않는 곳에 있는 길은 멀리함에 심히 안타까울 뿐입니다.

우리는 누가 뭐래도 주님의 자녀입니다. 누가 보든 안 보든, 주님과 함께하는 신앙을 살아야 합니다. 주님을 외면한 채, 내 생각 내 욕망에서 나오는 모든 것은 다 헛됨을 알아야 합니다.

지금 우리가 처해 있는 이 위기의 도로에서는, 분명 일부 지도자들의 잘못되고 변질된 신앙으로 인해 기독교인들이 무참히 짓밟힘을 당하고 있습니다. 그러므로 '길'을 잘 선택해야 합니다. 제대로 된 길을 가야 천국으로 갈 수 있습니다.

나의 모든 교만과 욕망, 그리고 자존심을 내려놓지 않는 한, 그 길은 멸망으로 향하는 '큰 도로'가 되고 말 것입니다. 지도자들도 물질의 지배에서 벗어나지 않는 한, 교회의 참 모습을 더 이상 만나기 힘들어질 것입니다.

필자가 어린 시절에는 목사님들의 사례금을 드릴 수 없는 열악한 형편의 교회가 대부분이었습니다. 대신 집에 있던 닭이 알을 낳으면 목사님께 갖다 드리고, 고구마와 감자를 삶아 갖다 드리곤 했습니다. 목사님을 잘 대접하지 못해 늘 미안한 마음을 갖고 있던 그 시절의 '길'은 참 좋았었습니다. 그리고 매 주일 성미를 바치며, 함께 식사하면서 울고 웃던 때를 새삼 추억하며, 그 시절 아름다웠던 신앙을 되새겨 봅니다.

어느 한 가정에 불이 나거나 무슨 변고가 생기면 목사님이 직접 교인들과 이리 뛰고 저리 뛰고 하던 그때, 그 교인들이 진정 선민이었음을 새삼 느껴 봅니다.

그러므로 우리 기독교 지도자들은 먼저 '나'를 내려놓아야 합니다. 기득권도 내려놓아야 합니다. 나의 고집과 아집도 내려놓아야 합니다. 특히 물질욕을 내려놓아야만 기독교의 미래가 보일 것입니다. 설교와 행동이 일치하지 않으면 또 어떤 사태가 발생할지, 늘 불안한 폭탄을 안고 싸우는 마귀들과 무엇이 다르겠습니까?

그 시절 산길을 걸어갑니다. 그 길에서는 주위를 볼 수 있습니다. 그리고 나를 발견할 수 있습니다. 교만과 욕망, 나의 못된 심성과 고집을 내려놓지 못한다면, 내 주를 가까이 하는 것이 아니라 주님을 멀리 내쫓는 험악한 결과를 초래할 것입니다.

욕심을 버리시고, 물질에서 자유로움을 누리시고, 교만에서 나를 내려놓는 아름다운 성도가 되시길 바랍니다. 아무도 보지 않지만 참된 그 길을, 우리 함께 걸어갑시다.

그리스도인들의 사람 보는 '눈'

외국과 우리나라 중산층의 '삶의 기준'을 비교 분석한 내용의 글을 보다가, 정말 이래도 되는가 싶은 안타까운 심정으로 적어 봅니다.

우리나라 직장인을 대상으로 조사한 내용을 보면, ①부채 없이 30평 이상의 아파트나 주택을 소유하고 ②월 급여가 500만 원 이상이며 ③2천cc급 자동차를 소유하고 ④예금 잔고가 1억 원 이상 있고 ⑤1년에 한 번은 해외여행을 해야 한다는 것입니다.

그러나 미국 중산층의 기준을 봅시다. ①자신의 주장을 떳떳하게 할 수 있으며 ②사회적 약자를 돕고 ③부정과 불법에 저항하며 ④테이블 위에 정기적으로 구독하는 비평지가 항상 놓여 있는 것이라고 합니다.

영국 옥스퍼드대학이 제시한 중산층 기준은 ①페어플레이를 할 것 ②자신만의 주장과 신념을 가질 것 ③독선적으로 행동하지 말 것 ④약자를 무작정 두둔하지 않을 것 ⑤불의와 불평, 불법에 의연히 대처할 것 등입니다.

프랑스는 ①외국어를 하나 정도 할 수 있고 ②직접 즐기는 스포츠가 있으며 ③하나 정도의 악기 연주도 할 수 있고 ④자신만의 요리를 할 줄 알아야 한다 입니다.

위 중산층 기준을 나라별로 분석해 보면, 미국과 영국은 사회성과 도덕성을 매우 강조하고 있습니다. 한국은 아예 물질적 측면만 내세우고 있습니다. 프랑스인들의 중산층 기준이야말로 가장 그럴듯하고 공감이 됩니다. 예술의 나라답게 삶의 질에 대한 기준이 아름답다 할 수 있습니다. 영국은 신사의 나라답게 정정당당함을 내세우는 모습이 보입니다.

이들 세 나라에는 공통점이 있습니다. 부정과 불법을 멀리하고, 약자를 두둔하는 것이 아니라 '진정한 약자'를 도와 준다는 점입니다. 소외되고 불행한 사람들, 그리고 장애인들과 자기 주장을 하지 못하는 이들의 소리를 듣는 귀가 열려야 한다는 것입니다.

그리고 늘 '예스맨'이 되는 것이 아니라, 비판도 할 줄 알아야 한다는 것입니다. 비판 속에 좋은 아이디어가 있음을 알아야 하며, 비판 없이는 발전도 없다는 것입니다. 정치나 문화, 교육, 스포츠 등 모든 분야에 비판 없는 발전은 없습니다. 대신 부정과 불법에는 용서가 없습니다.

프랑스인들의 중산층 기준을 보면, 생활 속에서 우러나오는 현실주의이면서도 낭만이 있는 삶 같습니다. 어떻게 보면 일하지 않으며 놀고 먹는 사람 같기도 하고, 여유가 있어 늘 문화와 함께하고 욕심이 없는, 안락하고 행복한 삶을 영위하는 것 같기도 합니다.

하지만 우리나라를 보십시오. 정말 이래도 되는 것일까요. 삶의 기준이 전부 물질에 존재하는 것 같아 마음 한구석이 쓸쓸하고, 썩 좋은 기분이 들지 않습니다.

특히 기독교인들은 더더욱 그렇지 않나 반성해 봅니다. 믿음이 있으면 다 된다고 말하지만, 결혼 상대를 고를 때부터 33평 아파트와 좋은 자동차쯤은 있어야 한다고 합니다. 그리고 월 급여가 최소 400-500만 원은 되고, 시부모는 안 모셔야 한다는 조건 등을 내세웁니다. 오늘날 기독교인들의 이 같은 결혼관을 보면 차마 그리스도인이라고 내세우기조차 민망합니다.

처음에는 '믿음 좋은 총각이면 오케이'라고 해 놓고선, 막상 선을 보면 하나
둘씩 플러스되는가 봅니다. 오늘날 교회 안에도 노처녀·노총각이 부지기수입
니다. 인물을 보지 않는다지만, 결국에는 외모지상주의로 갑니다. 자신의 인
물됨은 온데간데없어져 버리고, 상대방 인물만 봅니다. 학벌도 보지 않는다
고서, 막상 선을 보면 예상 외로 변합니다. 나이도 불문이라 해 놓고선, 선을
보면 180도 달라집니다.

기독교 인구가 갈수록 줄어들고 있습니다. 반면 이슬람 인구는 기하급수적
입니다. 한국 교계는 이 점을 위기로 느끼고, 각 교회마다 노처녀와 노총각들
이 열매 맺을 수 있는 프로그램들을 만들어 속히 결혼을 시켜야 합니다. 이러
다가는 그리스도인들이 종적을 감추게 될 수 있음을 시급히 인식하고, 조속
한 시일 내에 이들을 위한 사역을 펼쳐야 할 것입니다.

그리고 우선 그리스도인들부터 모범적으로 '삶의 질' 기준을 향상시켜야
할 것입니다. 물질적인 면에서 탈피하여, 오직 믿음으로 사회를 정화할 수 있
는 여건과 환경을 제공하여야 합니다. '물질'이 삶에 있어 최고라는 우리나라
의 잘못된 중산층 사고방식을 고치고, 열악한 환경에서 어렵게 살아가는 모
든 약자들이 주님 주시는 믿음과 평안의 참 복을 누릴 수 있도록, 먼저 우리
그리스도인들이 모범을 보여야 할 것입니다.

나보다 먼저 이웃을 돌아보며, 내게 있는 것에서 나눔을 실천하고, 사회의
잘못된 불의에 저항하며, 겸손한 약자에게 함성으로 응원하고, 불행하고 소
외된 이웃에게는 그들의 문제를 친절하게 도울 수 있는 그리스도인들이 되어
야 겠습니다.

그리고 부유한 그리스도인들과 지도자들은, 약자의 절규를 한낱 불평불만에 불과하다며 팽개치지 말고, 열린 마음으로 귀를 활짝 열고, 비겁하게 자신보다 강한 사람에게 아부하면서 약자를 짓밟는 일은 제거해야 하겠습니다. 올바른 진언을 들었을 때는 회개를 하고 방향을 바꾸어 나갈 수 있는 참 그리스도인들이 되어야 합니다.

나를 높이거나 자랑으로 드러내는 일을 삼가고, 오직 주님을 높이고, 가난한 이웃을 드러내는 일에 최선을 다하는 이들이 되시기를 엄숙히 충고합니다. 말보다 실천과 행동으로 보여 주며, 주님의 따뜻한 미소를 그들에게 전하고, 그들을 내 친구, 내 부모, 내 가족처럼 사랑하는 '삶'으로 바꾸어야만, 한국 사회도 '삶'의 기준이 달라질 것입니다.

스마트폰 예배?

어린 시절과 지금의 교회 모습을 생각하면, 실로 엄청난 차이가 있는 것 같습니다. 당시 주일학교에는 선생님들 중 초등학교나 중학교 졸업자가 태반이었고, 성경 말씀은 예배 때 목사님께 듣는 설교와 구역 공과나 주일학교 공과 정도였습니다.

그럼에도 당시의 신앙생활에는 깊은 곳에서 울려 퍼지는 숭고한 믿음과 열정이 있었습니다. 주님의 종이 전하는 말씀에 절대 순종했으며, 어떤 이의도 제기하지 않았습니다. 주님의 종들도 성경 말씀을 진지하게 연구하며, 열정적으로 말씀을 증거하셨습니다. 말씀을 들은 주일학교 교사들은 이를 진실과 감동으로 주일학교 아이들에게 정확하게 전달했습니다.

한글도 모르는 분이 많았지만, 성경에 나오는 이야기는 하나도 빠뜨리지 않고 주님을 모르는 이웃에게 정확하게 전하곤 하셨습니다. 비록 글을 모르셨지만, 전도의 열정은 대단했던 것 같습니다. 주일학교 어린 학생들에게 '요나' 이야기를 참 재미 있게 들려 주시던 것을 지금도 추억합니다.

이처럼 비록 가방끈들은 짧았지만, 그들의 용기 있는 믿음과 성실로 이 땅에 많은 교회들이 발전했고, 나라 안팎에 무수한 인재들을 배출하여, 하나님께 영광을 드러내며 인류와 국가, 민족을 위해 각자 맡은 사명을 감당하였습니다. 지금과 비교하면 초라했던 모습들이었지만, 당시 교회 안에는 늘 사랑과 온정이 넘쳐 흘렀습니다.

지금 같이 편안한 의자가 있는 것도 아니었습니다. 마루에서 무릎을 꿇고 엎드려 기도하며, 추운 날씨에는 저마다 국방색 담요를 가져와 온 몸을 감싸고 추위를 견디고, 방석을 만들어 교회 마루에서 찬송하며 기도했던 추억들이 새삼 떠오릅니다.

목사님께서는 예배를 인도하시며, 마이크도 없이 '생목'으로 열변을 토하셨던 기억이 지금도 귓전을 울립니다. 지금처럼 부목사님들이 사회를 보시는 것도 아니었고, 예배에 관한 모든 것들을 혼자 하시며 교우들의 모든 '삶'들을 품으며 고초를 함께했던 일들이 떠오릅니다.

요즘 젊은이들 중에는 주일예배를 드릴 때 반바지에 티셔츠만 입고 온다든지 모자를 쓰는 분들을 많이 볼 수 있습니다. 하지만 과거에는 아이들이나 어른들 모두 자신의 옷들 중 최고로 좋은 것을 입고 예배를 드리러 왔습니다. 옷이 구겨지면 다리미로 깨끗하게 다렸으며, 구두는 파리가 미끄러질 정도로 반짝반짝 광을 냈습니다. 하지만 지금 젊은이들은 슬리퍼에 운동화 등 너무 편한 차림으로 예배에 참석해, 심히 민망할 때가 많습니다.

당시에는 성경책이 빨간색이었습니다. 깨끗한 모시옷 차림에 성경책을 팔에 끼고 주변 이웃들로 하여금 예배 드리러 가는 것을 알리는 모습 자체가 전도였습니다. 동네 분들은 교회 가는 교인들의 뒷모습을 보고 매우 부러워하기도 했으며, 교인들을 존경하기도 했던 시절이었습니다. 교인들은 매우 인정이 많았고, 이웃의 아픔을 함께 나누며 필요한 것들을 함께 해결해 줬기에, 사람들이 교인들을 매우 좋아하고 사랑했던 시절이었습니다.

지금처럼 교통수단이 좋았던 것도 아니었습니다. 십 리 길을 걸어가면서, 마음으로 기도하고 입으로 찬송을 불렀습니다. 간혹 이웃을 만나면 전도도 했던 기억이 새삼 피어오릅니다.

하지만 지금은 너무 많은 변화로 인하여 때로는 갈피를 잡지 못할 때도 있습니다. 그 변화 속에는 '스마트폰'이 있습니다. 이것 때문에 많은 사람들이 예배에 진정성을 느끼기 힘들고, 같은 성도들끼리도 좀처럼 이해하기 힘듭니다.

성경책을 갖고 오는 모습은 보기 힘들고, 아예 스마트폰을 켜 놓은 채 거기에 나오는 성경을 읽으며 예배 드리는 시대가 되었습니다. 그렇다 해서 하나님 말씀이 변질된 것도 아닌데, 요즘 젊은이들은 간편하고 신속하게 주님의 말씀과 친해질 수 있는 방편으로 '스마트폰'을 이용하기도 합니다. 뿐만 아니라 '스마트폰'으로 얻게 되는 지식과 각종 정보를 적극 활용하여 교회에서 문제를 해결하기도 합니다.

하지만 기성세대는 이를 이해하려 하지 않습니다. 그래서 오해하기도 합니다. 하나님께서 이 우주 만물을 창조하셨지만, 사탄의 유혹에 이끌려 죄를 지은 아담과 이브로 인해 세상은 하나님의 룰을 벗어나고 말았습니다. 사람들의 이기주의와 탐욕 때문에 시대는 늘 변하고, 지금도 내일도 미래도 변해 갈 것입니다.

그러한 시대의 변화 속에서 인간은 늘 착각 속에 죄를 생산하고, 오히려 하나님의 마음을 아프게 하며, 성도들끼리 가슴에 상처를 주는 일들이 비일비재(非一非再)한 실정입니다. 가장 귀하고 소중하게 예배를 드려야 함에도, 자신의 간편함과 손쉬운 방법을 이용하려는 잔꾀를 보여주고 있습니다.

그렇다 해서 변화를 거부해서는 안 될 것이라 생각합니다. 어차피 우주 만물이 하나님의 계획과 섭리를 따라 움직이는 것은, 하나님을 경외하는 모든 성도들이 다 알고 있습니다. 그러므로 우리는 변화를 적극 수용할 수 있는 열린 마음이 필요합니다. 하지만 그렇게 열린 마음을 가지면서도, 젊은이들이 잘못된 방식으로 나아갈 때는 과감히 꾸짖는 지혜도 필요합니다.

그러므로 서로 사랑으로 대하는 덕목이 필요합니다. 우리가 배우고 체험한 하나님 말씀의 진리를 벗어나면 이 모두가 자기 주장일 뿐이며, 사사건건 일상 속에서 속 좁고 삐딱하게, 치사하고 저급하게 살도록 하려는 사탄의 계략을 물리쳐야 합니다. 사탄을 따라가려다 무안해진 마음과 자존감을 털고, 외려 이해하고 포용하는 마음을 가지면 좋겠습니다.

그리고 상대방의 행위에 일희일비(一喜一悲) 하지 않음으로써 "뱀처럼 지혜롭게, 비둘기처럼 슬기롭게" 믿음의 생활을 하는 지혜를 가졌으면 좋겠습니다. 과거 내 방식만을 고집하지 말고, 새로운 문화를 포용하려는 열린 마음으로 시대를 품고 함께 나아가며, 다른 어떤 것을 포용하더라도 하나님께 드리는 예배만큼은 변하지 않았으면 좋겠습니다. 그렇게 된다면 주님께서 얼마나 기뻐하실까요?

'예수님의 유니폼'을 입자

남녀공학인 고등학교에서 잠시 일을 하게 되었습니다. 학생들을 지도하던 중, 자유복으로 등교하는 학생을 목격했습니다. "학생, 왜 교복을 안 입나요?"라고 물었더니, "저요? 교복은 가방 안에 있는데요"라고 답합니다. 한 학생은 하(夏)복을 손에 둘둘 말아 들고 가길래 물었습니다. "교복을 입지 않는 이유가 있나요?" 교복을 입지 않은 학생들은 하나같이 "날씨가 더워서 그렇다"고 합니다.

참으로 황당한 이야기입니다. 로마에 가면 로마법을 따라야 하듯 학교에서는 학교의 기초질서를 지켜야 할 텐데, 거침없이 내뱉는 말들이 너무 놀라웠습니다. 국가를 대표하는 운동선수가 유니폼을 입지 않고 출전한다면, 나라 망신을 당할 것은 불 보듯 뻔한 일입니다. 군인은 군인을 대표하는 유니폼을, 직장인은 직장인을 대표하는 유니폼을 착용함으로써 그 권위와 역할을 할 수 있으며, 그 업무와 직위에 따라 그 목적이 있음을 알아야 합니다.

유니폼이란 대표성을 나타내는 외적 상품성과 그 직업에 대한 권위를 말합니다. 특히 운동선수의 유니폼은 회사의 이미지와 이윤 추구를 위한 것이며, 많은 고객들에게 회사 상품을 알리고 회사가 목적으로 하는 모든 수단을 나타냄으로써 홍보 효과를 얻으며, 많은 고객들을 유혹하는 목적이 있습니다. 시합에서는 상대편 선수를 식별하고 반칙을 지적하기 위해 유니폼을 착용해야 합니다. 유니폼의 예술적 가치를 나타냄으로써, 많은 관중들로 하여금 볼거리를 제공하기도 합니다.

그러므로 학생이 교복을 입지 않으면, 학생으로서 기본에 충실치 못하게 되고, 행동 역시 학생답지 못하게 되는 것입니다. 군인들도 마찬가지일 것입니다. 일반 회사나 운동선수들이 유니폼을 입지 않는다면, 이미지에 큰 타격을 입을 뿐 아니라 목표를 향해 달려가는 단체들에 적지 않은 손실과 막대한 피해가 예상됩니다. 그러므로 학생은 학생다워야 하고, 군인은 군인다워야 하며, 사회 직장인들은 직장인다운 옷을 입어야 합니다.

이제 말씀을 살펴 봅시다. "마귀의 간계를 능히 대적하기 위하여 하나님의 전신갑주를 입으라(엡 6:11)". 자주 듣는 말씀입니다. 학생이 해당 학교의 유니폼을 입지 않아 학생의 본분을 망각한 것처럼, 예수를 그리스도로 믿는 우리가 예수님으로 옷 입지 않는다면 그리스도인이라고 할 수 있을까요? 그렇지 않습니다. 목사로, 장로로, 집사로, 권사로, 또는 평신도에 이르기까지 주님의 유니폼을 입어야 할 것입니다.

교회 안에서 각자 맡은 일을 구별하기 위해 목사, 장로, 집사, 권사로 세웠을 뿐인데, 유니폼을 잘못 착용함으로써 교만이 하늘을 찌르고, 수박 겉핥기식 신앙인이 되고 있음을 깨달아야 합니다. 주일 낮예배를 비롯하여 저녁예배, 수요기도회, 금요구역회 및 철야기도회, 새벽기도는 매일같이 나가면서, 예수님의 유니폼을 입지 않고 둘둘 말아 그냥 갖고 다니거나 가방 속에 넣고 다니는 '마당만 밟는 교인'이 아닌지요….

우리는 예수님의 멋있는 유니폼을 입어야 합니다. 그래서 우리들이 줄곧 다니는 장소에서, 어느 곳에 가든지 주님의 향기가 솔솔 묻어나야 합니다. 비신자들에게 그 향기를 가슴 깊은 곳까지 감동으로 전해야 합니다. 그것이 바로 주님의 유니폼을 입은 성도의 모습입니다.

우리는 날마다 주님의 유니폼을 입고 순교의 정신으로 살며, 이웃을 위해 헌신하는 것을 잊지 말아야 합니다. 일상이 늘 봉사로 이어지는 맑고 청순한 신앙으로 이어져야 합니다. 예배 따로 행동 따로의 신앙생활은 아주 위험합니다. 주님의 거룩한 유니폼을 입지 못하는 이들은, 주님보다 내가 높아져 버렸기 때문이 아닐까요. 그렇게 자신이 만든 유니폼으로 나서다 보면, 주님을 또 다시 십자가에 못 박는 어리석은 죄를 범하고 말 것입니다.

주님의 유니폼을 입은 성도들이라면, 시간마다 주님을 향하여 기도하고 행동해야 합니다. 이런 일이 우선시되지 않으면, 그리스도의 향기는 사라지고 악취로 인해 많은 이웃들에게 불행을 끼치는 슬픈 역사를 제공할지 모릅니다.

거룩한 주일, 주의 종에게서 선포되는 메시지를 통해 그리스도의 향기가 나는 유니폼을 입고, 한 주간 동안 세상을 위해, 그리고 나 자신과 이웃을 위해 살아가야 할 것입니다. 자신을 내려놓고, 오직 주님 주시는 겸손으로 실천합시다.

상대방을 포용하는 믿음의 성도

주님께서는 이 땅에 오셔서 하나님께서 명령하시는 모든 사명을 조금도 흔들림 없이 수행하시고, 무결하게 다 완성하셨습니다. 3년이란 세월 속에 오직 사랑으로 모든 것을 성취하셨습니다. 제자들이 주님의 마음과 상관없는 질문이나 말을 할 때도, 주님께서는 조금도 흔들림 없이 그들을 포용하며 사랑하셨습니다. 자신을 십자가에 못 박은 저들을 원망하거나 슬퍼하지 않으시고, 오히려 그들을 위해 기도하셨습니다.

특히 주님은 대화 속에서 상대방에게 불편을 느낀다든지, "너희들이 하는 말은 틀렸다"고 말씀하신 적이 없습니다. 충분히 설명하셨고, 육하원칙에 의해 다 설명하셨습니다. 최종 하나님의 나라 복음을 위하여 끝까지 설명하시고, 죽음으로 긍정과 소통을 완성하셨습니다.

하지만 교회 안에서는 "너희 생각이 틀리다", "너와는 생각이 다르다"는 말을 습관처럼 내뱉습니다. 이럴 때 쉽게 감정이 상하거나 상처를 받기도 합니다. 많이 배우고 적게 배우고를 떠나, 오랜 세월 동안 정립된 자신의 가치관이 쉽게 변하지 않음을 경험하고 있습니다.

기나긴 세월의 깊이만큼 경험에 따른 지혜가 생겨나고 주관이 뚜렷해져 남의 말에 쉽게 흔들리지 않는 반면, 내 뜻과 다른 상대방이 약자이거나 나이가 어린 경우에는 "내 뜻이 옳으니 따르라"고 강요하기도 합니다. 하지만 정작 내 생각이 틀릴 수도 있다는 생각은 하지 않는 듯합니다.

하지만 그 누구에게나, 개인이나 국가 권력의 강요나 속박에서 자유롭게 자신의 생각을 표현하고 존중받을 권리가 있습니다. 한 걸음 나아가 교회를 형성하고 있는 우리는 비록 나와 생각이 다른 사람들도 온전한 하나님의 사람으로, 상대방 안에 머무르시는 그리스도를 발견하고 존중하는 연습이 필요합니다.

정치·경제·사회 문제를 바라보는 시선이 다르고 신앙의 표현 방식이 서로 다르다 해서 비판하거나, '갑'과 '을'의 관계라 해서 '갑'의 기준에 맞추다 보면, 어느 새 다양성은 사라지고 자유마저 빼앗깁니다.

아리스토텔레스가 말했듯, '인간은 사회적 동물'입니다. 살아 온 환경의 차이가 있고 영향을 미친 인물이 다르다 보니, 사회적 갈등을 해석하는 법도 다를 수 있습니다.

하지만 꼭 기억했으면 하는 가치가 있습니다. 다양한 생각이 공존하는 사회이지만, 그리스도인이라면 세상의 성공과 효율적 가치보다 복음의 시선으로 현실을 바라보고, 예수께서 그러하셨듯 가난하고 고통받는 이들을 먼저 끌어 안는 '착한 사마리아인'으로 살아가는 일입니다. 서로의 '다름'에 속앓이도 하지만, 한편으로는 하나님의 섬세함과 다양한 생명의 신비를 발견하도록 이끄는 선물이라는 생각이 듭니다.

그러므로 상대방을 이해하려 하는 인내가 필요하며, 나의 생각과 더불어 서로 소통하며, 믿음을 함께 나누는 조용한 사랑이 함께해야 한다고 생각합니다.

상대방을 포용하고 인정하는 문화를 그리스도 안에서 이루어야 하겠습니다. 특히 교회 안에서는 남녀노소, 빈부와 직분에 연연하지 않는 많은 의견들이 서로 연합하여, 하나님 나라를 위해 사용되는, 아름다운 찬송의 논쟁이 되었으면 합니다.

이런 시국에서도… 용서할 수 있는 그리스도인

사전을 찾아보면, 용서란 '지은 죄나 잘못에 대하여 꾸짖거나 벌을 주지 않고 너그럽게 보아줌'을 의미합니다.

예수님께서 강조하시는 용서에 대해 베드로가 질문했습니다. "주여, 형제가 내게 죄를 범하면 몇 번이나 용서하여 주리이까? 일곱 번까지 하오리까? 예수께서 이르시되 네게 이르노니 일곱 번뿐 아니라, 일곱 번을 일흔 번까지라도 할지니라(마 18:21-22)."

이 말씀에서 강조하신 것은, 형제가 자신에게 아무리 많은 죄를 짓는다 해도, 계속해서 용서하는 태도를 가지라는 것입니다. 왜냐하면 우리 자신이 먼저 하나님으로부터 무조건적인 아가페의 사랑과 용서를 받았고, 지금도 받고 있기 때문입니다.

인간인 우리의 사고로는 도저히 주님의 방식의 용서란, 매우 힘들고 어려운 문제입니다. 하지만 주님께서는 그렇게 하도록 강조하십니다.

'용서'라는 그리스어를 문자 그대로 풀어 보면 "자신을 풀어주다, 멀리 놓아주다"라고 합니다. 용서는 죄의 악순환이라는 고리를 끊는 길이자 서로 상생하는 길입니다. 용서만이 복수와 원한의 사슬을 끊고, 모두 함께할 수 있게 해 줍니다.

주님께서는 죄 없이 무수한 고난을 당하시고, 쓰디쓴 잔을 마시며, 처참한 십자가 형틀에서까지 자신을 괴롭히고 증오하는 사람들을 용서 하셨습니다. 우리 인간의 생각으로는 도저히 납득이 가지 않는 사실입니다. 오히려 자신을 증오하는 사람들을 축복하시고 그들의 무거운 짐을 내려놓고 자유롭게 되기를 기도하시며, 사랑하신 분이 십니다,

지금 나라에는 박 대통령과 최순실 씨 사건으로 온 나라가 마비되다시피 온통 시끄럽습니다. 있을 수 없는 일들이 연속해서 터지지만, 우리 인간 사회에서는 충분히 일어날 수 있는 일들입니다.

그리고 현재 우리가 살고 있는 사회는 돈이 모든 것을 지배하고 가능하게 하기 때문에, 탐욕과 권력 그리고 명예를 얻기 위해 수단과 방법을 가리지 않고 자행되고, 과거부터 지금까지 이어지고 있으며, 앞으로도 계속 이런 문제들이 발생할 것입니다.

특히 이 와중에 국가와 민족을 위해 하나님 앞에 엎드려 기도하며 애국의 열정을 쏟아부어야 하는데, 되레 그들과 합심하여 시국선언을 하거나 시위를 하는 일부 기독교인들은 도대체 주님을 믿는 사람들인지, 아니면 정치하는 종교인들인지 분간할 수 없습니다.

잘못은 분명 시인하며 사과해야 합니다. 형식적인 사과보다, 진심 어린 사과만이 용서의 가치가 나타납니다. 용서를 그저 건성으로 구하는 경우는 오히려 더 화를 자초하기도 합니다. 하지만, 이번 같은 경우 나라의 통수권자가 자신을 낮추고 사과했으면, 그 사과는 받아들여야 한다고 생각합니다.

하나님 앞에 죄의 용서를 구하는 것은 몰라도, 일반 사회에서 구하는 사과는 형식적 아니면 건성으로 하는 경우를 많이 볼 수 있습니다. 하지만 용서를 구하면 건성이든 형식이든 받아들이고, 향후 재발 방지를 위해 모두 함께해야 할 것입니다.

미운 사람이라 해서, 무조건 사과를 내쳐서는 안 될 것입니다. 자신의 이익을 위해 용서를 차별하는 것은 옳지 못한 일입니다.

그리고 교회는 세상의 용서와 분리되어져야 합니다. 세상의 질서와 이익을 이용하기 위해서가 아니라 세상이 가득한 분리와 장벽 그리고 부당한 지배구조를 극복하기 위하여 성령과 사랑이 담긴 용서가 적극적으로 감동하는 사회, 세상을 향하여, '주님을 바라보라' 그리고 '와서 보라' 용서를 어떻게 하는 것인지를, 복음과 함께 크게 담대히 외쳐야 합니다.

그저 책 속에서 말하는 지식의 사랑이 아니라 내 마음 속에 깊이 새겨져 있는 용서할 수 있는 감동이 자리해야 하며, 그것을 실천하는 삶만이 주님의 자녀라 믿습니다.

용서에는 이유가 없는 것입니다. 용서는 무조건 적으로 하는 것임을, 주님의 말씀과 행하심을 통해 본받아 실천을 해야겠습니다.

그러므로 용서의 정신은 곧 복음의 길이며, 교회는 죄에서 눌린 자들의 안식처가 될 것입니다.

한 영혼을 천하보다 귀하다고 하신 주님 말씀에는 곧 이 세상을 사랑하시는 분이며, 모두에게 용서의 선물을 주시기 위해 오늘도 기다리고 계심이 잘 나타납니다. 망설이지 말고 속히 주님의 품으로 돌아오시기를 진심으로 권면합니다.

신앙인들의 레드라인

'레드라인(red line)'이라는 말의 의미를 요약해 보면, 현재 미국 트럼프 대통령이 대북 포용정책에 있어, 실패할 경우 전환하는 기준선을 말합니다. 그 기준선이라 함은 '한계선'이라는 뜻이기도 합니다.

북한이 미국을 비롯한 유엔 안보리에서 추구하는 방향으로 가지 않고 북한 독자노선을 고집하면서, 한반도는 물론 세계 평화의 심각한 위협이 우려되는 위기 상황이 이미 도를 넘었다는 말이기도 합니다.

하나님께서는 에덴의 아름다운 낙원을 창조하신 후, 인간을 창조하셔서 인간들이 하나님의 모습처럼 닮아 행복한 삶을 영위하도록 허락하셨습니다. 하지만 간교한 사탄의 유혹으로 인간의 본성인 교만과 탐욕이 발동되어, 하나님께서 '따먹지 말라'고 이미 쳐 주신 '레드라인'에 대해, 불순종의 열매를 따먹으므로, 후손들에게 씻지 못할 비극을 물려주고 말았습니다.

예수님이 오시기 전, 세례요한은 "회개하라 천국이 가까웠다"고 외쳤습니다. 지금의 신앙생활에 대한 변화를 추구하며. 물세례에 대한 한계를 넘어 앞으로 다가올 주님의 성령의 세례를 준비하라는 광야의 외침이었습니다. 그 외침이 지금 이 땅에도 들려오는 것 같습니다.

작금의 신앙인들은 신앙의 레드라인이, 한계를 넘은 심각한 수준이 아닐까 싶습니다. 정말 제대로 신앙생활을 한다면, 그것은 당연히 삶의 성장도 함께 이루어질 수밖에 없는 것입니다. 신앙의 공간이 특정한 장소에만 한정될 수 없고, 신앙의 관계가 하나님과 나, 둘만의 관계가 아니라 하나님께서 사랑하시는 모든 사람을 나도 사랑하는 것으로 발전해 나아가야 하기에, 정말 제대로 신앙생활을 열심히 한다면 인격적으로 성장하지 않을 수 없는 것입니다.

참된 신앙생활은 참된 인간의 삶이기도 합니다. 다만 아무리 좋은 것도 그것을 가지고 사용하는 사람에 따라 달라지는 것입니다. 요리사에게 칼은 요리에 필요한 유용한 도구이지만 나쁜 마음을 품는 사람이 그 칼을 가지면 흉기로 변하는 것처럼, 그것을 사용하는 사람에 따라 그 의미와 결과는 얼마든지 달라질 수 있기 때문입니다.

열심히 신앙생활을 한다는 것이 하나님의 뜻을 구하고 찾으며 이웃을 사랑하기 위한 것이라면, 당연히 인격적인 성장이 함께할 것입니다. 하지만 신앙생활 가운데 봉사하는 것을 무기로 다른 이를 낮추고 자신을 높이려 하거나, 신앙 공동체 안의 관계를 통해 자신이 원하는 다른 것을 추구하고자 한다면, 그것은 오히려 자신을 감추고 다른 사람에게 상처를 제공하는 무기로 돌변할 수 있는 것입니다.

하지만 우리는 각자 위치에서 자신의 능력을 믿고 사는 신앙인들이 아니라 하나님을 신뢰하고 전적으로 그에게 의탁하는 신앙인들임을 깨달아야 하고, 그 분이 설치하신 신앙의 한계선을 벗어나지 않는 신앙생활을 하겠다는 절실한 믿음과 행동이 전제되어야 할 것입니다.

그러므로 신앙인들은 주님께서 설정해주신 '한계선'을 벗어나지 않기 위해 늘 나의 부족함을 발견하고, 교만함이 솟아나지 않도록 진심으로 기도하며, 변화할 기회를 사랑의 마음으로 주위를 둘러볼 수 있다면, 본인의 신앙생활 성장에 큰 도움이 있을 것입니다.

출애굽 당시 하나님께서는 이스라엘의 많은 백성들에게 십계명이라는 '레드라인'을 선물로 주셨습니다. 그것을 지키는 자에게는 복을 주시며, 끝까지 사랑하셔서 가나안 땅을 선물로 주셨음을 믿어야 합니다.

하나님께서는 그냥 인간들에게 벌을 주거나 선물을 주시지는 않았음을 알아야 합니다. 뱀에 물린 자에게 놋뱀을 만들어 보게 하시면서, 그 놋뱀을 보는 자는 병이 나음을 알 수 있습니다.

예수님 당시는 마태복음에 나오는 산상수훈, 그리고 많은 비유와 병 고침, 그리고 이적과 기사를 통해 인간들이 할 수 없는 한계를 넘어 역사를 이루셨습니다. 은혜의 시대인 요즘, 교회 안에서 신앙고백으로 예배를 드리고 있지만, 앵무새처럼 입으로만 중얼거릴 것이 아니라, 신앙고백에 담긴 뜻을 정확히 머리와 가슴에 담아 그대로 실천하는 신앙인들로 거듭나야 할 것입니다.

제아무리 '레드라인'이라는 그물이 있다 해도, 그 그물을 찢거나 망가뜨리는 우를 범해서도 안 될 것입니다. 그 그물을 찢거나 망가뜨리는 행동에는 벗어나려는 인간의 탐심과 교만이 함께하기 때문에, 주님의 레드라인을 신뢰하지 못하는 비신앙인들과 같은 행동인 것입니다.

필자의 어린 시절 신앙인들은 주님께서 준비하시고 선물해 주신 '레드라인' 안에서 평화스럽고 행복한 신앙생활을 했고, 복음을 위해 순교의 정신으로 열정을 다 쏟으며, 비신앙인들로 부터도 존경과 찬사를 받았습니다. 하지만 요즘 신앙인들은 세상 사람들에게 손가락질을 받으며, 교회 성도라면 치를 떠는 세상 사람들이 많다는 현실에 주님께 더더욱 부끄러울 뿐입니다. 그렇다면 왜, 오늘날 과연 이 지경까지 됐을까요?

그것은 누구의 책임도 아닌, 우리 모든 신앙인들의 책임이 크다고 할 수 있습니다. 목자는 목자대로 성도들을 위해 자신을 내려놓고 진리의 말씀을 전해야 하며, 교회 주위 세상 사람들에게 존경을 받아야 하는데, 교인들에게 늘 헌금이나 강조하고, 자신의 보신 위주로 말씀과 행동이 전혀 다른 목회를 하므로 인정받지 못하는 분들이 있기에, 그리고 교만과 자랑 명예와 금품에 밝은 눈으로 보기에 그렇지 않을까요?

그리고 장로, 집사, 권사, 평신도들은 세상에 살면서 각자의 위치에서 부끄럽지 않게 사명을 다해야 하는데, 세상 사람들이 보는 가운데 비열한 모습을 많이 함으로써 추하게 보는 분들이 많음을 우리는 하루 속히 깨달아야 합니다. 이제 여기서 더 이상 한계선을 넘지 말아야 하겠습니다. 교회 안의 당회, 노회, 총회도 마찬가지입니다. 새로운 개혁 없이 기독교의 미래는 없습니다.

해마다 노회장이나 총회장 선거 때면 공식적으로 하는 단어가 있습니다. '개혁'을 한다고 합니다. 그리고 변해야 한다고 합니다. 한국 기독교 역사가 130년이 넘었는데, 1년마다 이렇게 개혁하고 변했다면 지금의 한국교회는 어떻게 되었을까요? 130년이라는 역사를 거치면서, 기독교는 정말로 아름다운 주님의 신앙인들로 변신됐을 것입니다. 하지만 작금의 신앙인들의 모습은 흉기를 들고 있는, 겉과 속이 다른 권력을 휘두르는 칼잡이들의 모습 같기도 합니다.

매주 기도하는 우리의 신앙고백은 전심을 다해 심령 깊은 곳까지 감동을 전함으로써, 뇌로까지 전달돼야 할 것입니다. 그러기 위해서는 나를 내려놓아야 합니다. 특히 암적 존재 교만과 고집, 아집을 내려놓아야만 한계선을 지킬 수 있음을 심각하게 깨달아야 합니다. 아파하는 세상을 위해 사랑의 마음으로 다가가야 하는 것입니다.

다가가는 사랑의 마음이 열릴 때, 교회 안에는 참 평안이 나풀나풀 춤을 것이며, 신앙인으로서의 아름다운 모습이 되살아나므로 세상에서 보지 못했던 주님의 환하고 넘치는 참 은혜와 아름다운 기쁨의 미소를 지으시며, 우리에게 찾아올 것입니다. 신앙인으로서 '레드라인'을 넘지 않고 살아간다면 말입니다.

제9장

변화하는 신앙인들

위임목사와 원로목사 제도, 폐지가 답

지금 한국 장로교에서는 담임목사 위임제도와 원로제도 때문에 많은 몸살을 앓고 있는 실정입니다. 아무런 문제없이 잘 하는 교회는 해당사항이 안되겠지만, 위임·원로 제도로 인한 분쟁의 요소가 늘 도사리고 있기 때문에 마땅히 이 제도는 폐지해야 합니다.

중대형교회의 나이 많은 목사·장로님들께서는 다소 서운하시겠지만, 장로교의 미래를 위해 이 제도는 반드시 폐지해야 한다고 생각하는 신앙인들이 많고, 그렇게 되는 것이 시대정신이기도 합니다.

일반 사회에서는 현재 각 분야별로 사람들의 행복을 위해 안간힘을 쓰고 있습니다. 하지만 작금의 기독교를 보면, 이것이 너무 먼 이야기 같이 들립니다. 아직도 이씨 조선 시대에 머물러 있는 것 같아 참으로 슬프기도 합니다.

'천지는 없어져도 하나님의 말씀은 없어지지 않는다'고 하셨습니다. 말씀은 변함 없겠지만, 말씀 가운데 필요한 프로그램은 시절을 따라 변해야 한다고 생각합니다.

마가의 다락방에서 복음을 나누던 시절과 루터가 종교개혁을 일으켰던 시절, 그리고 구한말 복음이 전해지던 시절, 일제강점기와 6·25 같은 핍박의 시대, 그리고 요즘 같은 평온한 시대, 특히 스마트폰이 대중화된 4차 산업혁명 시대에는 각각 복음에 맞는 프로그램을 다르게 만들어야 하지 않겠습니까?

하지만 한국에 기독교가 들어오던 무렵 만들어졌던 법이 지금도 제자리걸음을 걷고 있으니, 참으로 통탄스러울 지경입니다. 오랜 시간 연로한 목사님들은 그들만의 기득권에서 벗어나지 못하고 있습니다. 그들만의 잔치를 풍요롭게 하면서, 예수님께서 돌보라고 하셨던 어려운 이웃에게는 냉대하는 모습을 보면, 오늘날 교회는 주님의 가르침과는 무척 달라 보입니다.

한 번 목사님이 위임되고 나면, 총회법에서 정한 70세까지 시무하는데 아무런 장애가 없습니다. 이 제도의 병폐는 목사님의 무사안일이 교회 안을 차지한다는 것입니다.

대형교회 목사의 추천서만 있으면 위임목사로 쉽게 청빙되는 것이 오늘날 현실입니다. 그리고 교회에서 위임목사가 될 때까지는 갖은 약속과 행동으로 성도들을 위하는 척 하다가, 위임되고 나면 태도를 싹 바꿔버리는 경우도 적지 않습니다. 이것도 바로 위임 제도 때문입니다.

물질에 대한 욕심이 없고 목회자로서의 자질이 풍부하며 성도들을 품을 수 있는 따스한 가슴이 있다 해도, 대형교회 부교역자 출신이나 대형교회의 추천서를 받을 수 없는 목회자들은 어디 명함을 내밀 데가 없습니다. 대형교회 목회자들에게 잘 보이지 않고도 청빙을 받는 일은, 그야말로 '하늘에 별 따기' 입니다.

교회에서 청빙을 진행할 때도, 청빙위원회 장로들이나 잘 아는 분들을 통해 성도들의 눈을 흐리게 한 뒤 청빙받는 경우가 적지 않습니다. 교회가 청빙을 진행할 때는 전 교인에게 잘 알려서 소통하고 오래 심의한 끝에 이뤄져야 하지만, 일부 교회 권력가들의 놀음판속에서 청빙이 이뤄지곤 합니다. 결국 그렇게 들어온 목사들은 말썽을 일으킬 확률이 높다는 사실을 잊지 말아야 합니다.

청빙이 되어 위임목사만 되면 아예 끝이라는 생각으로, 사전에 치밀한 물밑작업을 통하여 위임목사로서의 권한을 쟁취하는 목회자들도 있습니다. 거기에는 많은 꼼수가 들어 있습니다.

위임식을 하기 전에는 많은 성도들에게 존경의 표시를 한다든지, 별의별 '쇼'를 다 합니다. 간이라도 내어줄 듯한 제스처를 취합니다. 무조건 위임식만 하고 보자는 식입니다. 위임식만 하면 정년이 보장되기 때문이지요. 그래서 위임식이 끝나면 교회 안에서 분란이 싹트는 경우가 많습니다. 목회자가 본색을 드러내기 때문입니다.

말과 행동에 있어 언행일치가 되질 않고 잇속 챙기기에 급급하다 보니, 목사에게 실망해 떠나가는 성도들이 늘어갑니다. 분쟁이 격화되면 교회가 둘로 쪼개지는 사태도 생깁니다. 일부 성도들이 그런 목사와 부화뇌동하면, 바른 생각을 가진 성도들과 갈등을 겪게 되기 때문입니다.

이런 목사도 있습니다. 토요일이라면 다음 날인 주일에 성도들에게 맛있는 '영혼의 꼴'을 먹이기에 최선을 다해야 할텐데, 결혼식 주례를 두 군데나 하는 것입니다. 한 곳은 부목사에게 맡겨도 될텐데 말입니다. 그 목사는 설교 준비를 언제 하는 것일까요? 주례를 하게 되면 거기서 나오는 주례비가 짭짤하기 때문에, 주일 설교 준비보다 결혼식에 더 관심을 두는 것은 아닐까요?

그렇게 되면 설교는 옛날에 했던 내용을 재탕하게 되고, 주절주절 본문과 관계없는 이야기만 늘어놓게 됩니다. 그 목사는 듣는 성도들이 알아차리지 못할 것이라 생각하겠지만 말입니다. 하지만 목사의 설교를 하나님 말씀으로 귀담아 듣고자 하는 성도들은 다 알고 있습니다.

주일 저녁예배, 수요기도회, 금요철야예배, 새벽기도회 설교는 또 어떻습니까? 성경 말씀과 전혀 무관한 세상 이야기 또는 자신과 코드가 맞지 않는 성도들에 대한 비판을 하는 경우도 있습니다.

만약 위임목사 제도가 없어진다면, 목사들의 성도들에 대한 태도가 달라질 것입니다. 늘 긴장하면서 말씀을 연구하고, 많은 서적들을 참고하게 될 것이며, 좋은 꼴을 먹이기 위해 많은 노력을 아끼지 않을 것입니다. 잘못 하면 교회를 떠나가야 하기 때문입니다. 위임목사 제도가 없으면, 위임목사들이 지금보다 훨씬 최선을 다해 양들을 돌볼 것이라고 확신합니다.

또한 빈부의 차이를 두지 않고 모든 양들을 골고루 사랑하게 될 것이고, 교회 성도들을 위해 열심히 수고하는 목회자가 될 것입니다. 그렇게 최선을 다하는 목회자를 내쫓는 성도들이 누가 있을까요? 위임목사 제도가 없더라도 말입니다.

목자는 오직 양떼들을 위해 있는 것입니다. 양들이 아프거나 슬픔을 당했거나, 외로운 싸움을 하고 있거나, 아니면 불행이 찾아와 괴로워할 때 다가가 위로해주는 것이 목자가 할 일입니다. 그렇게 한다면 양들이 좋아하고 순종하며 따르지 않겠습니까?

더불어 원로목사 제도도 폐지해야 된다고 생각합니다. 원로목사가 되기 위해 성도들을 대상으로 투표를 하게 되는데, 그 순간까지는 인심을 얻기 위해 갖은 수고를 다합니다. 원로에 대한 예우를 쟁취하기 위해 수단과 방법을 가리지 않습니다.

교회가 분열 위기에 있음에도, 후임 목사가 이단 소리를 듣는데도, 성도들과 교회를 위해 오랜 기간 몸담았던 교회를 위해 만사를 제쳐두고 와서 신음하는 양들을 위해 수고를 해야 하는 것이 원로목사 아니겠습니까? 사정이 그러함에도 얼씬도 하지 않는 원로들이 있습니다.

반대로 원로장로라는 사람들은 교회에 위기가 왔다는 명목으로, 또는 교회에 화평이 필요하다는 명목으로 그들과 함께합니다. 이런 자들을 위한 원로제도가 꼭 필요할까요? 원로가 되면 천국 백성이 되는 인증서라도 얻게 되는 것일까요?

모든 제도는 힘없고 불우한 이웃, 그리고 사랑하는 성도들을 위한 제도로 바뀌어야 합니다. 잇속만 챙기는 지도자들의 편에서 법을 만들 게 아니라, 연약한 성도들을 위해 법이 존재해야 합니다. 그러므로 위임제도와 원로제도는 종교개혁 500주년을 맞아 1순위로 사라지도록 해야 합니다. 한국교회의 미래가 여기에 달려 있습니다.

교회의 제도는 서로 화평하고 사랑하는 방향으로 모든 것이 탈바꿈해야 합니다. 주님께서 명령하신 서로 사랑하라는 법을 토대로 서로 소통하고 나누며 사랑할 때, 우리의 믿음생활이 한층 가벼워질 것입니다. 주님께서 우리를 사랑하신 것처럼 사랑할 때, 신앙인들의 무거운 짐과 멍에를 지울 수 있습니다.

그러므로 이 두 제도를 폐지하지 않고서는 새로운 4차산업의 진입로로 들어갈 수 없습니다. 이를 절실히 느끼고 깨달아야 합니다. 믿음 안에서 샘솟듯 충만한 아이디어가 창출되지 않는다면 무한한 발전 가능성을 기대할 수 없습니다.

주님께서 우리 신앙인들에게 가능하도록 허락하신 모든 범위 안에서 최대한 이웃을 돌아보며, 모든 이들을 사랑할 수 있는 포용과 함께, 주님의 말씀을 전하는 복음의 전도사들이 돼야 할 것입니다. 그것이 바로 주님의 방법이요, 주님을 미소짓게 하는 것입니다.

각 교단의 장점을 합친다면

필자는 어린 시절부터 '교회가 하나되자'는 이야기를 많이 들어 왔습니다. 귀가 따갑도록 들어온 말인데, 지금까지 깜깜무소식입니다. 하나님께서는 유일하신데 말입니다.

우리나라에 기독교가 들어온지 벌써 130년에 이르렀습니다. 하지만 유럽이나 아메리카, 아프리카 등에는 기독교 역사가 깊은데도 교단이 많지 않지만, 우리나라에는 이렇게 많은 교단이 있다는 것에 마음이 서글퍼 옵니다. 이 모두가 대한민국의 국민성이 그래서인지는 몰라도, 우리의 계파들은 무수히 많습니다.

옛 우리 조상들의 '당파싸움'이라는 뿌리 깊은 악습이 오늘날에도 이어져 옵니다. 모든 곳에서 계파 간의 치열한 싸움으로 원래의 목적은 사라져 버린 채 앙금만 남아, 이웃을 포용하려 하지도 않으며 내 중심에서 모든 것을 하려 합니다.

심지어 당회원들 중에서도 이웃 교단들에 대해 잘 몰라서, 멀쩡한 교회를 이단으로 몰아세우는 어처구니없는 일도 간혹 목격합니다. 자신의 생각만으로 남을 함부로 판단하는 셈이지요. 당회원쯤 되시면, 다른 교단에 대한 공부도 좀 하셔야 하지 않겠습니까? 무조건 내 교단 외에는 모두 이단 취급을 하고 있으니, 그래 가지고 어떻게 성도 앞에 나와 섬길 수 있겠습니까? 제발 교회 지도자들께서는 공부를 좀 하시길 바랍니다. 때로는 너무 황당한 말을 하고, 해도해도 너무하는 지도자들도 있습니다.

예를 들어 장로교회에는 대표적으로 고신, 통합, 합동(가나다 순)이 있습니다. 이 외에도 많은 교단들이 있지만 예를 들어 드리는 말씀입니다. 우리 장로교는 고신과 통합, 합동의 좋은 점만을 취해 하나로 묶으면 어떨까요.

그리고 순복음교회, 침례교회, 성결교회, 구세군교회 등의 좋은 점을 하나로 묶어, 말씀으로 시작하여 각종 법규를 하나로 만들면 좋겠습니다. 교회와 교단은 다르지만, 말씀과 법만은 모두 하나로 묶는다면 얼마나 귀한 일이겠습니까? 그렇게 될 수 있다면, 모든 교단들을 통일할 수도 있을 것입니다.

그리고 자신들의 교단만 옳다고 주장할 것이 아니라, 먼저 서로 내려놓고 처음부터 다시 시작하는 초대교회의 역사를 되새기며 하나하나씩 해결해 나간다면, 분명 돌파구를 찾을 수 있으리라 봅니다. 서로 내 교단이 옳다, 네 교단이 틀렸다 하는 식의 소모전도 사라지고, 비신자들도 기독교를 다시 보지 않겠습니까?

우리 교인들은 날마다 주님의 삶을 닮아 가려고 애쓰며 전도하는데, 교단 지도자들은 잘못된 권력 싸움을 지속하니, 주님께서 지금도 한탄하고 계심을 모르시나요?

말씀을 전할 때만은 늘 나를 내려놓는다고, 낮은 자세로 일하겠다고, 겸손한 마음으로 일하겠다고 입버릇처럼 말하면서, 어째 실천은 하지 못하시는지요.

분명 하나될 수 있는 방법이 있습니다. 자신의 기득권을 내려놓고, 주님께서 옆에 앉아 계시다고 생각해 보시면 자연적으로 해결되리라 봅니다. 정말 주님을 뜨겁게 사랑한다면, 지금의 작태를 되풀이하지는 않을 것입니다.

하나님께서는 한 분이신데 교파는 너무 많은 것을 볼 때, 주님께 죄송한 마음뿐입니다. 평신도를 조금이라도 생각하신다면, 제발 기득권과 권력을 내려놓아 주시기를 당부드립니다.

이 땅에서 주님의 복음을 위해 고난을 당하며 순교를 불사하신 믿음의 선진들의 희생이 없었다면, 오늘 우리가 이렇게 평화롭고 행복하게 주님의 사역을 할 수 있겠습니까? 물론 그분들은 죽음으로 보여 주셨지만, 오늘의 지도자들께서는 '살아서 순교하는 방법'을 기도하시면서 품어 보시기를 간곡히 바랍니다.

'살아서 순교'는 바로 내가 숨 쉬는 순간마다 모든 것을 내려놓고 오직 주님만 바라보는, 영적 삶이 살아 숨 쉬는 것 아닐까요? 그리고 지금 내가 있는 곳에서 최선을 다하며, 오직 성도와 믿지 않는 자들에게 천국으로 인도할 수 있는 길을 마련하는 데 헌신하는 것입니다.

계파 정치도 몰아내야 합니다. 그리스도인들에게는 편이 없어야 합니다. 오직 주님의 편이지요. 특히 교회 안에서도 편 가르기가 많이 나타납니다. 내 마음에 들지 않는 성도에게는 매몰차게 대하고, 아부하는 성도에게만 권한을 줍니다. 하지만 교회의 모든 성도는 주님 안에서 하나입니다. 그것도 모르시는 분들이 지도자 자리를 꿰차고 있으니, 교회 안에 늘 갈등이 존재하는 것입니다.

결론적으로 한국교회에서는 이단을 제외한 모든 교단과 계파가 하나로 묶여야 합니다. 말씀 안에서 모든 것이 하나된다면, 복음이 땅끝까지 전파될 것이라 확신합니다.

말씀드렸듯 각 교단들이 하나되기 전에, 우선 말씀 안에서 모든 법규나 윤리 등을 하나로 묶어 서로 옳고 그름을 판단할 수 없도록 해야 하겠습니다. 그렇게 한다면, 한국 기독교는 날로날로 부흥하고 성장할 것입니다.

교회가 개혁되지 않는 이유

필자가 어린 시절에는 교회가 세상을 리드하여 변화를 이뤄냈습니다. 하지만 현 시대에는 교회가 세상을 리드하지 못하고 오히려 게으름을 피우다 세상에 추월을 당하니, 주님 보시기에 너무 가슴이 아플 것 같습니다.

특히 주님께서는 이 땅에 오실 때 유대인과 바리새인, 서기관들이 오랜 기간 젖어 왔던 관습과 관행을 거부하셨기에, 이들은 변화를 두려워하며 자신들이 누리는 삶을 이어가기 위해 주님을 십자가 형틀에 못 박고 말았습니다. 이 땅에 오신 주님은 개혁과 복음의 구조조정을 위해 최선을 다하신 분임을 우리는 배워야 합니다.

'툭'하면 터져 나오는 기독교 지도자들의 나쁜 소식은 복음 증거에 크나큰 걸림돌이 되고 있음을 개탄할 뿐입니다. 이 땅을 피와 눈물, 땀으로 물들인 선배들의 숭고한 전도의 열정과 순교의 결실로 복음이 폭발적으로 이어져 왔습니다. 하지만 지금은 선배들의 순교 정신은 어디론가 사라져 버렸고, 기독교는 교회 지도자들의 물욕과 권력, 비리와 명예욕으로 얼룩져 세상에 흠집을 생산하는 종교로 변질되어, 세상 사람들에게 손가락질을 받고 있는 안타까운 현실입니다.

이제 기독교의 변화 없이 주님이 계시는 천국을 소개하기 힘듭니다. 이미 세상에서는 구조조정이라는 안타까운 절차를 통해 기업을 되살리며 새로운 도약의 발판을 마련하였음을 기억해야 합니다.

기독교에 있어 구조조정(restructuring)이란, 지교회 및 노회, 총회, 그리고 운영하고 있는 모든 시설과 기관들의 기능 또는 효율을 보다 높이고자 실시하는 것입니다. 복음 전파를 위한 구조조정은 부실한 사업, 비능률적 조직을 능률적 사업 구조로 개편하며 전환하는 것을 말합니다.

성장에 걸림돌이 되는 조직은 축소 또는 폐쇄하며, 중복된 사업은 통폐합하고, 기구 및 인원을 감축하며, 부동산 소유 자산 매각 처분 같은 방법을 단행하는 방안도 있습니다.

그러므로 복음 성장에 있어 필요하다고 판단되는 경우, 이들 사업을 '합리화 사업'으로 지정하여 경쟁력 있게 복음 전파를 할 수 있게 탈바꿈하도록 모든 성도가 협력하여 좋은 제안을 바탕으로 시행해야 합니다.

지금은 당회부터 교회 내 모든 조직이 오래 전부터 시행해 오던 것들을 그대로 사용하고 있습니다. 이를 과감히 탈피하지 못하고 변화를 거부하며 시대의 요구에 안주하고 있음을 하루속히 깨닫고 변화를 시도해야 합니다.

말은 성(聖)노회라고 합니다. 노회장에 출마할 때는 모두들 최선을 다해 일하겠다고 합니다. 그러나 당선되고 나서는 변화의 모습이 보이질 않습니다. 은퇴식과 위임식, 헌신예배와 제직 세미나, 연합회 사업 등에 초빙받아 설교하는 것으로 맡은 소임을 다하는 것 같습니다. 잘못된 관습이나 관행, 그리고 소외되고 불행한 이들을 위한 사업은 나몰라라 합니다.

위임식이나 은퇴식 등을 간소화할 수는 없을까요. 사회에서도 공공기관이나 기업 은퇴식을 교회처럼 하지는 않습니다. 담당 부서에서 조용히 하고 맙니다. 하지만 교회의 은퇴식은 그야말로 화려합니다. 교회 안팎에는 화환의 물결이 넘실거리고, 초빙되는 분들의 축사와 격려사가 왜 그리 많은지요. 위임식도 마찬가지입니다.

또 순서를 맡은 분에게는 사례금을 지불합니다. 참 어처구니없는 행사입니다. 성도들의 힘든 삶에서 나온 헌금을 물 쓰듯하는데, 천국 열쇠와 무관한 '일당 수령'이 아니고 무엇이겠습니까? 정작 성도가 행사를 위해 봉사하는 것은 전혀 모릅니다.

사회에서는 은퇴한 사람이 절대 간섭하는 법이 없는데, 교회에서는 원로장로·목사의 지나친 간섭 때문에 교회가 분열을 초래하고, 성도의 가슴에 상처를 주며, 이웃 비신자들의 눈살을 찌푸리게 하는 안타까운 사연들이 넘쳐납니다. 이는 더욱 주님의 영광과 무관함을 잊어서는 안 될 것입니다.

헌신예배에도 문제가 많습니다. 교회 각 부서 헌신예배는 형식적으로 기관

경비를 충당하는 자리로 변질된 실정입니다. 헌신예배 목적에 합당한 강사를 모셔야 함에도, 담임목사님과 선후배거나 같은 지역에 계신 분들을 초빙합니다. 이럴 바에는 헌신예배를 드리지 않는 것이 옳은 일 아닐까요.

매년 두 차례 실시하는 노회도 정말 비생산적입니다. 총대 수가 많은 교회의 장로나 목사는 어깨에 힘을 줍니다. 부노회장과 노회장이 되기 위해 총대 숫자가 많은 교회 지도자들에게 부탁하기 때문입니다.

은퇴 노회장에게는 어려운 성도가 피와 눈물, 땀으로 주님께 드린 돈을 예우 경비로 지출합니다. 노회장을 하셨던 분이 여비가 없어 노회에 못 오시겠습니까? 그리고 참석을 하셨으면, 후배들을 위해 쓴소리든 달콤한 소리든 무슨 말씀이라도 하고 가시는 것이 도리 아닙니까? 그런데 돈만 챙기고 점심식사 후 돌아가 버립니다. 어찌 보면 일당 받으러 오시는 분들과 무엇이 다른지요!

노회 선거의 타락은 어제오늘 이야기가 아닙니다. 쪽지를 돌려 교환하여, 짜고 투표를 합니다. 총회에 총대로 참석하는 일도 그렇습니다. 가는 사람들만 매년 갑니다. 개혁을 해야 할 사안에는 과감히 한목소리를 내어야 하는데, 말 한 마디 못하고 '총대 참석'이라는 명예만 누리며 지교회에 와서는 어깨에 힘만 주는 모습을 보려니, 참 한심하기 짝이 없습니다.

주일학교에서 복음을 위해 프로그램을 짜 놓으면, 장로님들이 막아섭니다. 앞으로 총회법을 개혁하여 정말 '장로 같은 장로'들만 안수받게 해야 합니다. 사회에서 패거리들이 하는 짓들을 서슴지 않고 교회 안에서 하고 있으니 개탄스럽습니다.

또 담임목사와 장로를 임기제로, 매 5년마다 재신임하도록 총회법을 개혁했으면 합니다. 현재 기독교가 앞으로 나아가지 못하고 과감하게 개혁하지 못하는 이유는, 연로하신 분들이 자리를 꿰차고 있기 때문입니다. 자신들의 밥그릇만 챙기느라 새로운 시대를 열지 못하고 있기 때문입니다. 이제 기독교가 변하지 않으면, 타종교에 밀려 이 땅에서 사라져 가는 위기가 곧 들이닥칠 것임을 깊이 깨달아야 합니다.

원로장로와 원로목사 제도는 과감히 폐지해야 합니다. 주님의 복음과 전혀 무관한 자리입니다. 성경에서 주님께서는 상석에 앉지 말라고 당부하지 않으셨나요? 무슨 뜻인지는 잘 아실 것입니다.

그리고 기독교 내 모든 기구에는 참신한 인재를 등용해야 합니다. 인재를 등용할 의사는 전혀 없이, 자신을 잘 따르는 성도에게만 요직을 선사합니다. 자리만 지키고 있다 다음 해에 더 좋은 직책을 배정받습니다. 그리고 자신의 지역 사람들로 자리를 구성하여, 마치 자신을 보스처럼 따르게 합니다.

교회는 주님 안에서 형제들 간에 서로 사랑하고 협력하여 주님을 기쁘시게 하는 곳임을 결코 잊어선 안 될 것입니다. 그 주님 때문에 우리는 고아와 과부들을 위해, 어렵고 힘든 이들을 위해, 불행한 이들을 위해, 그리고 교도소 안에서 신음하는 이들을 위해 사역해야 합니다. 자신의 명예와 부를 위하는 것은 주님의 방법이 아닙니다.

설교 때는 그렇게 천사처럼 말하면서, 정작 본인은 물질욕과 자랑과 교만으로 충만하여 주님 뜻과는 전혀 다른 길로 나아감이 가슴 아픕니다. 이제 변하지 않으면 기독교의 미래는 없습니다. 더 늦기 전에 나 자신을 먼저 개혁하며, 철저한 자기반성을 통해 이웃을 바라보아야 하겠습니다.

현재 교회 안에 개혁해야 할 일들이 너무 많습니다. 지도자들은 하루속히 이를 진단하여, 미래의 복음을 위해 당장 자신부터 나서, 모든 성도에게 존경을 받는 종이자 세상 사람들이 좋아하는 기독교인으로 바뀌어야 합니다. 이 땅에 주님의 사랑이 충만하게 넘치는 아름다운 교회가 늘어나기를 진심으로 소망합니다.

한국교회, '변화의 골든타임'

하루하루를 어떻게 믿음으로 살아가는지에 따라 성도들의 삶이 결정됩니다. 진실한 기도와 행함이 없는 믿음은, 주님 앞에 모두 무효임을 알아야 합니다. 위대한 믿음은 긍정과 열정 없이 이루어지지 않습니다.

주님을 믿노라 하면서 지체하며 시간을 허비하면, 소돔과 고모라의 결론이 기다릴 뿐입니다. 우리는 믿음 생활을 잠시도 지체하지 말고, 천국 열쇠를 차지하기 위해 모든 삶의 목표를 주님과 함께해야 합니다. 그 주님과 함께하는 비결은 꿇어 엎드리는 겸손과, 불행한 이웃의 벗이 되려 노력하는 믿음입니다. 이것이 주님께 드리는 참 예배요 승리하는 비결입니다.

하지만 요즘 민망하고 당혹스러운 뉴스들이 귀가 간지러울 정도로 들려와 몸둘 바를 모르겠습니다. 어디서부터 잘못된 것인지 분간할 수 없을 만큼 난감한 사건들이 매일 기사화되어, 교회는 웃음거리가 되었고 조롱받는 정도가 심각하기만 합니다.

자전거 30대를 훔친 목사, 장애인을 성추행 및 폭행한 목사, 보이스피싱 사건에 연루된 목사, 음주 후 경찰서에서 난동을 부리다 세상을 떠들썩하게 했던 한 사회복지단체 목사, 교수 청빙 명목으로 수억 원을 챙긴 목사…. 그 뿐 아닙니다. 정치권에서 자신을 버렸다며 자살하기 전 뇌물 리스트를 작성한 장로, 그리고 그 리스트에 적힌 많은 장로와 집사들, 그리고 최근에는 서울역 에스컬레이터에서 여성들의 '몰카'를 찍다 적발된 목사도 있었습니다.

정말 왜들 이러시는지요. 오늘날 교회는 마치 '부동산 매물' 같은 모습으로 전락하고 말았습니다. 참으로 안타까울 뿐입니다. 지금 이 순간에도 자기 성찰과 회개 없이 습관적 신앙에서 탈피하지 못하고 있는 성도들이 적지 않습니다.

이 모두는 결국 지도자들이 부패한 탓으로 돌릴 수밖에 없다고 봅니다. 물론 모든 지도자들이 다 그렇다고 할 수는 없습니다. 소금처럼 빛처럼 헌신적이고 깨끗한 주님의 참된 지도자들도 많이 있다고 필자는 믿습니다. 그런데도 이러한 사건들이 왜 끊이지 않는 걸까요?

교회에서 성경 말씀을 바르게 가르치지 않은 채, 잘못된 신앙을 지적하고 바른 삶을 살 수 있도록 훈계하고 가르쳐야 할 지도자들이 오히려 재물에 눈이 흐려져 있기 때문입니다. 구약 여호수아서에 나오는 아간과 같은 종말이 들이닥칠 줄 모른 채, 연일 사탄의 모습을 분간하지 못하고 죄 짓는 일에 열을 올리고 있으니, 한심하기 이를 데 없습니다.

개인이 공동체의 평화를 마치 살얼음 깨듯 쉽게 깨어버리는 일도 일어납니다. 공동체의 기본인 가정에서도 구성원 각자가 서로를 배려하고 자신의 책임을 다하지 않으면 불화가 생기기 십상인데 말입니다. 여러분, 주님을 따라가며 자기 몫의 십자가를 지는 사명은, 세상 누구도 대신해 줄 수 없는 나의 믿음이자 역할이며, 부활하신 주님의 영광에 참예하는 복의 증거임을 잊지 맙시다.

하지만 실망하기에는 이릅니다. 왜냐구요? 주님께서는 우리가 잘못을 회개하고 돌아오기를 지금도 기다리시기 때문입니다. 그것이 바로 '골든타임(golden time·사건사고에서 인명을 구조하기 위한 초반 금쪽같은 시간)' 아니겠습니까?

주님께서는 가장 비참한 모습으로 하나님 아버지에게조차 철저히 외면당한 외로움 속에서도, 하나님의 아들로서 그 사명을 마무리하시지 않았습니까? 그러므로 그 예수님의 발자취를 통해, 예수님께서 느끼셨던 진실한 아픔과 고통을 읽어내고 우리도 그렇게 살고자 몸부림쳐야 할 것입니다.

철저한 반성과 회개를 통하여, 주님께서 기다리고 계시는 '골든타임'의 기회를 놓치지 말아야 할 것입니다. 우리에게 참된 행복을 주는 진리를 깨닫게 하시기 위해, 그분께서는 십자가의 길을 스스로 걸어가셨던 분임을 우리는 삶으로 간증해야 합니다. 주님께서는 그토록 사랑했던 사람들에게서 배신과 수난과 조롱을 당하시면서도, 우리를 향한 그 사랑을 완성하시기 위해 스스로 십자가에 못 박히셨습니다.

그분의 비참한 모습 속에, 그 동안 주님께서 위로하시고 품에 안아주셨던 모든 슬픈 이들의 모습이 고스란히 담겨 있음을 발견할 수 있었으면 좋겠습니다. 그러므로 예수님께서 참으로 고통스러웠던 것은, 당신께서 당하신 그 고통이 아니라 험악한 세상에 남겨진 우리들을 향한 고뇌의 아픔 때문이었을 것입니다.

그러므로 주님께서는 교회 지도자들이 사고를 치며 실수하는 것을 보시면서도, 지금이라도 뉘우치고 돌아오기를 간절히 열망하고 계신 것입니다. 예수님이 계실 때는 걱정이 없었지만, 이제 직접 돌봐주지 못하는 당신의 안타까운 마음입니다. 교회 지도자들은 이러한 주님의 무한하신 사랑을, 손수 하셨던 그 일들을 여러분들이 이어 주기를 애타게 기대하고 있는 그 마음을 깨달아야 합니다.

사랑하는 교회의 지도자들이여! "거짓말하는 자는 자기가 해한 자를 미워하고 아첨하는 입은 패망을 일으키느니라(잠 26:28)", "너는 거짓된 풍설을 퍼뜨리지 말며 악인과 연합하여 위증하는 증인이 되지 말며, 다수를 따라 악을 행하지 말며 송사에 다수를 따라 부당한 증인을 하지 말며 가난한 자의 송사라고 해서 편벽되이 두둔하지 말지니라(출 23:1-3)"는 말씀을 기억합시다.

심령에서 우러나오는 깊은 자기 성찰과 회개를 통한 '골든타임'을 절대 놓쳐서는 안 됩니다. 천군 나팔 소리와 함께 재림하실 주님이 오시기 전에, 이 '골든타임'의 찬스를 잡아 영원히 후회하지 않는 삶을 살아가기를 바랍니다.

그리고 고통의 아골 골짜기에서 속히 빠져 나오셔서 주님 주시는 참 평화를 맛보시기를 소망하고, 성도들과 더불어 즐겁고 행복한 믿음 생활을 할 수 있도록 권면하며, 이웃을 사랑하는 지도자의 참 모습을 날마다 보여주시는 귀한 종들이 되시기를 기대합니다.

변화산상의 빛, 세상의 빛

"예수께서 베드로와 요한과 야고보를 데리고 기도하시러 산에 올라 가사 기도하실 때에 용모가 변화되고 그 옷이 희어져 광채가 나더라(눅 9:29)".

예수님께서 변화하셨던 사건은 예수님의 영광, 곧 수난과 죽음을 겪으시고 부활·승천하신 후 하나님의 우편에 앉게 되실 영광인 동시에, 재림에서 실현될 영광을 예시해 주는 사건입니다.

'영광의 빛', 빛이라는 것이 내가 내고 싶다고 해서 낼 수 있는 것이 아닙니다. 위 본문에는 예수님께서 산에 오르시어 기도하시던 중 빛이 발했습니다. 그리고 예수님의 얼굴이 달라지고, 의복도 하얗게 눈이 부시도록 빛을 발했습니다. 특히 예수님께서는 빛 자체이신 분이므로, 빛을 발산하는 것은 당연지사입니다.

간혹 빛을 내는 사람들을 볼 수 있습니다. 그 빛은 오로지 사람의 내면에서 발산되는 것인데, 예수님과 함께할 때 그 빛이 눈부시게 비춰지는 것입니다. 주님의 말씀을 감동으로 받아들일 때, 그리고 주님을 향한 시선에 사로잡힐 때 비로소 빛을 발산하는 것입니다.

주님께서 산에서 기도하시는 동안, 제자들은 주님의 뜻을 잊은 채, 평상시 주님을 따라다니던 습관적인 일상에서 탈피하지 못했습니다. 피곤을 이기지 못했고, 주님께서 하시고자 하는 뜻에 협력하려 하지 못한 채 잠에 취했던 것입니다. 하지만 주님께서 기도하실 때, 분명 그 모습에서는 찬란한 광채가 빛나고 있었습니다.

오늘날 성도님들께서 주님과 함께 산에 오르신다면, 주님의 뜻을 헤아리고 주님께서 주시는 찬란한 빛을 품으며 함께 빛을 발해야 합니다. 그러기 위해선 우리들의 내면에서 우러나오는 신실한 믿음이 있어야 하며, 목구멍으로 나오는 소리보다 가슴 깊은 곳에서 우러나오는 진심 어린 '아멘'의 따뜻한 속삭임이 교회 안팎에 울려 퍼져야 하는 것입니다.

특히 강단에서 목사님의 말씀이 선포될 때 습관적으로 '아멘'을 내지르는 교인들이야말로, 바로 잠에 취해 깨어나지 못하는 것 아니겠습니까? 우리는 성경에서 빛에 관한 말씀을 많이 읽고 듣지만, 실제 그 빛에 대한 이해와 지식이 부족한 것 같습니다. 주님께서 발하신 빛의 신실함을 교인들께서 잊고 사는 게 아닌지 묻고 싶습니다. 그 신실하신 빛에는 믿음과 행함이 동반돼야 합니다. '겉 희고 속 검은 이는 너뿐인가 하노라' 하는 어느 시인의 말이 떠오릅니다.

오늘날 교회에는 교인들이 많지만, 주님께서 찾으시는 성도를 찾아보기는 힘든 것 같습니다. 정말 그리스도인으로서 주님의 뜻에 합당한 제자들이었는지 곰곰이 묵상해 볼 때입니다.

험악했던 당시 세상을 개혁하고 천국을 소개하려 했던 주님의 놀라우신 빛과 사랑을 우리 모두 배우고 가르치며 행함으로, 세상을 향해 빛을 생산해야 할 것입니다.

오늘의 교회를 바라보면, 빛을 잃은 어두운 황무지 같습니다. 주님께서 주신 미소의 빛이 얼굴에 비쳐야 하는데, 무덤덤하기만 한 모습은 천국이 아니라 지옥 같기도 합니다. 특히 얄팍한 술수를 사용하는 지도자들의 모습이야 말로 빛을 잃은 광야 같습니다.

주님께서 올라가신 그 산이 '교회'라 할 수 있습니다. 산에서 기도하실 때 광채가 발했습니다. 바로 우리가 기도하는 교회에서, 세상을 향해 빛을 보여 줘야 합니다. 건물이 얼마나 크냐에 따라 빛이 크고 작은 것이 아니고, 달려 있는 십자가의 모습에 따라 빛을 발하는 것이 아닙니다. 오직 믿음으로 주님을 의탁하며, 신뢰를 바탕으로 세상에 진실한 마음으로 접근할 때 빛이 드러날 것입니다.

'너희는 세상의 빛'이라고 명백히 선포하신 주님의 뜻에는 관심 없이 마치 자신이 예수님인 것처럼 행동하는 지도자들 때문에, 기독교가 점점 빛의 사명에 무감각해지고 있습니다. 기독교인들을 박해하던 사도 바울은 다메섹에서 주님께서 주시는 빛을 보고 그 빛을 품음으로, 오히려 박해를 뒤집고 사랑으로 세상을 변화시켜 기독교 역사상 위대한 인물로 평가받는 귀한 사도가 되었던 것입니다.

그러나 오늘날의 지도자들은 과연 어떠합니까? 세상을 변화시키고 세상에 빛을 비춰야 할 분들이 강단에서 전하는 말씀들을 듣노라면, 정말 기가 막힙니다. 말씀은 사라지고 오직 인기에 연연하며, 자기 자랑으로 일관하고 변명을 하며 세상 논리로 자신의 논리를 합리화하는 어처구니없는 목자들이 강단에서 연출하는 모습들을 보노라면, 주님의 재림이 가까웠음을 느낍니다.

특히 사업의 실패로 아파하는 성도에게 주님 주시는 평안의 참 빛을 선물하려는 노력 없이, 오직 물욕과 탐심으로 인해 소외되고 가난한 성도를 바라보지 못하고, 교회 안의 권력자나 부유한 이들과 한 편이 되어 성도의 마음에 상처를 주는 지도자들 때문에, 교회는 차츰차츰 빛을 잃어가고 근본 사명이 송두리째 사라져 버리고 있습니다.

교회는 분명히 세상을 향해 빛을 발해야 하고, 그 본연의 의무를 다하여야 합니다. 곧 그것이 주님을 기쁘시게 하는 일입니다.

나 자신을 내려놓으라는 설교를 많이 하시지만, 정작 본인은 내려놓지 않는 것이 문제입니다. 빛은 곧 그리스도입니다. 빛된 말씀을 전하시는 분은 목사님들이지만, 그 빛을 세상에서 발산하는 것은 성도의 몫임을 기억합시다.

두 벌 옷도 없던 주님, 양복과 외제차 가진 목사님

예수님께서는 "여행을 위하여 배낭이나 두 벌 옷이나 신이나 지팡이를 가지지 말라 이는 일꾼이 저 먹을 것 받는 것이 당연함이니라(마 10:10)"고 말씀하셨습니다.

목사와 장로의 길은 복된 길이기도 하지만 고난의 길이기도 합니다. 섬김을 받는 귀한 자리이기도 하지만, 섬겨야 하는 낮은 자리이기도 합니다. 일꾼들이 받는 생활비가 당연한 것은, 성도보다 많은 권위와 권력을 갖고 있기 때문만은 아닙니다. 혹 하나님의 권위에 누를 끼칠까 봐 좋은 옷을 입고 좋은 차를 타기 위함도 아닙니다.

예수님 말씀에 따라 금이나 은이나 동전이나 허리춤의 '돈 주머니'에 넣어

두지 않기 때문입니다. 여행용 가방도 가지지 말고, 두 벌 옷이나 신발이나 지팡이도 갖고 있지 않기 때문입니다.

필자는 배고프던 어린 시절 양말을 몇 번씩 꿰매 신다 보니, 뒤쪽이 항상 볼록했습니다. 추석이나 설 명절이 되어야 새 양말과 새 고무신, 새 운동화를 신을 수 있었습니다. 당시엔 양복이 그리 흔한 시절이 아니었으므로, 목사님들도 단벌 신사로 목회하곤 했습니다.

그 힘든 세월 속에서도 목사님과 장로님들은 어려운 성도를 찾아, 끼니를 굶지는 않는지, 질병으로 고통 당하지 않는지 세심하게 살펴 주셨습니다. 혹 끼니를 거르는 가정이 있으면, 몰래 대문 앞에 쌀이나 보리 한 말을 놓고 오던 아름다운 시절이었습니다. 지금과 같은 큰 교회는 아니지만, 서로 사랑하고 합력하여 선을 이루는 아름다운 모습들이 세상 가운데 빛이 되곤 했던 것입니다.

하지만 오늘날 목회자나 지도자들의 모습은 어떠한가요? 정말 실망스럽고, 한심하기 짝이 없습니다. 목사는 강단에서 말씀을 갈구하는 성도들에게 영의 양식을 먹일 의사 없이, 자신의 신세 타령이나 하고 불만을 터트리거나, 자랑과 교만에 가득 찬 말씀을 내뱉습니다. 아무 것도 모르는 양들은 그저 '아멘', '아멘' 할 수밖에 없지요. 혹 '아멘' 소리가 나오지 않으면, '아멘 소리가 들리지 않는다'시며 아멘을 '강조'합니다.

그리고 강단에서 늘 '한국교회가 이래서야 되겠느냐'고 하십니다. 목회자들이 회개를 해야 된다고 외치시는데, 왜 정작 본인은 이를 실천하지 않는 걸까요? 이처럼 말과 행동이 함께하지 않는 주의 종들이 얼마나 많은지 근심스럽습니다.

필자는 지도자 분들께, 주일예배에서 말씀을 증거하실 때를 제외하고는 양복을 벗으시라고 말씀드리고 싶습니다. 양복을 늘 입고 계시니, 소외되고 어려운 성도들을 돌아보는 데 지장을 초래하지 않나 하는 것입니다. 양복은 제단 앞에 겸손하게 예배드릴 때를 제외하고는 벗으시고, 성도들이나 이웃 주민들과 소통하며 행동으로 함께해 주시면 좋겠습니다.

겉으로는 거룩하고 근엄한 척하시면서, 실상 거짓의 옷을 입고 있습니다. 주의 종이 되겠다고 결심하던 초심으로 돌아가 소명의식을 갖고 목회하지 않으시려면, 아직 새해인 이 시점에서 깊이 성찰하시고 '목사'나 '장로'라는 그 직분을 과감하게 내려놓는 것도 고려해 보시기 바랍니다.

요즘엔 양복 입은 목사님들이 너무 많은 것 같습니다. 거기다 외제차, 고급차를 구입해 세상 사람 못지 않게 과시합니다. 그러나 주님께서는 호화로운 마차나 좋은 말을 타고 예루살렘에 들어가시지 않았음을 기억합시다. 우리 주님은 어린 나귀 새끼를 타셨습니다. 왜 그런 부분에서는 소홀히 하시는 걸까요?

어떤 목사님은 돈이 많고 권력을 가진 장로나 성도들에게 아부합니다. 분명 교회 일을 잘못 하고 있는데도, 오히려 그들을 두둔합니다. 하지만 힘 없고 연약한 성도들에게는 싸늘하게 대합니다.

슬기로운 다섯 처녀 비유를 설교하시면서, 왜 정작 자신은 그 의미를 모를까요? 곧 들이닥칠 주님의 재림을 의심이라도 하시는 걸까요? 선한 사마리아인이 되라고 설교하시지만, 왜 정작 자신은 제사장이나 레위인이라고 생각해 보진 않을까요? 가난한 이웃과 소외되고 불행한 이들의 상처에 기름과 포도주를 붓고 싸매어 주어야 할 자들이 그들을 지나치고 외면하는 그 뻔뻔한 모습을 필자는 차마 볼 수 없습니다.

크다 싶은 교회 목사님을 학교에 초빙하여 강의를 맡기기도 합니다. 정작 교회 강단에서 엉터리 설교를 많이 하시는 분인데도, 교회가 크고 도움을 준다고 강의를 부탁합니다. 과연 그 신학교 학생들의 자질은 어떻게 될까요? 이웃 주민들이 자연재해를 당하거나 큰 어려움이 처해도 수수방관하지만, 복지를 한답시고 기관장 자리는 맡고 강의 초빙에는 응합니다. 만찬에 초대되어 지역 유지 노릇은 잘하십니다.

교회 안에서는 아부 잘하고, 선물과 봉투를 잘 주고, 점심·저녁을 잘 대접하는 성도들에게 잘 대해 주십니다. 그렇지 않은 성도들은 오히려 모함하는 진풍경도 연출합니다. 그들은 목사님 앞에서 봉사를 잘합니다. 그러나 목사님이 자리에 없으면 하던 일도 안 하고, 목사님을 욕하곤 합니다. 정말 한심하고 우스운 꼴들이 교회 안에서 만연해 있습니다.

목사와 장로라면 교회 안에서는 성도들에게 인정받고, 밖으로는 믿지 않는 자들에게 존경받아야 할 하나님의 청지기입니다. 그러므로, 제발 양복을 벗으시고, 진실한 모습으로 성도들 속으로 들어오시기 바랍니다. 주님께서 십자가 달리시어 고통 중에 말씀하신, "저들을 사하여 주소서! 자신들이 하는 것을 모르나이다" 부르짖는 음성을 듣고, 새로운 성도의 모습으로 모범을 보이시며 가난한 이웃의 벗이 되어 주시기를 당부합니다.

천하보다 귀한 양들, 흩어지게 하는 목자라면

"여호와의 말씀이니라 내 목장의 양 떼를 멸하며 흩어지게 하는 목자에게 화가 있으리라(렘 23:1)".

예레미야 23장에서는 다윗의 계보를 통한 메시야의 도래를 예고함과 아울러, 거짓 선지자들을 정죄하는 내용이 언급됩니다. 메시아는 하나님의 의로운 목자로서 공의와 평화로 가득 찬 나라를 세우시겠지만, 유다의 거짓 선지자들은 백성들을 더욱 더 그릇된 길로 가게 할 것임을 암시합니다.

불순종하고 불의한 목자들을 폐하고 하나님의 의로운 목자, 신실한 목자를 새롭게 세울 것을 선포합니다. 하나님께서 유다 왕국을 심판하시되, 심판과 재앙의 날이 지나면 새로운 시대가 도래하리라는 예언의 말씀이 담겨 있습니다.

모든 생명은 하나님에게서 시작됩니다. 사랑하는 나의 가족들, 그리고 나의 이웃들과 나의 친구들, 심지어 내가 미워하고 시기하고 멀리하는 적들도 다 하나님께로부터 온 소중한 영혼들입니다. 거리에 풀 한 포기, 벌레 하나, 공중에 떠 있는 새들 역시 하나님에게서 온 것입니다.

하지만 오늘날 한국교회 안에는 양떼들과 소통이 없는, 주님의 뜻과 무관하게 자신들 뜻대로 하면서도 '하나님의 뜻대로'를 외치는 이들이 있습니다. 입만 열면 자신들의 뜻을 '하나님의 뜻'이라고 앵무새처럼 말하는 이들이 있어 실로 안타깝습니다. 더 기이한 현상은 강대상에서 선포되는 말씀에 무조건 '아멘'으로 일관하는 신앙인들이 있는데, 매우 유감스러운 일입니다.

예수님을 믿는 것이 아니라, 목사의 말만 듣고 맹종하는 신앙인들 때문에 목사를 교주로 만들어버리는 참담한 현실입니다. 그래서 한국교회는 더욱 미래를 열지 못하고 있으며, 이러한 어리석은 태만으로 오늘도 주님의 마음만 아프게 하고 있습니다.

목자는 양떼들을 위해 하루가 모자랄 정도로 노심초사하며 늘 긴장 속에 살아야 하지 않습니까? 목자는 양들이 마귀 사탄의 유혹에 현혹되지 않는지, 말씀에 갈증이 있는지, 혹 거짓 선지자들로부터 공격을 당하지 않는지, 가정에 어려운 문제가 있는지, 사업의 문제, 직장의 문제, 자녀의 문제가 있어 고통스러워하고 있지 않은지 늘 살펴야 합니다. 양들의 울타리 둘레에서 늘 파수군의 사명을 감당해야 할텐데, 오히려 양들을 저주하며 떠나라고 하는 목자들을 보면서 슬픈 마음 금할 길 없습니다.

양떼들의 잘못된 신앙심을 수시로 일깨우며, 말씀 안에서 서로 사랑하고 친목하는 법을 가르치며, 주님을 진심으로 사랑하고 믿으며, 신음하는 성도들과 아파하는 세상을 위해 다가가 복음의 소망을 연결해 주며, 하나님께서 약속하신 천국을 차지할 수 있도록 최선을 다해 증거하는 사명을 감당해야 하지 않겠습니까. 그런데도 이를 무시한 채 자신의 잇속과 권력과 명예와 자랑을 위해 교회가 빛을 잃어감에도, 자신들의 즐거운 놀이에만 열중하는 모습을 실로 성직자들이라 할 수 있을지….

주님께서는 소망을 잃고, 힘없이 엠마오로 가는 사랑하는 두 제자를 내쫓지 않으시고, 다시 품으시며 예루살렘으로 부르셨습니다. 주님은 일생 동안

한 번도 양들을 내치는 일이 없으셨고, 오히려 양들을 안전한 우리 안으로 불러 모으기를 좋아하셨습니다.

권력에 짓눌림당하고, 먹을 것조차 마음대로 먹지 못하며, 아파도 신음만할 뿐 제대로 치료 할 수 없었던 당시, 주님께서는 빛을 잃은 사람에게 빛을 선물하셨고, 가난과 외로움에 허덕이는 양들을 위해 천국을 소개하시고, 천국에 갈 수 있는 길을 안내하시며 천국에 들어갈 수 있도록 최선을 다해 말과 행동으로 보여주셨습니다.

특히 주님 말씀이 그리워 찾아온 양들을 물리치지 않으시고, 집으로 돌아가는 길 허기질 것을 긍휼히 여기셔서, 어린아이가 가져온 보리떡 다섯 개와 물고기 두 마리로 오천 명을 먹이고 열두 광주리가 남은 이적은 2,000년이 지난 지금도 우리 심령 깊숙이 감동을 줍니다.

또 세리였던 삭개오의 집과 향유를 뿌린 마리아의 집에 찾아가셔서 회개의 진실을 알려 주시고, 많은 이들을 불러 모아 회개의 합당한 열매를 맺을 수 있도록 깨우쳐 주셨습니다.

사람은 누구나 죄를 짓습니다. 주님처럼 완벽한 이는 이 세상에 한 사람도 없습니다. 하지만 잘못을 인식하고 그 잘못을 뉘우치며 신실한 회개의 열매를 맺어야 하는 것입니다. 그 열매의 성공은 변화의 행동입니다.

목자가 양들을 내치거나 쫓아낸다면 목자로서 가치가 있을까요? 양들이 없는 목자가 목자일까요? 그러므로 목자들은 무조건 양들을 사랑해야 하는 것입니다. 그 사랑 속에는 양들을 품을 수 있는 도량과 역량, 그리고 주님의 사랑을 가르칠 수 있는 리더로서의 충분한 자질과 지식과 가치관이 있어야 합니다.

　주님께서는 죄 없이 십자가 나무 형틀에 달리실 때도, 둘러싼 여인들에게 목자로서 당부하셨습니다. 그리고 좌절과 낙망으로 신음하던 제자들을 부활 승천 이후 다시 마가의 다락방으로 불러 모으셔서 복음의 소망을 일러 주셨습니다. 그렇게 나가서 담대히 전할 수 있는 용기와 믿음을 부여하시면서, 성령의 뜨거운 선물을 나눠주신 것입니다.

　부활하셔서 이 땅에서의 사명을 모두 감당하신 주님께서는 하늘 위로 승천하실 때도 500명이라는 사람들 앞에서 장차 임할 재림의 약속을 하시며, 이 세상에서 볼 수 없었던 환한 미소와 함께 참 평안의 모습으로 승천하셨습니다.

　그러므로 우리는 예수님의 일생을 가만히 살펴볼 필요가 있습니다. 주님께서는 사람을 외모로 판단하지 않으시고, 인종과 국적을 넘어 모두를 사랑하셨으며, 압박으로 신음하는 중생들을 하나님 나라에 다시 불러 모으시기 위해 갖은 수난을 감내하셨고, 양들을 천국의 우리로 들어갈 수 있도록 지금도 교회로 불러 모으고 계십니다.

　주님께서는 양들을 떠나가게 하는 목자에게 화가 있으리라고 말씀하셨습니다. 이 무서운 말씀을 믿음으로 받아들여 회개해야 합니다. 그리고 다시는 양들이 괴로워하는 일이 없도록 전심을 다해 양들을 위해 헌신해야 할 것입니다. 그것이야말로 주님의 마음을 환하게 해 드리는 기쁜 일입니다.

　한 영혼을 천하보다 귀하다고 하셨던 주님의 거룩한 뜻을 사명으로 알고, 다시는 양들을 내치거나 사람을 함부로 판단하고, 공평치 못한 행동을 해서는 안 될 것입니다. 특히 목자는 한 쪽으로 치우치는 일이 없어야 하며, 중심에 서서 평화스런 신앙생활을 위해 하나님께로부터 오는 지혜와 슬기를 모아, 주님께서 주신 사랑의 힘으로 모든 일을 감당해야 할 것입니다.

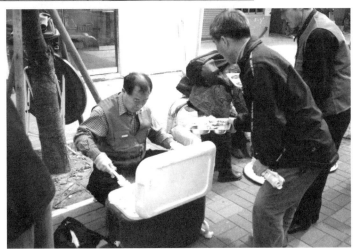

부산시 부산진구 부전역 무료급식 봉사

제10장

함께하는 신앙인들

'알파고'의 설교와 '막말' 설교

요즘 알파고와 이세돌 프로기사의 바둑 대결이 온 세계를 떠들썩하게 하면서, 언론들은 연일 인공지능(AI)을 화두로 삼고 있습니다.

알파고(ALPhaGo)는 알파벳의 구글 딥마인드가 개발한 컴퓨터 바둑 인공지능 프로그램으로, 자신과의 '미러 매치'를 통한 학습이 가능하며, 사내 테스트 결과 바둑 인공지능 컴퓨터들을 상대로 500전 499승을 기록했습니다. 알파고는 유일하게 한 판을 지게 했던 약점도 이미 보완을 했다고 합니다.

인류 역사상 바둑의 최강자인 이세돌 프로기사가 알파고에 5대 0으로 완승할 것이라는 예상이 빗나가면서, 바둑계와 세계인들이 큰 충격에 휩싸였습니다. 서울 종로구 포시즌스 호텔과 한국기원에서 세기의 대결을 지켜보던 많은 바둑계 원로들과 프로 기사들은 충격적인 결과에 "바둑의 신비가 사라질까 걱정"이라고 심한 우려를 표명하였으며, 특히 프로 기사들은 저마다 "알파고가 기존의 통념에서 벗어난 수를 많이 뒀다"면서 "바둑의 아성이 무너졌다"고 저마다 한숨과 탄식을 자아내기도 했습니다.

미래에는 알파고 같은 인공지능의 출현으로 수십만 개의 일자리가 사라지고 새롭게 탄생할 것이라 예상됩니다. 특히 어릴 적 만화에서나 나오던 상상들이 실현되는 시대가 다가오면서, 세계는 더욱 인공지능에 대한 연구를 생존 경쟁으로 삼아 치열하게 할 것입니다.

세상이 이쯤 되고 보면, 문득 주님의 말씀이 떠오릅니다. "천지는 없어지겠으나 내 말은 없어지지 아니하리라(눅 21:33)". 인간이 높아지려고 바벨탑을 쌓았으나 이는 천지의 주재이신 하나님에 대한 도전이었으므로 결국 무너진 것처럼, 지금 제아무리 인공지능 컴퓨터를 개발해 세상을 행복하게 하겠다며 상업적인 계산으로 떠들지만, 하나님 앞에서는 이 모두 부질없는 인간들의 무책임한 욕심에서 비롯되었음을 훗날 깨닫게 될 것입니다.

인공지능의 등장으로 향후 인간들의 삶의 터전도 점점 줄어들 것입니다. 의사, 약사, 교사, 청소원, 심지어 법조인들까지 필요 없는 세상이 올 것이라는 얘기들도 심심찮게 들립니다. 그러나 이는 곧 '현대판 바벨탑'을 쌓는 것 아닐까요. 소돔과 고모라가 그랬던 것처럼, 세상의 끝자락까지 다다르지 않았나 생각해 봅니다.

하지만 인공지능 컴퓨터를 오늘날 우리 교회 안에 접목시켜 보는 것도 어떨까 싶어, 가상으로 이야기를 하고자 합니다. 이것은 어디까지나 필자의 개인적인 생각임을 염두에 두시기 바랍니다.

현재 우리 교계에는 많은 문제점들이 노출되고 있습니다. 잘못된 점들을 하나하나 수정하거나 변화된 참 모습으로 나아가야 하는데, 그렇지 못하고 무사안일과 태평으로 기독교가 안주하고 있는 틈을 타, 사탄의 역사가 이곳 저곳에서 불 일 듯 일어나고 있습니다. 주님 재림하실 때까지 계속 이 상태로 있을 것인지 참으로 안타까워, 인공지능 컴퓨터를 이용하여 새로운 변화를 기대해 보려는 것입니다.

주님을 위해 성도를 위해 피와 눈물, 땀을 쏟으셨던 믿음의 조상들의 삶들과, 현재 순교의 정신으로 목회를 열심히 하고 있는 귀한 종들의 헌신적인 삶과 믿음을 인공지능에 접목하는 것입니다. 그렇게 된다면 앞으로 기독교가 순수한 영적 세계의 중심이 되어, 말씀에 의지하여 세상을 향해 주님께서 행하셨던 일들을 하나하나 실천하게 되니, 주님께서 얼마나 행복해하시겠습니까?

예를 들어 순교자이신 손양원·주기철 목사님, 그리고 살아생전 오직 주님만 의지하며 성도를 위해 열정적으로 헌신하셨던 한경직 목사님, 그리고 구세군 유일 순교자이신 진주영문 노영수 목사님, 그리고 지금도 오직 주님만을 위해 성도와 한국교회 미래를 위해 매일같이 순교의 정신으로 사명을 감당하시는 많은 종들, 그리고 목회자를 도와 열심히 최선을 다해 성도를 섬기며 이웃을 위해 헌신하는 장로님들의 행적과 말씀을 모아 '인공지능'을 제작하면 얼마나 좋을지 상상해 보는 것입니다.

기계는 오차 없이 임무를 수행합니다. 하지만 인간은 자기 감정을 노출하므로 많은 성도의 심령에 상처를 주며, 때로는 싸움으로 양들이 떠나가게 하며, 성도와 교회 지도자 간 불신으로 많은 상처를 제공하는 등 좋지 못한 사건들이 비일비재한 현실이 매우 안타깝기 때문입니다. 특히 심심찮게 터져 나오는 지도자들의 성추문과 공금 횡령 사건은, 어제오늘 일이 아니라 늘 꼬리처럼 따라다니는 추한 모습들로서, 오늘날 기독교 정신에 찬물을 끼얹고 있습니다.

목회자는 강단에서 마음껏 감정을 표출하며, 헌금을 강요하고, 때로는 마음에 들지 않는 성도에게 비유로 막말을 합니다. 주님 말씀을 바르게 전해야 하는데, 자기 자랑과 거짓말로 성도들을 현혹시킵니다. 주님의 사랑을 제대로 알고 사역을 하시는 것인지요. 가인의 제사는 받지 않았다는 설교만 하시지 말고, 제대로 제사를 드릴 수 있도록 지도자들부터 각성해 주셨으면 좋겠습니다. 헌신예배도 금전을 목적으로 하는 것이 아니라, 주님의 마음을 움직일 수 있고 성도도 주님의 뜻에 동참할 수 있도록 해야 하는 것 아닌지요!

'인공지능'의 임무는 또 있습니다. 성경 전체를 저장해 설교를 보다 정확하게 전달하도록 하는 것입니다. 현재 설교를 들으면, 목회자들마다 서로 다른 말을 합니다. 앞서 말했던 훌륭한 목회자들의 설교와 삶의 현장을 프로그래밍하여, 그들에게서 설교를 들으면 어떨까요? 기계는 거짓말을 하지 않고, 실수나 말씀 오용도 하지 않으며, 본문에서 벗어나지도 않을 테니, 정확하게 주님의 메시지를 들려 줄 수 있지 않겠습니까?

물론 기계는 감정이 없으므로, 기독교의 정신인 사랑을 느끼지 못하는 것이 단점입니다. 그래도 거룩한 주일에 말씀을 사모하는 성도에게 갈증을 해소시키고 많은 은혜를 맛보게 할 수 있지 않겠습니까? 지금 설교를 듣는 성도는 잘못 해석되는 말씀을 듣고 혼란을 겪기도 합니다.

특히 하나님께서 인간들에게 일러 주신 계명과 말씀, 그리고 지시하신 명령을 정확하게 전달하고 가르쳐 주는 컴퓨터라면, 막말과 거짓말을 방지할 수 있고, 준비 없는 설교는 아예 듣지 않을 수도 있을 것입니다.

많은 목회자들이 자신의 설교가 잘 전달된다고 착각하시는 것 같습니다. 공부하지 않은 설교, 그리고 형식적인 설교는 듣는 성도도 다 알아차리고 있음을 아시기 바랍니다. 더구나 언행일치를 이루지 않는 목회자들과 장로님들은 주님 보시기에, 그리고 성도와 이웃들에게도 외형적으로 충분히 나타나고 있습니다. 그러므로, 기독교 내에 인공지능 컴퓨터나 기계가 도입되기 전에,

목사님들은 거듭난 사역을 하셔야겠습니다.

덧붙이자면, 성도 중 생활이 어려운 분들이 많습니다. 하지만 목사님께서 심방을 오시니 구차한 살림에도 목사님을 위하여 '봉투'를 준비합니다. 그런데 덥석 받아 안주머니에 넣어 버리는 모습을 보자면, '저분이 진정 성도를 사랑하는 목자인가' 싶어 심방이 끝난 후에도 마음이 썩 편치 않습니다. 지금도 그 광경이 눈에 선합니다. 마치 '수금'을 하기 위한 심방 같았습니다. 만약 인공지능 컴퓨터로 심방을 했더라면, 이런 추한 모습은 없었을 텐데 말입니다.

인공지능 컴퓨터가 교회 안으로 입성하는 그 날은, 아마도 인류가 멸망하는 날 아닐까요? '인공지능의 바벨탑'이 교회 안으로 침투하는 것을 막으려면, 우리 모두 새로운 변화를 선택해야 합니다. 이를 모든 지도자들이 깨닫고, 책임의식을 가지고 양 떼를 위해 낮은 자세로 엎드려 목회에 임하지 않으면 큰 낭패를 당할 것입니다.

교회 지도자들의 피와 눈물과 땀의 개혁과 변화 없이는, 전도와 선교는커녕 양 떼를 푸른 초장, 그리운 주님의 품으로 인도하는 것도 불가능합니다. 부디 순수했던 종으로서의 정신으로 돌아가 주시면 좋겠습니다.

변명과 거짓말에 능숙한 교인들

요즘 청소년들과 대화하다 보면, 거짓말과 참말을 분간하기 어렵습니다. 방금 있었던 일을 직접 목격하고 지적하는데도, 절대 아니라고 합니다. 거짓말을 자연스럽게, 부끄러움도 없이 쏟아냅니다.

필자가 어린 시절에는 부모님께 혹은 선생님께 거짓말을 하면 얼굴이 붉어지고 말도 정상적으로 못한 채 더듬었으며, 몸가짐이 부자연스러워 금세 탄로가 나곤 했습니다. 하지만 요즘 학생들은 끝까지 자연스럽게 연기하며 잘못을 인정하지 않으려 합니다. 완전한 증거를 제시하지 않으면 오히려 지적한 사람이 당하고 마는 경우도 많고, 증거를 제시한다 해도 변명으로 일관하는 것을 보게 됩니다.

변명(辨明)이란, "(어떤 사람이 다른 사람에게 어찌하다고) 잘못이나 실수에 대해 이런 저런 구실을 대며 말하는 것"을 뜻합니다. 변명은 잘못된 일의 원인이 자신보다 다른 외적인 요소에 기인한 바 크므로, 모두 또는 일부분의 책임도 지지 않겠다는 표현이기도 합니다. 또 시인도 부인도 않고 애매모호하게 표현하여, 잘못이나 실수에 관하여 인정하지 않겠다는 것입니다.

거짓말은 사실이 아닌 것을 사실처럼 꾸며 말하는 것입니다. 그러므로 거짓말은 말하는 이가 이미 거짓말임을 알고 있는 상태에서 듣는 이에게 사실로 믿게 하기 위해 하는, 실제와 다른 발언 또는 일부분만 사실인 발언, 혹은 사실 전부를 말하지 않은 것을 의미합니다. 거짓말은 보통 비밀을 지키거나 감정을 감추고 처벌을 피하기 위해 한다고 합니다.

성서 속에도 많은 지도자들이 변명과 거짓말을 하다 하나님께 재앙을 당한 기록들이 나옵니다. 하나님께서 창조하신 아담과 하와도 하나님의 명령에 불순종하여, 먹지 말라는 열매를 취하고 나서도, 솔직하게 자신의 죄를 인정하지 않고 숨어 버렸습니다. 뿐만 아니라 오히려 서로에게 죄를 전가하는 등 변명과 거짓말로 천지의 주인이신 하나님의 마음을 아프게 했습니다.

하나님께서는 아담과 하와를 창조하시고 그들에게 아름다운 낙원에서 행복하게 살도록 해 주셨지만, 이들은 뱀의 간교한 꾐에 넘어가, 먹지 말라 하신 실과를 취하고 말았습니다. 이때 하나님께서는 아담을 부르셨습니다. 그리고는 '왜 먹지 말라는 열매를 먹었느냐'고 질문하셨습니다.

이때 아담이 솔직하게 잘못을 인정하고 뉘우치며 하나님께 용서를 구했다면, 인류는 지금보다 더 행복해질 수 있지 않았을까 상상해 봅니다. 그러나 아담은 "하나님이 주셔서 나와 함께 있게 하신 여자가 열매를 내게 주므로 내가 먹었나이다"라고 변명하고 말았습니다.

이에 하나님께서는 하와에게 질문하셨습니다. 그러나 하와도 "뱀이 나를 꾀므로 내가 먹었나이다"라고 변명했습니다. 아담과 하와는 최초의 사람이면서, 불순종과 변명을 만들어낸 최초의 장본인들이기도 합니다.

가인 역시 동생인 아벨을 죽이고도 뉘우침 없이, 오히려 "내가 아벨을 지키는 자니이까"라는 변명을 함으로써 하나님의 마음을 아프게 하고 말았습니다.

그 뿐입니까. 믿음의 조상인 아브라함은 자신의 부인을 향해 "그대는 나의 누이라 하라! 그러면 내가 그대로 말미암아 안전하고 내 목숨이 그대를 말미암아 보존되리라" 하면서 바로에게 거짓말을 했습니다. 그랄 왕 아비멜렉에게도 똑같은 거짓말을 했습니다. 아버지와 자식은 닮는지, 아들 이삭 역시 블레셋 왕 아비멜렉에게 자신의 부인을 누이라 속였습니다.

요셉의 형들은 요셉을 미워한 나머지 애굽에 팔아넘기는 패륜을 행하고도,

아버지 야곱에게는 "요셉이 짐승에 찢겼다"고 거짓말을 합니다.

문둥병을 치유하기 위해 아람에서 이스라엘에 찾아 온 나아만이 요단강 물에서 깨끗함을 얻어, 감사의 표시로 물질을 주려 했지만 엘리사는 이를 사양했습니다. 그러나 엘리사의 종이 물건을 탐내는 죄를 지어, 나아만의 문둥병이 종에게 옮아갔던 슬픈 사건도 있었습니다.

신약에서도 사도행전의 아나니아와 삽비라 사건은 우리들에게 경종을 울리는 크나큰 사건 중의 하나입니다. 아나니아라는 이름은 '하나님의 은혜', 삽비라라는 이름은 '아름다움'이라는 뜻을 지니고 있습니다. 부부를 책망한 베드로는 두 가지를 지적합니다. 첫째는 네 마음에 사탄이 가득하다, 둘째는 성령을 속이고 거짓말을 했다는 것입니다.

아나니아가 징계를 받은 것은 비단 돈 때문만은 아니었습니다. 헌금을 적게 바치고 많이 바치는 것이 문제가 아니라는 것입니다. 거짓말을 한 것이 문제였습니다. 좋은 이름을 가지고도 성령을 속이고 거짓말을 하여, 하나님께 엄청난 징계를 받게 된 슬픈 역사의 인물이 되고 말았습니다. 같은 시대의 바나바는 충만한 성령의 감동으로 행하는 인물이었지만, 아나니아는 주위 많은 사람들 속에 칭찬과 명성을 얻으려 하다 큰 재앙을 만나게 되었습니다.

그러므로 오늘날 신앙생활을 하면서, 하나님을 바로 바라보느냐 아니면 사람을 따라 칭찬과 명성의 노예가 되느냐는 참으로 중요합니다. 하지만 일부 교인들이 잘못된 목적을 갖고 있어 안타깝습니다. 장로가 되고 안수집사가 되고 권사가 되는 것에 혈안이 되어 있습니다. 일단 최종 목표인 장로가 되고 나면 목에 '깁스'를 하여 교회의 어른 행세를 합니다.

섬기는 마음은 사라져 버리고, 결재나 하고 아랫사람에게 시키기만 합니다. 또 많은 성도 앞에 자랑하고 인기를 얻는 일에만 열정을 쏟고 있어, 마치 자신의 이익 추구를 위하여 일하는 개인 사업장 같기도 합니다. 심지어 하나님께 바친 것을, 입장이 달라지자 돌려 달라고 하는 지도자도 있으니, 이런 분들이 바로 아나니아와 삽비라 같은 사람 아니겠습니까?

이제 새해가 되었습니다. 지난 한 해 내가 살아 온 모습을 한 번쯤 되돌아보면서, 얼마나 변명과 거짓말을 내뱉었는지 이웃의 마음을 얼마나 아프게 했는지를 반성합시다. 구차한 변명이나 거짓말로 죄를 생산하지 않고, 하나님의 자녀로서 당당히 믿음으로 나아가겠다는 굳은 의지를 다시 한 번 다져 봅시다.

술 안 먹고 싸우는 신자, 술 마시며 화해하는 비신자

술은 인간에게 독이 되기도, 위로가 되기도 했습니다. 술은 나라마다 민족의 형성과 더불어 자연 채취 시대의 원시생활이 시작되면서 자연 발생적으로 만들어졌을 것이라는 견해가 가장 설득력 있다고 합니다.

술이 만들어지는 과정에서 알 수 있듯, 당분이 많은 과일이나 곡류에 야생의 곰팡이와 효모가 자연 발생적으로 생육하여 알콜이 생성됐고, 사람들이 우연히 맛을 보면서 기분이 좋아지고 감정의 변화로 인한 황홀감이 생겼겠지요. 이후 곡물에 곰팡이를 번식시킨 것(누룩)에 익힌 곡물과 물을 첨가하여 직접 술을 빚어 마시게 됐으리라는 이야기입니다.

인간이 술을 언제부터 마시기 시작했을까요? 이 물음에 정확히 대답하기는 무척 어렵습니다. 고대 이집트와 인도, 그리스 신화 등에도 술에 관한 기록이 있을 뿐, 언제부터인지는 정확히 나와 있지 않기 때문입니다.

성경에는 의외로 술에 관한 이야기가 많이 기록돼 있습니다. 특히 신명기 32장에 나오는 말씀을 보면, "이는 그들의 포도나무는 소돔의 포도나무요 고모라의 밭의 소산이라 그들의 포도는 독이 든 포도이니 그 송이는 쓰며 그들의 포도주는 뱀의 독이요 독사의 맹독이라 이것이 내게 쌓여 있고 내 곳간에 봉하여 있지 아니한가!(신 32:32-34)"라고 했습니다.

성도 중에도 술과 담배를 하는 분들이 많습니다. 심지어 지도자들 중에서도 볼 수 있습니다. 우연히 길에서 마주칠 때는 난감한 표정을 지으며, 먼저 보게 되면 성도들이 오히려 얼른 피해가기도 합니다. 이럴 때는 정말 서로 민망하기 때문입니다. 필자도 이런 경우를 많이 목격하였지만, 그분에게 부담을 덜 주기 위해 편안히 웃으며 인사를 나누곤 했습니다. 그러나 상대방은 난감해하지요. 그럴 때는 '차라리 안 만났더라면 좋았을 걸' 하며 후회도 합니다.

술에 취하면 우리 뇌 속 전두엽(田頭燁)의 기능이 저하된다고 합니다. 이곳의 역할은 우리가 느끼는 감정을 조절하고 통제해서 이성적인 판단과 행동을 하게 하는 것입니다. 술에 취한 사람이 평상시와 달리 감정적이고 충동적인 행동을 보이는 것은, 바로 이 전두엽의 기능이 떨어졌기 때문입니다.

물론 일부러 그런 상황을 원하기 때문에 술을 마시기도 합니다. 온전한 정신으로는 말하기 어려운 것을 술 운을 통해 용기를 내기도 하고, 평소 억눌러 온 스트레스를 술을 이용하여 '자신을 놓아버리는 방법'으로 풀기도 합니다.

알코올에 중독됐다가 회복 중이신 분의 말을 빌리자면, 술을 마시는 것이 문제인 줄 알았는데 회복하면서 돌아보니 술이 아니라 깊은 외로움이 문제였다고 합니다. 그 외로움을 달래려 유흥업소에 가게 됐고, 그런 충동을 느낄 때마다 온전한 정신으로는 죄책감을 느끼니 술을 마셨다는 것입니다.

이를 통해, 우리 성도들도 충동적인 행동을 하게 되었던 진짜 이유가 무엇인지 다시 한 번 돌아보는 계기가 되었으면 합니다. 그 이유로는 외로움이나 공허함, 혹은 성적 욕구 등이 있을 수 있습니다. 성에 대한 욕구는 인간이면 누구나 가지고 있는 자연적 본능입니다. 성욕은 사랑받고 싶고, 위로받고 싶고, 외로울 때 더 강하게 느껴진다고 합니다.

술이나 자신의 특정 행동만을 문제 삼기보다, 표현하지 못하는 욕구나 감정 혹은 다른 사람들에게 나누지 못한 상처가 있는지 돌아보고, 그것에 대해 상담을 받거나 편안하게 이야기를 나눌 수 있는 사람에게 표현해 보는 것도 좋은 방법 중 하나일 것 같습니다. 그 좋은 방법으로 이야기를 나눌 수 있는 분은, 오직 한 분이신 주님이시겠지요.

교회에서는 술 마시는 사람들을 마치 죄인처럼 취급하곤 합니다. 이처럼 교회에는 금하는 것, 즉 '하지 말라'는 것이 너무 많은 것 같습니다. 하지만 교회는 또한 어떤 것이든 품을 수 있는 '자비'가 필요한 곳 아닐까요.

당대의 의인이었던 노아도 술을 마셨습니다. "포도주를 마시고 취하여 그 장막 안에서 벌거벗은지라(창 9:21)". 아버지의 추한 모습을 본 '함'은 밖으로 나가 두 형제에게 이 사실을 알렸습니다. 원인 제공은 오히려 아버지인 노아가 했지만, 아버지의 부끄러움을 지혜롭게 대처하지 못한 어리석음으로 아버지의 저주를 받아 자자손손 동생인 '셈'의 종이 되는 참담한 실수를 범하고 말았습니다.

실수는 아버지가 했는데, 저주는 왜 함에게로 돌아갔을까요? 당대의 의인이었으며 자비로웠던 아버지는 왜 그토록 사랑하는 아들을 저주했을까요? '탕자의 비유'에서도 아버지는 재산을 탕진했음은 물론 아버지를 배신하고 떠났던 아들이 돌아오기를 기다렸는데, 노아는 왜 그랬을까요?

주님께서는 잡히시기 전날 밤, 제자들과 잠시 이별을 위한 만찬에서 "이 잔은 내 몸의 피"라고 하시면서 함께 나누셨습니다. 유월절 연회를 마치고는 제자들과 함께 감람산 겟세마네 동산으로 가셔서 피와 눈물과 땀을 다 쏟으시며 기도하셨지만, 제자들은 곤히 잠들어 있었습니다.

예수님께서는 "잠시도 깨어 있을 수 없더냐"고 서운해하셨지만, 이내 오히려 제자들의 피곤함을 위로하십니다. 필자는 제자들이 당시 만찬에서 마신 포도주에 의해 술에 취해서 잠이 든 것이 아닐까 생각해 봅니다. 예수님께서 제자들과 다니실 적에 예수님께서 주무시지 않았을 때 제자들이 잠들었다는 내용이 없기 때문에 추측해 보는 것으로, 이건 어디까지나 필자의 생각입니다.

창세기에서 소돔과 고모라가 타락으로 멸망한 사건이나 사사기에서 사사인 삼손이 술로 인해 비극을 맞은 사건처럼, 인간은 오래 전부터 현 시대까지 술 때문에 수많은 범죄를 저질렀고, 긴장과 불안 속에 죄와 더불어 살고 있는 건 아닐까요.

어쨌든, 교회 안에도 이런 함과 같은 분들이 분명 있을 것입니다. 모두들 자신이 거룩하다고 하면서, 그때 노아처럼 술에 취해 있는 건 아닐까요? 그러면서 술 마시는 분들을 마치 마귀처럼 대하기도 합니다.

그러나 비신자들은, 술을 통해 서로의 잘못을 털어놓고 이해를 도모합니다. 술을 통해 말 못할 괴로움들도 용기 내어 고백하며, 상대방을 용납하거나 그에게서 위로를 받기도 합니다. 그들에게 술은 마치 오랜 벗과도 같습니다. 술을 통해 잘못을 뉘우치고, 상대방의 의견을 수렴합니다. 즐거운 일이든 슬픈 일이든 술을 통해 서로의 감정을 표출하여 일체감을 도모합니다.

하지만 술을 마시지 않는 성도 여러분들 사이에서는 왜 그렇게 시기와 모함이 많은 걸까요? 왜 같은 성도끼리 상처를 주고받으시는 걸까요? 비신자들은 술을 마시면서 서로 오해를 풀고 잘못을 사과하며, 유대관계를 돈독히 하여 여생을 서로 도와가며 행복하게 살아가려고 하는데 말입니다. 그런데도 술 마시지 않는 성도, 특히 중직자들에게는 왜 주님의 사랑과 자비가 없을까요. 하다 못해 술 마시며 다 털어버리는 비신자들보다도 못한 것일까요….

세상 속에 찌들고 힘들어하며 살아가는 성도들의 외로움을 품고 자비를 베풀며 온전히 주님을 뜨겁게 사랑할 수 있도록 협력해야 할 우리가, 정작 그렇지 하지 못하는 모습들을 보면서 마음이 아플 뿐입니다. 한 주간의 고통을 뒤로하고 주일을 지키기 위해 나오는 성도들의 심령에, 주님의 잔잔한 평안을 가슴으로 느끼게 하는 교회가 되었으면 합니다.

"술 마시지 말라!"고 말하는 데 앞장서기에 앞서, 그들의 편에서 그들이 무엇을 원하는지를 파악하고, 그 문제를 해결하려 노력하는 데 지혜를 쏟았으면 좋겠습니다.

믿음의 신용불량자

이 땅에 많은 나라들이 있지만 유독 '눈물'을 많이 흘리는 민족이 있는데, 바로 이스라엘 민족과 우리 민족입니다. 우리 민족은 옛부터 시어머니와 며느리 사이의 갈등과 며느리의 고된 시집살이에서 빚는 '눈물', 가난에 찌들어 흘리는 '눈물', 외적의 침입으로 인하여 뿔뿔이 흩어진 가족에 대한 그리움의 '눈물', 자식과 부모 형제를 잃어 슬피 우는 '눈물'과 신세타령을 하며 쏟아내는 '눈물', 자신의 대한 불합리한 대우나 환경, 그리고 서러움에서 주로 쏟아내는 '눈물'이 있었습니다.

반면 이스라엘 민족은 자신을 위한 '눈물'보다, 이웃과 백성들과 나라를 위한 '눈물'을 흘렸습니다. 우리와 이스라엘 민족 사이에 '눈물'의 성격이 차이가 있음을 성서를 통해 알 수 있습니다. 예수님께서도 예루살렘 성을 보고 우셨고(눅 19:41), 나사로의 무덤을 보시고 우셨습니다(요 11:36).

특히 유대인들은 사람이 죽으면 보통 7일간을 애곡하는데, 대부분은 애곡하는 여인들을 불러 장례가 끝나기까지 합니다. 우리 문화와는 차이가 있습니다. 그들은 울음꾼들을 부르며, 둘 이상의 피리 부는 악사들을 고용하여 장례를 치릅니다. '눈물'을 대신 흘려줄 애곡하는 여인들을 고용할 정도로 '눈물'이 많은 민족인 것입니다. 특히 곡하는 부녀들은 히브리 관례상 상가(喪家)에서나 국가적 애사(哀史)에서 전문적으로 통곡하는 것을 직업으로 삼고 있습니다.

'눈물'이란, 주로 격한 감정(주로 슬픔, 기쁨, 혹은 분노)이나 고통을 느낄 때, 하품을 할 때나 따가운 것이나 이물질이 눈에 들어갔을 때 또는 아플 때, '눈물샘'에서 노폐물과 같이 배출되는 수분입니다. 사실 인간이라면 항상 눈에 물기가 있기 마련인데, 극히 피로할 때 눈이 뻑뻑해지는 이유는 '눈물샘'이 제대로 작동하지 않기 때문입니다. 인간은 3초마다 한 번씩 눈을 깜박여야 '눈물'로 안구를 촉촉하게 적실 수 있습니다. 이렇게 하지 못해 눈이 건조해지면, 심할 경우 각막손상으로 이어질 수도 있습니다.

예배 때마다 '눈물'을 거침없이 쏟아내는 교인들을 봅니다. 부흥사경회나 각종 예배를 드릴 때마다 통성으로 소리 지르며, 교회가 떠나가도록 울분을 토합니다. '눈물'은 얼굴 전체에 범벅이 되고, 심지어 콧물까지 흘리면 얼굴이 엉망이 되어 보기에도 심히 민망할 때도 있습니다.

그러나, 과연 그 '눈물'에 진정성이 있는지 의심하지 않을 수 없습니다. 그토록 훌쩍이며 통곡의 기도를 하지만, 예배가 끝나면 곧바로 전쟁을 시작하기 때문입니다. 그토록 주님께 '눈물'을 흘리며 기도했으면, 예배가 끝난 시간만큼은 평화와 화목의 장이 열려야 하는데, 손가락으로 삿대질을 하고 눈을 부릅뜨면서 금방이라도 내리칠 기세로 폭력적인 행동을 나이 구분 없이 합니다.

그렇다면, 예배 때의 그것은 곧 '악어의 눈물'이 아닐까요? 신용 불량자들이 짓는 한숨이나 눈물이 아닐까요? '악어의 눈물(crocodile tears)'은 위정자를 빗대어 말하는 통속어로, 악어가 먹이를 씹으며 동물의 죽음을 애도하여 '눈물'을 흘린다는 이야기에서 전래된 것입니다. 특히 패배한 정적 앞에서 흘리는 '위선적인 눈물'을 가리킬 때 쓰이는 말입니다. 악어의 눈물은 물샘의 신경과 입을 움직이는 신경이 같아서, 수분을 보충시켜 주기 위함이라고 합니다. 악어의 눈물 은 가식, 거짓으로 풀이하지만, 사실 단순한 반사작용에 지나지 않는 것입니다.

과연 그 성도들은 참회의 합당한 '눈물'을 흘렸을까요? 그보다 먼저, 자신의 죄와 잘못을 고백하고 시인하는 기도가 참 회개의 '눈물'이 아닐까요? 교회 안에서 성도들이 믿지 않은 불신자들보다 못한 언어폭력과 폭행을 스스럼없이 하는 것을 볼 때, 정말 주님과 함께 하시는 분들인지 의심하지 않을 수 없습니다.

'피도 눈물도 없다'는 말도 있습니다. 교회 안에서도 불리하면 온갖 트집을 잡으면서, 연로하신 어른들에게 폭력을 행사합니다. 그러다가도 예배 시간이 되면 '눈물'로 기도합니다. 교회에서 수고하시는 목사님들께서 제발 제대로 교육시켜 주시기 바랍니다. 성경적으로, 그리고 영적으로 진실된 예배와 기도를 훈련시켜 주시기를 당부드립니다.

우리들은 '삶' 속에서 자신을 위한 '눈물'을 많이 흘립니다. 그러나 주님의 사랑 안에, 이웃의 슬픔과 기쁨에 흘리는 '눈물'에는 감동이 있습니다. 이웃을 위해 흘리는 '눈물'은 자신을 행복하게 만드는 최고이며, 천국으로 들어가는 우대신용자 역할을 합니다.

무조건 기도만 하라고, 예배에 참석하라고 강요할 것이 아니라, 제대로 된 예배와 기도를 교육해야 합니다. 성도는 교회가 아닌 세상 속에서도 주님의 제자가 되며, 하나님의 아들들이 되어야 하기 때문입니다.

기도는 교회에서만 하는 것이 아닙니다. 가정과 직장 내가 어디에 있든지 내 안에 주님을 모시고 늘 기도하는 훈련을 쌓아야 할 것입니다.

더구나 '눈물'로만 기도할 것이 아니라, 웃으면서 하나님을 기쁘게 해드리는 기도도 필요합니다. 주님은 슬픔의 주님만이 아닙니다. 주님께서는 사람들이 기쁘고 행복하시기를 바라고 원하십니다. 교회에 나와 기도만 하면 '눈물'부터 흘리는 습관적인 교인들이 많습니다. '눈물'을 흘리지 말라는 얘기는 결코 아닙니다. '눈물'에는 자신의 철저한 반성과 회개가 우선돼야 하며, 그 다음 교회를 위해, 사랑하는 가족과 이웃 형제를 위해, 나라와 민족을 위해 통곡의 기도를 해야 할 것입니다.

그리고 기도 후에는 성실한 자세로 기도에 합당한 행동을 해야 할 것입니다. 언행일치가 되어야 기도의 응답이 있을 것입니다.

성경에서는 나라와 민족을 위하여 '눈물'로 기도하는 기록들을 많이 볼 수 있습니다. '눈물'은 사람을 교만하지 않고, 가난하고 겸손하게 만드는 참으로 놀라운 하나님의 작품입니다. 하나님께서 인간들에게 만들어주신 '눈물'에는 많은 사람들 가슴의 상처를 위로해 주며, 나 자신을 순화시키고, 원수까지도 용서할 수 있는 놀라운 힘이 있습니다. 하지만 가식적인 눈물은 위력을 발휘할 수 없으며, 오히려 더 큰 불행을 자초할 뿐입니다.

교회 안에서 하나님께 '눈물'로 기도한다면, 그 '눈물'은 변화의 '눈물'이 되어야 합니다. 자신의 처지를 위한 기도가 아니라, 이웃과 나라와 백성과 세계 인류를 위한 기도가 되어야 합니다. 자신만을 위한 기도는 시간낭비이며 헛수고를 하는 꼴이 될 것입니다. 우리는 교회 안에서 나를 미워하는 자를 위하여 기도하고, 불행과 고통 속에서 신음하는 이들을 위해서 기도해야 할 것입니다.

가식적인 눈물로 '믿음의 신용불량자'가 되지 말고, 진솔하게 주님과 소통하는, '믿음의 신용우량자'가 되어야 할 것입니다.

그들은 다 어디로 갔습니까?

주님께서는 제자들과 유월절 음식을 잡수시던 날, "나와 함께 그릇에 손을 넣는 그가 나를 팔리라, 인자를 파는 그에게는 화가 있으리로다. 그 사람은 차라리 태어나지 아니 하였더라면 제게는 좋았는데…" 하시면서 자신을 파는 그를 더욱 불쌍히 여기시며, 사랑하셨습니다. 그리고 감람산에서 "오늘 밤에 너희가 다 나를 버리리라" 말씀을 하실 때, 주님은 얼마나 괴로우셨을까요?

행악자들에 의해 처형당하시고, 사흘 만에 부활하시어 갈릴리로 가리라 하신 주님의 말씀을 듣지 않고, 의심하며, 좌절에 빠진 제자들에게 부활의 승리를 확인 시켜주셨던 주님! 겟세마네라 하는 곳에서 군병들에게 잡혀 대제사장 가야바와 빌라도의 뜰에서 갖은 모욕과 희롱과 폭행 그리고 십자가의 형틀에서 처참한 고난을 당하신 주님! 가장 아끼고 사랑했던 베드로의 배신과 제자들의 흩어진 그 광경을 목격하신 주님의 심정을….

모든 인간들의 질병과 고통을 해결해 주신 주님! 죽은 자를 살리시며, 오천 명과 사천 명에게 배고픔을 해결해주신 주님을 위해 변론하던 사람은 다 어디로 사라지고, 오히려 십자가에 못 박으라고 소리치는 자들밖에 없는 그곳, 주님으로부터 고통과 절망을 해결했던 그들이 행악자들의 꾐에 빠져 주님을 배신했던 그들, '호산나!' 외치며 소리치고 찬양했던 그들은 다 어디로 갔습니까?

지금 교회에서도 여러 이유와 사정으로 떠나가는 성도들이 있습니다. 때론 주의 종에게 실망하고, 교회 지도자들에게 실망하고, 같은 성도들에게 실망하며, 때론 공동체의 일 때문에 스스로 믿음에 회의를 느껴 함께하지 못하는 성도들도 있습니다. 예배드리는 중 '아멘, 아멘' 하며 열성으로 잘 믿다가도, 행여 삶에 실패와 어려운 역경이라도 만나면 금세 실의에 빠져 좌절하는 것이 우리 신앙의 모습입니다.

낭패를 당하고 고통의 시련이 찾아왔을 때 오히려 하나님께 기도하고 매달리는 성도들도 있지만, 보통 믿음의 혼란을 겪게 되는 것이 사실입니다. 주님께서 이 세상에 오셔서, 수없이 많은 병자와 장애인들과 모든 사람들이 원하는 문제들을 친절하게 해결해 주셨습니다. 하지만 주님께서는 모진 고초와 시련을 당하시면서 한 번이라도 실망하시거나 원망하지 않으셨습니다. 끝까지 자신의 몸을 희생하시면서 사랑을 완성하시고, 하나님으로부터 부여받은 임무를 완수하셨습니다.

하지만 주님께서 억울한 누명을 당하실 때, 그들은 다 어디로 갔을까요. 십자가에 못 박으라고 소리치는 사람들뿐이었습니다. 그 소리치는 사람들이 오늘날 교회 안에도 우글우글합니다. 주님께서는 성도들을 위해 피와 땀을 모두 쏟으시면서 사랑하셨건만, 오늘 교회 안에서는 주님께서 주신 최고의 선물인 사랑을 쫓아내고 있습니다.

지도자란 분들에게 성도들은 뒷전입니다. 자신들의 권력으로 교회를 통치하며, 그들의 욕심으로 몰아가고 있습니다. 교회는 만민이 기도하는 집이요, 믿음 안에서 화합하며 서로 소통하는 사랑의 공동체로, 복음을 위하여 의논하며, 서로 구제하기를 꾀하며, 선한 일을 위해 머리 맞대어 기도하는 곳입니다.

그러나 그 목적은 사라지고, 성도들은 하나 둘 떠나가고 있습니다. 교회 안의 지도자들 때문입니다. 주님께서는 열두 제자, 그리고 많은 사람들과 대화와 소통으로 일을 하셨습니다. 하지만 오늘날 교회에서는 철권 통치를 자행하며 성도들의 소리를 들으려 하지 않습니다. 교회 지도자들이라면 성도 한 사람 한 사람을 귀하게 생각하며 그들이 바라고 소망하는 것이 무엇인지를 파악하여, 주님이 기뻐하시는 종으로 신앙생활을 잘 할 수 있도록 가르치고 사랑해야 하는데, 그렇지 못한 것이 마음 아픕니다. 그들 자신이 행하는 일을 전혀 모르고 있으니 큰 낭패입니다. 십자가에 못 박으라고 소리치는 사람들로 가득하여, 양떼들을 이리 가운데 내몰고 있습니다.

주님으로부터 은혜 받은 성도들은 다 어디로 갔습니까? 잘못을 저지르고 있는 저들을 향해 바르게 외치는 성도들은 다 어디로 갔습니까? 아흔아홉 마리 양보다 잃은 양 한 마리를 더 귀하게 찾으시는 주님의 음성을 들으십시오!

'공의를 굽게 하지 말라'는 주님의 명령이 들리지 않습니까? 제발 질서와 평등의 원칙에서 일을 해 주시기를 바랍니다. 소곤소곤 밀실회의로 해결하지 마시고, 투명하게 모든 성도들과 함께하는 화평의 장을 만들어 주십시오.

분명 주님께서 안식일은 성도들을 위하여 있는 것이라 말씀하셨습니다. 성경 말씀을 개인의 생각으로 해석하여 성도들을 혼란으로 빠뜨리는 지도자도 있습니다. 왜 그렇게 '하지 말라'는 말만 많이 하는지…. 주님의 오묘하고 신실하신 참 뜻이 무엇이며, 그 목적이 무엇인지를 바로 알고 강론하시기를 부탁드립니다.

주의 종이나 장로들이 그릇된 길을 가고 있음에도, 침묵으로 일관합니다. 혹시 자신에게 불이익이 오지 않을까 하는 마음으로 속으로만 앓고 있습니다. 주님을 바라보세요! 왜 마귀의 역사를 그저 보고만 있습니까? 주님께서는 당신을 사랑하시고 보듬어 주시며 당신을 위해 죽으셨는데, 왜 침묵으로 일관하십니까?

예수님 당시 십자가에 못 박으라고 소리치는 그들과 무엇이 다릅니까? 병 고침과 문제의 고통을 모두 해결받으신 그들은 다 어디로 갔습니까? 주님의 피로 세우신 몸된 교회가 위기에 처해 있는데, 다 어디로 갔습니까? 닭 울기 전 어서 속히 회개하고, 주님 품으로 돌아오시기를 간곡히 부탁드립니다.

믿음의 비겁자들

주님께서 행악자들에 의해 끌려가시고 있는데, 제자들은 멀리서 구경만 하고 있습니다. 주님께 많은 혜택을 누렸던 백성들도 마찬가지입니다. 닭 울기 전 주님을 세 번 부인했던 베드로는 슬그머니 꽁무니를 뺍니다.

지금 교회가 사탄의 무리에 의해 큰 위기에 처해 있는데, 멀리서 닭장 구경하듯 하고 있습니다. 명색이 지도자라는 장로님들이 중간에서 눈치만 보고 있습니다. 한심한 노릇입니다. 다행스러운 것은 한 분의 은퇴장로님, 은퇴집사님들, 그리고 안수집사님과 서리집사님들이 나서서 교회를 지키기 위해 물질로, 시간으로, 여러 모양으로 정성 다하여 수고하고 있다는 것입니다. 주님을 사랑하기 때문에, 그 사랑을 지키기 위해 나서서 열정으로 땀 흘리고 있습니다.

주님과 함께 있으면 삶의 한밤 중에 폭풍의 가장자리에 놓여 있더라도, 어떠한 위기의 상황에 놓이게 되더라도, 주님 주시는 참 평안을 체험하게 됩니다. 주님께 대한 강한 믿음은 두려움을 물리치고 거센 바람의 맞설 용기를 줍니다. "용기를 내라! "나다! 두려워하지 말라." 이것이 주님의 대답입니다. 주님과 함께하는 삶은, 자신의 삶이 없어지는 것이 아니라 오히려 풍요롭게 되는 것입니다. 우리가 두려워 물에 빠질 때마다, 주님께서 손 내밀어 우리를 붙잡아 주십니다.

복잡하고 소란스러운 오늘날 교회 안에서, 중심을 잡고 믿기란 참 어렵습니다. 진리를 가장한 거짓이 무리를 미혹하며 거짓 가면을 쓴 채 외치고 있습니다. 인생이라는 항해에서 큰 파도가 덮치면, 마치 베드로처럼 두려워하며 물에 빠지기 십상입니다. 거짓의 바다에 빠지지 않고, 진리의 중심에서 믿음으로 살 수 있는 방법은 과연 무엇일까요? 베드로가 믿음으로 물 위를 걸을 수 있었던 것처럼, 그 분만 바라보라는 것입니다. 주님께 시선을 집중하는 것만이 불안한 현실과 위기의 교회를 구하는 길입니다.

약한 믿음으로는 삭풍을 견딜 수 없습니다. 주님의 계획에 대한 전적 신뢰와 강한 믿음만이 위기에서 벗어나게 하며, 교회를 회복시킬 수 있습니다. 주변의 말들과 위장으로 탈을 쓴 그들의 소리에 현혹되지 말고, 지금 용기를 내셔서 주님의 이름으로 용기 있는 결단을 하시기 바랍니다.

교회 안에서 거짓 목자와 함께하고 있는 지도자들 때문에, 많은 양떼들이 떠나갑니다. 그런데도 수수방관으로 눈치 보기에만 여념이 없습니다. 어떤 분들은 자신들이 옳다고 성도들을 현혹합니다. 또 다른 지도자들은 안일무사로 눈치만 보고 있습니다. 양들이 죽어가고 있는데…. 분별력 없이 꽁무니를 뒤로 한 채 머뭇거리는 모습이 가관입니다.

교회가 위기에 처해 있을 때, 비로소 믿음의 산 증인들이 나타납니다. 거짓 위선으로 둔갑한 지도자들의 행동이 서서히 실체를 드러냅니다. 예배에서 대표기도를 할 때와 판이하게 다른 추악한 모습을 드러냅니다. 과연 그들이 주님을 믿는 사람들인지 분간할 수 없습니다.

참으로 주님의 제자라면, 용기를 내고 나오셔서 양떼들을 지켜주시기 바랍니다. 비겁하게 뒤에서 눈치만 보지 말고, 당당하게 앞으로 나오셔서 양 떼들과 합심하여 기도로 무장하고 저 사탄의 대적들을 함께 물리쳐야 합니다. 거친 들판에 있는 양떼들을 사랑한다면, 지금 속히 앞으로 나오셔서 목자의 사명을 다해야 합니다. 비겁한 베드로가 되지 마시고, 변화 받은 베드로로 거듭나시길 바랍니다.

교회 안에 거센 폭풍이 몰아치고 있습니다. 양떼들은 주님의 안전한 손길을 기다리고 있습니다. 어서 바다를 향해 꾸짖어 주시기 바랍니다. 양떼들은 잔잔하고 평화로운 바다를 그리워합니다. 담대함으로 전면에 나서 위기의 거센 파도와 폭풍을 잠잠하게 해 주시기 바랍니다. 무엇이 당신을 그렇게 두렵게 하는 건가요? 주님께서 보고 계시는데….

믿는 사람들은 뭔가 달라야

"너희는 세상의 소금이니 소금이 만일 그 맛을 잃으면 무엇으로 짜게 하리요 너희는 세상의 빛이라 산 위에 있는 동네가 숨겨지지 못할 것이요(마 5:13-14)."

소금은 주요 성분이 염화나트륨인 흰색 결정체입니다. 식염이라고도 하며, 무색투명한 결정으로 짠맛이 있고, 모양은 보통 정육면체입니다. 바닷물에는 1L당 평균 35g의 염류가 들어있다고 합니다. 그 가운데 77.74%가 염화나트륨, 곧 소금이라고 합니다.

과거 역사에는 소금을 얻기 위해 국가 간에 전쟁이 일어났던 시대도 있었습니다. 소금은 무기로도 사용됐습니다. 적진을 점령한 군대에서 상대편이 농작물을 수확하지 못하도록 소금을 사용했으며, 많은 문화권에서 신성시되기도 했습니다.

빛은 전자기파의 하나로 가시광선을 뜻하며, 넓게는 적외선과 자외선을 포함합니다. 사람이 볼 수 있는 약 400-700nm사이의 파장을 가진 전자기파를 뜻하기도 합니다.

현대 과학을 통해 소금의 성분 안에는 짠맛을 내는 나트륨과 각종 미네랄이 들어 있음을 알게 됐습니다. 빛에는 식물의 광합성을 돕는 좋은 역할을 하는 가시광선이 있고, 화상이나 피부암 등 인간의 건강을 해치는 자외선 등의 물질이 있음도 알게 됐습니다.

"너희는 세상의 소금이요 빛이라"는 말씀을 통해, 예수님께서는 우리의 구원에 필요한 그리스도인의 삶을 결정짓는 상징어로서 '소금과 빛'의 모습이 되기를 간절히 원하고 계심을 알 수 있습니다. 이 말씀에서는 소금과 빛의 성분이나 유용성에 관한 관점이 아니라, 소금과 빛의 특성을 통해 우리 신앙인들의 모습이 어떠해야 하는지를 알려 주십니다.

세상의 소금과 빛이 되기 위한 구체적인 삶의 모습을 성경에서 찾아 보면 좋겠습니다. 이사야 선지자는 이에 대해 "네가 먹을 것을 굶주린 자들에게 나누어 주는 것, 그리고 떠돌며 고생하는 사람들을 집에 맞아들이고, 헐벗은 사람을 입혀주며 제 골육을 모른 체 하지 않는 것이다. 이를 실행에 옮기면 너희 빛이 새벽 동이 솟아오르듯 여호와의 영광이 네 뒤에서 호위할 것(사 58:7-8)"이라고 했습니다.

도움을 필요로 하는 이웃들에게 사랑의 나눔을 실천하는 삶이 곧 주님께서 말씀하시는 소금이요 빛의 삶임을 가르치십니다.

사도 바울도 "내가 너희 중에서 예수그리스도와 그가 십자가에 못 박히신 것 외에는 아무 것도 알지 아니하기로 작정하였느니라(고전 2:2)"고 고백했습니다. 예수님의 십자가는 자신을 비우고 회개의 제물이 되어 인류를 구원하시는 희생 제사이며, 한편으로는 하나님 아버지께서 당신의 가장 사랑하는 아들 예수를 십자가에 내어 주시기까지 인간의 구원을 바라신 무한하신 사랑을 보여주시는 위대한 사건입니다.

그러므로 사도 바울은 복음의 기쁜 소식을 전할 때, 어떤 자신의 경험이나 지식이나 지혜가 아니라, 오직 예수님 가셨던 십자가의 삶을 살아야 한다고 말합니다. 그것이 신실한 신앙인의 참된 길이요, 선한 행실을 실천하는 길이 됨을 가르쳐 주십니다.

소금이 짠맛을 내기 위해서는 녹아야 하고, 초가 주위를 밝히기 위해서는 자신의 몸을 태워야 합니다. 하나님의 자녀인 신앙인들도 자신을 희생하고 욕망을 비움으로써 선한 행실의 삶을 드러냄으로써, 하나님을 찬양하고 하나님의 영광을 드러내기 위해 무던히 애쓰고 노력해야 합니다.

많은 신앙인들은 그저 주일에 교회에 나가 예배드리는 것만으로 만족해선 안될 것입니다. 교회 마당만 밟아선 안될 것입니다. 최선을 다해 복음을 전할 뿐 아니라, 형제의 고통을 위해 열심히 나누는 삶을 사는 아름다운 분들이 많음을 발견하고, 동역하는 신앙인들이 되어야 하겠습니다.

주님께서 가르쳐 주신 소금과 빛의 정신에는, 바리새인들의 누룩을 조심하라는 경고도 담겨 있습니다. 율법주의를 경계했던 예수님께서는 율법을 폐지하러 온 것이 아니라 완성하러 왔다고 하십니다. 이토록 율법을 강조하시는 이유는 율법이 틀린 것이 아니라는 뜻이 담겨 있습니다. 율법을 이용해 신앙을 왜곡하는 것이 문제입니다.

소금과 빛의 정신을 갖고, '예 할 때는 예 하고 아니요 할 때는 아니요 하라'고 말씀하십니다. 사람답게 살면, 맹세할 필요가 없습니다. 사람의 부족함을 인정하고 진실되게 살면 됩니다. 부족함을 감추기 위해 거짓 맹세하는 것이 문제입니다. 예수님은 율법의 형식을 넘어, 내용과 정신을 강조하십니다.

율법에 얽매어 살다 보면, 죄로부터 자유를 얻지 못합니다. 오히려 율법이 구속하는 족쇄가 될 뿐입니다. 하나님을 사랑하는 것과 이웃을 사랑하는 것이 모든 율법의 근본이요 완성입니다. 사랑하는데 마음이 없고 정신이 없으면, 득이 아니라 실이니 약이 아니라 독이 됩니다.

그러므로 우리는 믿는 사람들로서 세상에 그 참 모습을 보여야 합니다. 믿는 사람들끼리 서로 으르렁대며, '그 인간하고는 얼굴 보기도 싫어' 라고 해선 안될 것입니다. 그래도 하나님을 믿는 사람들은 뭔가 달라도 달라야 하지 않겠습니까?

마음이 가난한 사람들, 슬퍼하는 사람들, 온유한 사람들, 의로움에 주리고 목마른 사람들, 자비로운 사람들, 평화를 이루는 사람들, 의로움 때문에 박해받는 사람들과 함께 기쁘고 즐겁게 고통을 받을 때, 비로소 하늘 문이 열릴 것입니다.

주님께서 가르쳐 주시는 소금과 빛의 사명을 품고 실천하며, 주님께서는 요즘 같이 불확실하고 어려운 시대에 우리를 더욱 부르고 원하십니다. 소금과 빛의 삶을 살기를 더욱 간절히 원하시는 주님을 위해, 믿음과 행함이 어우러지는 신실한 그리스도인들이 됩시다.

예수님과 네비게이션

네비게이션(navigation)은 '항해'라는 뜻을 가지고 있으며, 합성어로 '자동 항법장치'라고 합니다.

필자는 몇십년 전 군 시절 항공기 정비를 하면서, 항공기에 장착된 네비게이션을 보았습니다. 항공기 네비게이션은 비행 항로를 안내해 주고, 목적지까지 임무를 완수해줄 수 있게 합니다. 당시 저는 '왜 비행기에만 이 장치가 있을까? 언젠가는 자동차에도 이 장치가 필요할 때가 올 것'이라고 생각했는데, 그 날이 진짜 왔습니다. 이제 네비게이션 없는 자동차는 생각조차 할 수 없게 됐습니다.

네비게이션은 본래 군사적 목적으로만 개발됐지만, 점점 민간에 그 기능의 일부가 이양됩니다. 전 세계 상공에 떠 있는 24개 GPS 위성에서 발사되는 데이터로 오차범위 100m 내에서 실시간으로 현재 위치를 계산해주는 것입니다.

즉 위치추적시스템(GPS) 단말기를 통해 위성에서 수신한 도로 정보를 액정표시장치(LCD) 모니터에 보여주며, 이 정보를 간단히 조작해 현재 위치, 목적지까지의 지리정보, 원하는 위치까지 최단거리 등을 얻을 수 있는 것입니다. 지금 북한에서는 이를 이용해 우리의 선박과 항공기에 상당한 치명타를 입히려 하고 있습니다.

특히 지금 인공위성에서는 우리가 사는 지구를 한 눈에 내려다볼 수 있습니다. 바로 이 점을 활용해 모바일과의 교신을 통해 길 안내 역할을 해 주는 장치가 바로 네비게이션입니다. 네비게이션 사전적 뜻은 항해, 항공이며, 대개 자동항법장치로 많이 사용되고 있습니다.

지금처럼 과학이 발달되지 않았던 예수님 탄생 시절에는, '하늘의 네비게이션'인 큰 별을 따라, 동방박사 세 사람이 인류를 구원하실 메시야의 탄생을 축하하기 위해 오랫동안 많은 고난의 행군을 하였습니다.

그런데, 네비게이션의 방해자가 있었습니다. 바로 당시 그 지역을 다스리던 헤롯입니다. 헤롯의 부탁에도, 동방박사들은 오직 주님을 향한 네비게이션의 지시대로 헤롯의 궁을 피하여, 본국으로 돌아갔습니다.

분명 헤롯의 궁으로 갔더라면 그들은 융성한 대접을 받았으리라 상상을 해 봅니다만, 그들은 오직 주님을 위한 기대와 열정으로, 지시한 네비게이션을 신뢰했던 믿음을 배워야 합니다.

모세는 하나님의 명령을 따라 이스라엘 백성을 애굽에서 가나안으로 인도했습니다. 그 과정에서 하나님의 네비게이션이 지시하는 '길'을 따라, 40년이라는 긴 여정을 갔습니다. 그 네비게이션은 하나님께서 선택해 주신, 젖과 꿀이 흐르는 가나안 땅으로 인도했습니다.

그 40년 중에서는 네비게이션을 신뢰하지 못하고 불순종하며, 인간의 편의와 불신앙으로 네비게이션의 안내에 역행하여 창조주의 마음을 아프게 했던 일들을 수없이 반복하므로, 큰 낭패를 당했던 것을 성경에서 배웁니다.

요나 선지자는 또 어떻습니까. 하나님께서 명령하신 네비게이션을 따르지 않았습니다. 하나님의 진실하고 선하신 깊은 뜻을 헤아리지 못하고, 오만에 찬 자신의 뜻과 방법대로 불순종함으로써, 큰 낭패를 당하여 역사에 큰 오점을 남겼습니다.

하지만 요나는 물고기 뱃속에서 전력을 다하여 회개하여, 하나님의 네비게이션을 따라 새로운 하나님의 역사를 이루는 큰 일을 함으로써, 많은 니느웨 백성을 구원하는 놀라운 하나님의 사랑을 체험하게 됩니다.

그러므로 믿는 성도들은 주님을 향한 네비게이션을 따라야 합니다. 성경은 분명 예수님만 믿고 신뢰하면 구원을 받으며, 천국을 차지한다고 쉽게 설명해 주고, 비유로도 말씀을 하셨습니다. 그런데 왜 유별나게 믿으려고 하는지요? 그리고 왜 어렵게 믿으려고 하는지요?

우리 시선을 하나님께로 향해야 하는데, 어느 때부터인가 율법과 제물에만 집착되는 현상이 두드러져, 이 때문에 오히려 하나님을 잊고 율법과 제사를 매개로 사람 위에 군림하였음을 알아야 합니다.

주 예수 그리스도를 믿으면 분명 구원을 얻는다고 약속하셨고, 그 가운데는 선한 사마리아인의 모범적 행위를 소개하셨으며, 산상수훈인 팔복도 가르쳐 주셨습니다. 하지만 그 가르침은 망각한 채, 오로지 사람들 위에 군림하면서 예수님은 사라지고, 지켜야 할 율법과 바쳐야 하는 제사만으로 믿음 생활을 다 한 줄로 착각하는 지도자들이 있어 안타깝기 그지없습니다.

오늘날 교회 안에서는 거짓 지도자들의 잘못된 군림으로 많은 양떼들이 혼란스러워하고 있습니다. 분명 주님께서는 주님만 믿고 신뢰하면 천국을 차지한다고 하셨는데, 어떤 지도자는 자신의 교회를 떠나가면 쭉정이라고 합니다. 자신의 잘못에 대한 반성이나 회개는 없고 남 탓만 합니다.

그리고 일부 목회자들은 하나님의 권한을 오버하여, 천국과 지옥을 자신이 보내는 것처럼 "여기 천국 갈 사람은 자신이 잘 봐 줘서 10% 밖에 되지 않는다"고 한 목자도 있습니다. 또 걸핏하면 "사탄아 물러가라! 다른 교회로 가라"고 하는 목자도 있어, 실로 안타깝기 그지없습니다.

성도들이 잘못된 길을 가고 있다면 올바르게 인도하는 것이 목자의 사명 아닌가요? 자신의 편이 아니면 모두 지옥 간다고 하는 거짓 목자들의 누룩을 조심해야 하는데, 조심할 것들을 분간할 줄 모른 채 오직 아멘만을 외치는 양들도 있어 그저 불쌍할 뿐입니다.

그러므로 우리는 주님께서 보여주시는 네비게이션의 지시에 따라가야 합니다. 하나님께서는 분명 자비로우신 분이며, 우리 같은 죄인들을 용서하시고 사랑하심을 결코 잊지 말아야 합니다.

예수님께서 사셨던 당시의 병자들은 죄 때문에 벌을 받은 것이라는 통념이 있었지만, 이를 깨시고 낫고자 하는 자와 믿는 자들의 병을 다 고쳐 주셨습니다. 당시 지도자들은 모든 불행이 하나님께로부터 오는 벌이라고 가르쳤지만, 예수님께서는 그런 불행과 벌의 출처가 하나님이 아니라고 가르치며 그들의 주장을 일축했습니다.

특히 하나님께서는 자녀들이 불행하게 되는 것을 원치 않으시는 분입니다. 하나님께서는 아가페의 절대적이며 무한하신 사랑이심을 우리는 분명히 믿어야 합니다. 그러므로 성도들은 예수님을 나의 구주로, 나의 하나님으로 받아들이는 신앙고백이 있어야 합니다.

인생을 항해라고도 합니다. 망망대해에서 거친 파도와 싸우며, 때로는 험한 수난을 겪습니다. 자신의 교만과 고집, 그리고 불순종 때문에 많은 고통을 당하면서도 뉘우침이 없는 인간들은, 또 다시 주님을 고통스러운 골고다 언덕으로 보내는 것입니다.

주님께서는 "내가 곧 길이요 진리요 생명이니 나로 말미암지 않고는 아버지께로 올 자가 없다(요 14:6)"고 말씀하셨습니다. 아무리 과학이 발달되고 첨단장비로 모든 것이 수월하게 해결되더라도, 인간에게는 종말이 있습니다.

인간의 두뇌와 얄팍한 가슴으로 만든 네비게이션만으로도 가고자 하는 초행길을 안전하고 편리하게 갈 수 있습니다. 길 안내뿐 아니라 요즘에는 차량 사고나 도난 감지, 운전 경로 안내, 교통정보 및 생활정보와 게임까지 운전자에게 실시간으로 전달하고 있습니다.

이처럼 많은 사람들이 전에 없는 최고의 시대를 누리며 살고 있는 것처럼 보일지 모르지만, 주님의 길과는 전혀 무관한 탐욕의 네비게이션일 수 있습니다.

우리는 주님께서 본을 보여주신 사랑의 네비게이션의 안내를 따라 세상을 향해 베풀며 사랑을 실천해야 하는데, 현재 한국교회는 전반적인 위상이 하락하고 있습니다, 여기다 일부 목회자와 교회 지도자들이 본연의 모습과 거리가 먼 빗나간 언행으로 품위를 손상시키고 있어, 주님께서 주시는 네비게이션을 바르게 따라가고 있는지 의심하지 않을 수 없습니다.

신앙의 진실은 주님이 몸소 행하셨던 '이웃 사랑'에서 출발해야 합니다. 믿노라 하면서 행함이 없으면 분명 죽은 믿음이라고 하셨습니다. 그러므로 우리는 주님의 말씀을 그저 흘려 들어서는 안 될 것입니다.

이웃 작은 교회들을 큰 교회가 보살피고 도와줘야 하는데, 오히려 작은교 회를 위해 재능을 기부하는 이들을 비아냥거리며, 마치 교회 성도를 빼앗는 것으로 오해하는 경우도 있습니다. 큰 교회가 이웃 작은 교회를 위해 기도하 며 도와준다면 얼마나 아름다울까요? 개척교회나 작은 교회 성도들은 정말 힘이 솟을 것입니다.

하지만 작은 교회를 도와준다면서 얄팍한 술수로 가면을 쓰고 있다면, 그 것은 네비게이션이 오작동하고 있는 것입니다. 작은교회를 위하여 기도하며 도와주는 일이 곧 바로 선교요 주님의 마음을 기쁘게 하는 감동이요 행복한 순간입니다.

교회가 위기에 처해 있을 때 수수방관하며 눈치만 보던 이들이, 교회가 정 상화되자 우쭐댑니다. 그들은 오히려 교회 회복을 위해 그렇게 수고했던 이 들을 모함합니다. 그렇게 배신했던 이들이 충성을 다했던 것으로 뒤바뀌는 기이한 현상이 나타나고 있습니다. 주님께서 모르시는 줄 알고 있나 봅니다. 인간 사회에서도 CCTV로 다 밝히는데, 하물며 머리털까지 세시는 하나님의 책에 저장돼 있음을 모르는 어리석은 지도자들 아니겠습니까?

그러므로 우리 성도들의 네비게이션은 오직 주님을 향해 무장돼야 합니다. 누가 뭐라 하든 성경에서 일러주는 방향으로 나아가며, 좌로나 우로나 치우 치지 말아야 합니다. 주님의 공생애는 하나님께서 안내하시는 네비게이션을 따라 혼신을 다해 임무를 감당한 것이었습니다. 공생애에서 손수 가르치신 네비게이션대로 하나 하나 믿고 사랑하며, 나아가야 할 것입니다.

주님의 네비게이션은 말에 있지 않습니다. 오직 나서서 행하는 것입니다. 자존감이나 교만 따위는 팽개쳐야 합니다. 우리를 유혹하는 탐심은 마음을 혼란스럽게 하며, 눈을 가리우고, 양심이 둔하여 무감각해지며, 점차 어두운 길로 가게 하는 지옥행 네비게이션일 뿐입니다.

그러므로 교회 안에서 우리는 서로 신뢰하고 사람들을 사랑해야 할 것입니다. 사람들을 형편에 따라 대우하고, 편견 속에서 판단하며, 그리스도가 일러주는 네비게이션대로 해야 합니다. 그렇지 않고 오직 사탄들이 즐기는 네비게이션을 따라간다면, 분명 지옥으로 향한 길일 뿐입니다.

사람들이 존중받고 귀하게 여김 받는, 사람을 살리고 사람을 세우는 교회가 되길 바랍니다. 이웃에게 넘치는 정을 보내며 주님의 네비게이션을 소개하는 교회와 성도들이 되기를 소망합니다.

제11장

다시 뛰는 신앙인들

쇠사슬로 문 잠그는 '희한한' 교회

"예수님께서는 베드로와 요한과 야고보를 데리고 기도하시러 산에 올라 가사 기도하실 때에 용모가 변화되고 그 옷이 희어져 광채가 나더라, 문득 두 사람이 예수와 함께 말하니 이는 모세와 엘리야라(눅 9:28-30)".

복음서에서 만난 예수님의 거룩한 변모는 베드로가 무슨 말을 해야 할지 모를 정도였습니다. 함께한 제자들도 모두 겁에 질릴 정도로 놀라운 사건이었습니다. 예수님의 거룩한 변모는 우리도 장차 천국에서 그렇게 변화되리라는 것을 미리 암시해 주는 참으로 놀랍고 희망찬 기쁜 소식입니다.

주님께서 변모하신 것처럼, 주님은 우리 신앙인들에게도 변화를 요구하십니다. 하지만, 오늘날 기독교의 현실을 보노라면 안타까움이 늘 마음 한 구석에 자리잡고 있습니다.

올해 50년 희년을 맞는 어느 교회에서는 성도들을 두 편으로 갈라, 자신들의 이익에 부합하지 않는 성도들은 예배당에도 들어가지 못하도록 쇠사슬로 문을 걸어 잠그고, 덩치가 큰 젊은 집사들을 앞세워 교회 입구에서 철저히 감시하고 있습니다. 이유는 예배를 방해한다는 것입니다. 어처구니없는 변론입니다. 오히려 그들이 예배를 방해하는 것이 아닐까요?

2009년 11월 당회원 전원 합의로 정해진 65세 정년을 지금까지 아무 탈 없이 잘 지켜 왔지만, 정작 본인들이 합의를 스스로 깨고 70세로 연장하려 하여, 목사와 당회원 전원 만장일치로 통과시켰습니다. 당회가 정하였더라도 제직회를 통과하고 공동의회를 열어서 성도들에게 이를 알려 투표로 결정했으면 아무 문제가 없는데, 공동의회를 열면 그들의 목적이 이뤄지지 않음을 알고, 이를 무시하고 자신들의 뜻대로 하려 했을 것입니다. 이를 저지하려는 성도들에게 이 같은 만행을 저지르고 있으니, 참으로 개탄스러울 뿐입니다.

지금 시대가 어떤 시대인가요, 로마 시대도 아니고, 조선시대도 아니며, 일제 강점기 시대도 아닙니다. 자유분방하게 자신의 의사를 나타내며 소신껏 일할 수 있는 시대에, 오히려 시대에 어울리지 않게 옛 시대보다 못한 '갑질'을 하면서 세상 사람들로부터 손가락질과 조롱의 대상이 되고 말았습니다. 이로 인해 기독교의 복음 사업에 크나큰 지장을 초래하고 있음을 안타깝게 생각합니다.

교회 안에서는 서로 화목해야 합니다. 이런저런 사람들의 다양한 성격과 사고가 모여 이루어진 공동체임을 먼저 알아야 합니다. 내 의견, 내 생각만이 절대적으로 옳은 것이 아닙니다. 생각이 서로 다른 신앙인들이 그 지혜를 모으고 합의점을 찾아 일을 한다면, 참으로 아름다운 신앙인들이 모인 공동체가 될 것입니다.

더욱 희한한 일은, 교회 문제와 신앙인들을 지도해야 할 노회 재판국장과 소수 목사와 장로들이 그들의 편에서 재판을 한 것입니다. 믿지 않는 세상 재판보다 못한 재판을 하고 있습니다. 주님께서는 공명정대하게 재판할 것을 당부하셨는데, 이를 지켜 모범이 돼야 할 노회 재판국에서 주님의 당부를 무시하고, 그들 스스로 한쪽 저울만 사용하고 있으니 어찌 교회 지도자라고 말할 수 있겠습니까?

교회 시위를 감시하던 경찰관의 말이 떠오릅니다. '교회가 세상을 위해 앞장서야 하는데, 오히려 세상이 교회를 이끌어간다'고 했던 말이 문득 떠오릅니다. 이 경찰관의 말을 그냥 흘려들어서는 안 될 것입니다.

당회든 노회든 총회든 문제가 발생했을 경우, 이를 감시하며 화평하게 교회 문제를 해결할 수 있는 방안을 논의해야 합니다. 그러나 작금의 현실은 국회의원들이 의무 없이 특권만을 남용하여 나라의 변화가 없듯, 오늘날 노회나 총회에서도 오래 묵은 잘못된 법들을 개정하지 않고 자신들의 잇속만 채우므로, 100년 넘은 기독교가 더 이상 앞으로 나아가지 못하고 안주해 있어 실로 개탄스럽습니다.

베드로가 주님께 아부한 것인지는 모르겠지만, 그 변화산상의 찬란한 순간을 포착하고 주님께 말합니다. "선생님! 저희가 여기에서 초막 셋을 짓고 지내면 좋겠다"고 제안합니다. "하나는 주님에게, 하나는 모세에게, 하나는 엘리야에게 드리도록 하겠다"고, 주님의 마음을 읽지 못한 채, 매우 자신만만하게 건의를 합니다.

이런 베드로가 참 인간적이고 열정적으로 보일 수도 있습니다. 하지만 구름 속에서 소리가 나서 이르되 "이는 나의 아들 곧 택함을 받은 자니 너희는 그의 말을 들어라(눅 9:35)" 하는 음성이 나의 귀를 자극합니다. 그리고 산에서 내려오실 때 예수님께서는 "사람의 아들이 죽은 이들 가운데에서 다시 살아날 때까지 지금 본 것을 아무에게도 말하지 말라"고 당부하십니다. 그리고 구름은 곧 하나님의 임재를 상징하는 영광의 구름이기도 합니다.

하지만 성급하고 열성적이고 다혈적인 베드로의 성격을 감안해 볼 때, 불평과 불만을 토하는 만큼 베드로의 마음에 미련이 자리잡고 있었을 것으로 추측해 봅니다. 어쩌면 많은 성도님들도 신앙생활하면서 비슷한 경우를 종종 경험했을 것입니다.

그리고 예수님께서 변화 하셨던 사건은 예수님의 영광, 곧 수난과 죽음을 겪은 후 부활 승천하셔서 하나님의 우편에 앉게 되실 영광인 동시에, 재림에서 실현될 인자의 영광을 예시해 주는 참으로 신비하고 놀라운 사건입니다.

그러므로 신앙의 근본 출발은 순종이어야 합니다. 제아무리 인격과 품성이 좋고 뛰어난 영성가라 해도, 그리고 열심히 활동을 한다 해도 거기에 순종이 함께 하지 않으면 모든 것은 물거품이 되고 마는 것입니다. 순종의 참 덕이 없다면 모든 신앙에는 실패 할 수밖에 없으며 모든 것이 허사로 변하고 마는 것입니다.

순종의 적인 아집과 고집, 교만은 반드시 끌어내려야 합니다. 그렇지 않고서는 하나님과 호흡을 함께할 수 없습니다. 그리고 순종에는 반드시 변화하는 모양이 갖춰져야 하며, 변화의 향기가 묻어나야 하겠습니다.

하나님 말씀에 순종하는 신앙 여정은 반드시 예수님과 같은 거룩한 모습으로 변화가 이뤄지는 결과를 불러올 것임을 확실히 믿고, 나 자신부터 회개의 합당한 열매를 맺는 변화의 모습으로 바뀌어야 하겠습니다.

하지만, 거룩한 사순절에 있을 수 없는 사건들을 만들어내는 교회가 있으니 참으로 안타깝고 황당할 뿐입니다. 자신들의 이익에 부합되지 않고 욕구에 동참하지 않는다는 핑계로 교회 문을 쇠사슬로 묶어놓고, 문 입구에서 성도들을 선별하여 입장케 하는 참으로 어처구니없는 일들이 자행되고 있습니다.

세상 사람들에게 불신의 불을 지피는, 앞으로 기독교가 건강하고, 밝게 나아가야 하는 길목에서 발목을 잡는 실로 참담한 사건에는 주님의 재림을 모르시는 분들 같기도 합니다.

목자와 몇몇의 욕심 때문에 빚어진 이 사건에서는 초기 대응에서 너무나 주님의 방법과 관계없이 자신의 잇속을 챙기기 위해 벌어진 일임에도 전혀 반성과 회개의 기미는 보이질 않고, 더 깊은 수렁으로 빠져들고 있음에 실로 한탄스럽기도 합니다.

우리 기독교인들은 주님을 사랑해야 합니다. 그리고 나 자신을 사랑해야 합니다. 그 사랑 안에는 오직 신실함과 정직성이 있어야 합니다.

그리고 잘못했을 경우 과감히 시인하며 용서를 구할 수 있는 태도를 보여야 합니다. 자신이 한 말에는 분명 책임을 져야 합니다. 거짓말과 변명, 그리고 유언비어를 날조하여 상대방을 무너뜨리려 하는, 세상보다 못한 권모술수로 유혹하는 지도자들이 있음을 실로 개탄합니다.

블랙리스트를 통해, 상대를 시기하고 모함하여 있지도 않은 일들을 엮어 성도들을 현혹하기까지 하는 현재의 사태가, 어찌 하나님의 존전이라고 말할 수 있겠습니까? 자신들의 목적을 채우기 위해 수단과 방법을 총동원하여 있을 수 없는 일들을 교회 안에서 만들어 내고 있으니, 진정 하나님의 사람들인지 묻지 않을 수 없습니다.

믿음의 선배들이 피와 눈물과 땀으로 일궈낸 열정이 있었기에, 오늘날 우리 신앙인들은 참으로 평화스럽게 예배드리며 자유분방하게 신앙생활을 행복하게 누리고 있습니다. 하지만 기네스북에서나 기록될 법한 나쁜 사건들을 제작하는 교회 때문에 앞으로 복음 사업에 큰 걸림돌이 되고 있음을 깨닫고, 지금부터라도 과감히 내려놓을 것은 내려놓고, 듣는 귀를 열어 소통과 연락으로 사태를 해결하여야 할 것입니다.

교회는 교회다운 변화로 사명을 이어가야 하며, 성도들은 말씀 안에서 날마다 슬기롭게 순종의 날개 속에, 서로 사랑하는 모습으로 이 세상을 향해 비춰야 할 것입니다.

성도들이 성도답지 못할 경우, 늘 분쟁과 문제만 제공이 되는 것입니다. 나를 내려놓고, 배려와 나눔의 성품을 품어야 하겠습니다. 그것이 오늘 날 우리가 해야 할 사명입니다.

유한한 이 세상에서의 옷을 벗고, 무한한 주님의 사랑이 가득한 그 곳, 천국에서 변화 될 우리 모습들을 품으면서 새로이 거듭나는 신앙생활을 했으면 좋겠습니다,

잔머리나 굴리고 자신의 잇속을 위해서만 고군분투하는 삶에서 변화를 받아, 오직 주님의 거룩한 품에 안기는 것만이 사탄의 쇠사슬을 끊고, 새로운 용모의 변화를 생산할 수 있음을 깨달아야 하겠습니다. 모든 사람들이 교회 가기를 즐거워하며, 저 높은 곳을 향하여 날마다 나아가는 아름다운 주님의 군병들 되었으면 좋겠습니다.

네 마음 속에 있는 것을 허물라

"이것들을 여기서 가져가라 내 아버지의 집으로 장사하는 집으로 만들지 말라 하시니라(요 2:16)".

"너희가 이 성전을 헐라 내가 사흘 동안에 일으키리라(요 2:19)".

어찌된 일인지 예수님께서는 "내 아버지의 집을 장사하는 집으로 만들지 말라" 하시며 크게 호통을 치십니다. 성전 안에서 돈 바꾸는 사람들은 외국 화폐로 교환을 해주고 있었습니다. 외국 화폐에는 로마 황제 등 이교도의 초상화가 새겨져 있기 때문입니다.

해마다 유월절이 되면, 누구나 예루살렘으로 올라가 성전에서 희생제물을 바쳐야 했습니다. 그 가운데는 타국에서 온 이들도 매우 많았기 때문에 성전 안에는 북새통을 이루었습니다. 그런데, 때마침 이 때를 노려 한몫을 잡으려는 장사치들이 모여들었습니다.

성전 책임자에게 뒷돈을 주고 서로 좋은 자리를 차지하거나, 환전 업무를 독점함으로써 큰 이득을 보려는 사람들도 있었습니다. 그리하여 성전 안팎은 기도와 찬양 소리보다 물건을 사고 파는, 한 마디로 시장터로 변해버린 것입니다. 그러나 예수님께서 화를 내시는 것도 어쩌면 당연한 일인지도 모릅니다. 하지만 예수님께서 화내신 이유는 그것만이 다가 아니었습니다.

예수님의 행동은 제사 자체를 부정하려는 것이 아니었습니다. 하나님에 대한 제사의 참된 정신을 요구하신 것입니다. 그 정신이 흐려졌기 때문에 분노하신 것입니다.

이방인의 뜰은 이방의 모든 민족들도 기도를 통해 하나님께 자유로이 나아갈 수 있음을 상징하는 곳입니다. 그러므로 예수님께서는 신성한 성전의 예배가 배금주의에 의해 변질되는 것을 막아내고 싶으셨습니다.

허물라고 하신 성전은, 사흘 안에 다시 세우시겠다던 성전은, 바로 당신을 두고 하신 말씀임을 명심해야 합니다. 즉 흉한 모습으로 변해버린 성전은 궁극적으로는 사람들의 몸이었고, 비뚤어진 마음이자 우리의 잘못된 신앙생활이었던 것입니다.

나는 아니라고 말하고 싶지만, 내 기도의 지향이 주로 무엇이었던가 생각해 봐도, 우리 역시 세속적인 바람들로부터 자유롭지 못했음을 고백하게 됩니다. 함부로 단언할 수는 없지만, 내 기도가 주로 그런 것이었고, 만일 그것을 이미 얻었다면, 더 이상 기도하지 않았을지 모른다는 것입니다.

그리고 우리 신앙인들은 걸핏 하면 쉽게 "피로 값 주고 산 교회, 주님의 몸된 교회, 제단"이라고 말합니다. 주님의 전이란 단순하게 보면 성전을 가리키는 말이지만, 구약적 맥락과 시적 수사법 측면에서 볼 때, 은유법으로 하나님의 권능과 은혜가 흘러나와 그의 통치가 펼쳐지는 장소 또는 하나님 자신을 가리키는 말이기도 합니다.

기도하고 신앙생활을 하는 건, 아직도 그것들을 완전히 얻지 못한 때문일지 모릅니다. 얻지 못했기에 그것을 원하면서 이어져 온 시간들…. 그렇다면 내 신앙은 그 동안 무지개를 좇듯, 신기루를 찾아 헤매는 헛된 시간들이었을까요? 그렇지도 않을 겁니다. 설령 그렇게 보인다 해도 이 모든 것, 우리의 기도와 지향이 바뀌면, 모두 해결될 일입니다.

"이 성전을 허물라, 그러면 내가 사흘 안에 다시 세우시겠다"고 하셨습니다. 우리 신앙인들은 이제 무엇을 허물고 무엇을 다시 세우시겠다는 건지, 조금은 알 것 같기도 합니다.

어느덧 사순절 시기도 점점 더 깊어갑니다. 세상 사람들과 달리, 감히 주님의 길을 함께 걸으려는 우리입니다. 그러기 위해 세상을 닮은 우리 성전, 허물어 보지 않으시겠습니까?

그 성전을 허물기 위해서는 나의 교만과 욕심, 나의 몸과 정신에서 완전히 빼내야 하는 것입니다. 그리고 철저하게 자신을 내려놓아야 합니다. 교회 안에 문제가 벌어지는 이유는 세상적 욕망이 교회 안에서 활개를 치고 있어, 늘 분쟁과 아픔이 도사리고 있는 것인데, 자신은 그런 사람이 아니고 상대나 남들만 다 그렇게 한다고 알고 있는 것이 더 큰 문제입니다.

주님께서 "말세에 의인을 보겠느냐"고 하십니다. 말세에는 거짓 선지자가 판을 친다고 우리에게 알려 주셨습니다. 거짓 선지자를 분별하지 못하고 맹종으로 일관하는 신앙인들 때문에, 오늘날 교회 목사 가운데 교주로 변해 버려 주님의 백성들을 현혹하고 있는 이들이 있음을 깨달아야 합니다.

지금 이 시대에 도저히 있을 수 없는 분쟁에 휘말려 아픔을 겪고 있는 교회가 있습니다, 목회자 한 사람을 잘못 청빙하여 벌어진 일이지만, 걸핏 하면 자기와 코드가 안 맞는 사람들은 다 나가라고 하기도 하고, 사탄이나 신천지 같다는 말까지 하고 있어, 현재 많은 아픔과 고통 속에 싸우는 이들도 있습니다. 더구나 교회 문을 쇠사슬로 묶어, 사람을 선택하여 교회 안으로 들여보내는 희한한 교회도 있습니다.

기독교가 박해받던 시절, 굴에서나 산 또는 눈에 띄지 않는 곳에서 하나님께 예배하며 목숨을 걸었던 시대도 아닙니다. 오늘날 같은 은혜의 시대에 교회 문을 쇠사슬로 잠그고 선별하여 교인들을 입장시키는 일은 흔히 조폭들이 하는 짓이 아닌가 싶기도 합니다.

이 모두가 지나친 욕심에서 나온 것입니다. 부귀, 영화, 권력, 이 모두를 배설물같이 여긴다는 사도 바울을 늘 말하면서, 정작 본인들은 말과 행동이 너무나 다르기 때문에 성직자로서 존경받지 못하고 분쟁에 휩싸여 사탄에게 미소만 주는 꼴이 되고 있으니 참으로 안타깝습니다.

사흘에 새 성전을 짓겠다고 하신 주님의 말씀을 묵상하면서, 우리 심령에 세상의 명예와 욕심, 교만, 권력을 내려놓고, 정화된 주님의 마음으로 돌아와, 내 마음 속에 있는 세상적인 것들을 다 허무는 모든 신앙들이 되었으면 참 좋겠습니다.

광야의 '불뱀'은 어디로 향할까요?

이스라엘 백성이 호르산에서 출발하여, 홍해의 길을 따라 에돔 땅을 우회하려 했다가 길로 말미암아 마음이 상하여 하나님과 모세를 향하여 원망했습니다. "어찌하여 우리를 애굽에서 인도하여 이 광야에서 죽게 하는가? 이곳에는 먹을 것도 없고, 물도 없도다. 우리 마음에는 이 하찮은 음식이 지겹고 싫다"는 등 불평불만을 늘어놓습니다.

이에 여호와께서는 불뱀들을 백성 중에 보내 백성들을 물게 하시므로, 이스라엘 백성 중에 죽은 자가 많았다고 합니다. 신약 요한복음 3장 14-15절에도 "모세가 광야에서 뱀을 든 것 같이 인자도 들려야 하리니, 이는 그를 믿는 자마다 영생을 얻게 하려 하심이라"고 주님께서 말씀하십니다.

이 사건을 묵상하며, 우리는 쉽게 말 할 수 있을지 모릅니다. '왜 미련하게 불평불만을 해서 불뱀에 물려 죽게 되는 수난을 자초하는가?' 말입니다. 나 자신도 용암 같은 뜨거운 사막의 길을 수십 년 동안 걸어간다면, 불평불만을 하지 않았을까요?

참된 신앙인의 길이란, 과연 어떤 길일까요? 우리를 위해 당신 자신을 희생 하셨던 그리스도의 모범을 본받아, 나뿐 아니라 우리 모두 함께 잘 살아갈 수 있도록 고민하고 노력하는 그런 삶의 길 아닐까요?

물론 그런 삶의 길에는 반드시 고통과 희생이 따르겠지만, 그 희생을 고통 으로 생각하지 않고 오히려 기쁨으로 여기면서, 기꺼이 이웃을 위해 자신을 희생하면서 살아가는 것이 바로 참된 신앙인의 모습이 아닐까 싶습니다.

사순절을 지나면서 예수님의 말씀을 통해 우리가 묵상할 수 있는 것은, 주 님께서는 우리에게 상대방을 적당히 이해해 주는 정도가 아니라 형제를 위해 목숨까지 바칠 수 있는 그런 사랑을 요구하신다는 것입니다.

이웃과 가족의 차이가 무엇이겠습니까? 자신의 목숨이라도 기꺼이 내어주 고자 하는 그런 사랑의 마음이 있고 없음 아니겠습니까? 핏줄을 버릴 수 없는 것은 바로 나의 생명을 함께 나눈 사이기 때문입니다. 가족이 쓰러졌다면 내 목숨이라도 내어주어 살리고 싶고, 가족을 위해서라면 내가 대신 죽어도 좋 다는 생각하는 그런 사랑을 기꺼이 실천할 수 있는, 그것이 바로 예수님께서 우리에게 바라시는 삶의 참 모습일 것입니다.

'밀알이 땅에 떨어져 죽는다'는 것은 희생과 고통을 의미하지만, 그런 희생과 고통 없이 더 많은 열매를 얻을 수 없는 것입니다. 가장 슬피 울어본 사람만이 가장 기쁘게 웃을 수 있다는 이야기가 있습니다. 죽인다는 것은 분명히 많은 갈등을 유발할 수 있고, 우리 자신을 고통스럽게 하는 일이기도 합니다. 그리고 자신의 존재를 죽이는 것만큼 자신을 슬프게 하는 것 또한 없을 것입니다.

우리는 이웃을 위해 스스로를 썩혀 밑거름이 되는 밀알이 될 때, 부활의 기쁨과 새로운 삶과 생명의 소중한 의미를 참으로 체험할 수 있게 될 것입니다. 이제 사순절의 막바지입니다. 사순절 시기를 시작하면서 나름대로 결심했던 것들을 다시 한 번 정리해 보는 시간들을 우리 스스로 만들어 보았으면 좋겠습니다.

특히 우리나라에서 열풍같이 일어나고 있는 '미투 운동'은 신앙인으로서 함께해야 할 것입니다. 비단 성폭력 문제도 심각하지만, 하나님을 앞세워 타락의 모습을 보이는 목사 장로들이 있어 실로 유감입니다. 그런 목사 장로들을 퇴출시키는 '미투 운동'도 필요한 시기가 되지 않았나 싶습니다.

지금 현재 부산 어느 교회에서는 자신들과 뜻을 같이 하지 않는 성도들에 대해, 교회 출입구를 쇠사슬로 막아놓고 봉쇄한 후, 건장한 남자 집사님들을 동원하여 예배드리러 오는 성도들을 선별하여 입장시키고 있습니다. 그래놓고 오후예배 이후 자기들끼리 윷놀이를 하면서 희열을 느끼며 즐거운 시간을 보내고 있다니, 참으로 개탄스럽습니다.

자신들 편에 있지 않은 사람들을 혐오하며, 이상한 유언비어를 날조하여 성도들 간에 원수 지게 만들고 있는 이들이, 과연 참된 교회 지도자들일까요? 당회는 자신들이 잘못을 저질러 놓고도 다른 사람들에게 그 책임을 전가시키며, 성도들의 눈을 흐리게 하고 있습니다.

여기에 노회 측 재판국이라는 기관은 공정한 저울을 달아 재판해야 하는데도, 한쪽으로 치우쳐 사회법보다 못한 재판을 하고 있습니다. 성경에도 억울하게 살인한 사람을 구원하기 위해 도피성이라는 곳을 만들어 그곳으로 피신하게 했다는데, 과연 하나님의 불뱀은 어디로 향하고 있을까요?

사순절 시기 더더욱 악행을 저지르는 저들이, 과연 구원의 구리뱀을 쳐다볼 수 있을까요? 의심 많고 불평불만으로 가득한 저들의 욕구 때문에, 저들의 눈에는 구리뱀이 보이지 않을 것입니다. 주님을 바라보지 못하고 명예와 권력, 그리고 부를 위해 갖은 수단 방법을 가리지 않는 저들이 과연 구리뱀을 믿을 수 있을까요?

당시 무서운 불뱀에게 백성이 괴롭힘을 당했던 것은, 이스라엘 백성들을 멸하시기 위해 내린 하나님의 진노 때문이 아니었습니다. '악한' 생각에 붙들려 하나님을 원망하고, 자신의 처지를 불평했던 이스라엘 백성들에 의해 자초된 죄의 결과로 일어난 사건이었습니다.

요즘도 교계에서 일어나는 수많은 사건들을 보면, 입으로만 구호를 외치고 '사랑과 믿음 타령'을 앞세워 교묘히 자신의 잇속만 챙기는 얄팍한 인본주의자들 때문임을 봅니다. 그래서 오늘날 교회가 욕을 얻어먹고 신앙인들조차 세상에서 비웃음거리가 되는 기이한 현상이 늘어나고 있어, 안타까울 뿐입니다.

지금이라도 악행을 저지르는 신앙인들이 있다면, 스스로 양심을 내려놓고 합당한 회개의 가슴으로 구리뱀을 향해 다가가야 하겠습니다. 분명 주님께서는 구리뱀을 바라본 사람들에게 치유의 은총을 선물로 주셨습니다. 마찬가지로 지금 우리도 당신의 약속을 굳게 믿고 그 자비에 의탁하는 것이 신앙의 결정적 요소 아닐까요?

믿음으로 십자가를 바라보고 하나님의 약속이 말씀대로 이루어질 것이라 철저히 믿고 의탁하는 이에게는 십자가의 은총이 주어진다는 의미이기에, 당시의 구리뱀 사건은 예수님 지신 십자가의 예표라고 합니다. 모순이 아니라 믿음이, 우리를 살린다는 주님의 약속 말입니다.

고난주간이 다가옵니다. 모두들 진심 어린 주님의 사랑으로 다가가, 나를 철저히 내려놓는 참된 신앙인으로 거듭나는 귀한 사순절의 끝자락이 되었으면 좋겠습니다. 불뱀은 과연 어디로 향할까요?

난세에도 하나님은 사람을 통해 일하십니다

여호와 하나님은 우주 만물을 창조하시고, 사람을 자신의 형상과 모양을 따라 지으시며, 때로는 사람을 부르시고 연단시키기도 하셔서, 자신의 목적을 성취하시는 분이십니다.

이집트에서 종살이했던 세월 430년간 울부짖으며 하루 속히 해방이 되기를 간절히 간구하며 지나온 한 많은 고통의 나날 속에 그들을 구원해 줄 인도자를 그렇게도 기다렸지만, 그들의 삶은 더욱 힘들고 지쳐 절망 속의 세월을 보냈습니다. 그들의 생각에는 하나님께서 단번에 저들을 무너뜨리고, 우리는 고향으로 돌아가 자유롭게 살기를 원했을 것입니다.

하지만, 우리 같은 인간들의 생각은 하나님의 영역과 비교할 수 없는 것들이 있음을 우선 깨달아야 할 것입니다. 하나님은 반드시 사람을 통해 일을 하시는 분이시기에, 모세의 40년간 화려한 궁중 생활을 접게 하시고, 미디안의 광야에서 모세를 연단 하셔서 황혼의 나이인 80세에 일할 수 있도록 그를 부르십니다.

난세(亂世)란 무엇일까요? 어지러운 세상이라는 뜻으로, 혼란스럽다는 뜻이기도 합니다. 난세의 반대말은 치세(治世)이며, 이는 잘 다스려진 태평한 세상이라는 의미입니다.

우리가 지켜내야 할 이 땅은 그 옛날 성경 속 이스라엘과 비슷하게, 외세로부터 많은 침략을 받아왔습니다. 특히 두 번의 왜란을 겪어 나라를 완전히 빼앗길 순간 류성룡과 같은 위대한 정치인이 등장했으며, 임진왜란 3대 대첩인 한산대첩의 이순신 장군, 행주대첩의 권율 장군, 진주대첩의 김시민·김천일 장군과 논개가 있었고, 의병대장 곽재우도 활약했습니다. '아직 12척의 배가 남아있다'며 포기를 몰랐던, 불멸의 이순신 장군 또한 난세의 영웅이 아닐까요?

"제 아무리 적이 10만 대군이라 할지라도 나는 차라리 진주성의 돌쩌귀가 될지언정, 그런 적이 두려워 도망가지 않을 것이오." 진주대첩은 김시민 장군이 분전한 1차전도 있었지만, 10만의 왜군을 맞아 1만 명의 군사로 7일간 버틴 김천일 장군도 있었습니다. 매우 처절한 싸움 전에 피할 것을 권유받은 김천일 장군이 도망가지 않고 당당하게 싸우겠다는 굳은 의지를 표명하며 한 말은 유명합니다. 이처럼 나라의 위기가 닥칠 때, 반드시 난세의 영웅은 나타납니다.

이 땅에 하나님을 복음을 전하기 위해 찾아왔던 수많은 선교 영웅들의 희생이 있었기에, 오늘날 우리 신앙인들은 태평스런 가운데 신앙생활을 즐기고 있습니다. 하지만 오래 자리잡은 안일 무사한 신앙생활에서 오는 무정한 양심, 그리고 타성에 젖어있는 말장난, 하나님 말씀을 왜곡하는 현상 등이 두드러지게 나타나고 있어 심히 안타깝습니다.

분명 성경에는 "망령되고 허탄한 신화를 버리고 경건에 이르도록 네 자신을 연단하라(딤전 4:7)"고 했습니다. 사도 바울은 이 말씀을 통해, 디모데에게 선한 일꾼이 되기 위해 믿음의 말씀으로 양육받고, 허탄한 신화를 버리고 경건을 훈련할 것을 권고했습니다.

오늘날 마치 자신이 하나님처럼 군림하는 지도자들도 있어 참으로 안타까울 뿐입니다. 그 주된 원인은 바로 이 말씀에 있습니다. "돈을 사랑함이 일만 악의 뿌리가 되나니 이것을 탐내는 자들은 미혹을 받아 믿음에서 떠나 많은 근심으로써 자기를 찔렀도다(딤전 6:10)".

그러므로 "주의 종은 마땅히 다투지 아니하고 모든 사람에 대하여 온유하며 가르치기를 잘하며 참아야(딤후 2:24)" 합니다. 사도 바울은 디모데를 비롯해 오늘날 사역자들이 갖추어야 할 태도를 잘 말해주고 있습니다.

예장 통합 총회 헌법에 명시돼 있듯 목사는 예수 그리스도 안에서 성도들을 양육하는 목자이고, 그리스도를 위해 봉사하는 종 또는 사자이며, 모든 교인의 모범이 되어 교회를 치리하는 장로이고, 구원의 복된 소식을 전하는 전도인이며, 그리스도의 설립한 율례를 지키는 자인고로 하나님의 도를 맡은 청지기입니다.

하지만, 어느 교회 목사는 자기 이름을 넣어 "OOO을 축복하는 자는 하나님이 축복하시고, OOO을 저주하는 자는 하나님이 저주하십니다. OO교회 모든 성도가 OOO을 통해 복을 받습니다"라고 성도들 앞에서 이야기했습니다.

정말 어이없는 말입니다. 하나님 말씀을 이렇게 왜곡해도 되는 것일까요? 일부 성도들은 또 이 말을 따라할 뿐 아니라 "아멘" 하고 큰 소리로 외칩니다. 하나님 말씀은 일점일획이라도 가감하지 말라고 했는데 말입니다. 그리고 거짓말과 변명으로 일관하는 목사가 과연 참 목자인지 의심스러울 뿐입니다.

물론 이 땅에는 참 좋은 목자들이 많습니다. 그 분들이 밖으로 드러나지는 않지만, 훌륭하고 아름답고 선하며 하나님 보시기에 선한 목자들입니다. 수준 이하의 목자들 때문에 오늘날 기독교는 '개독교'라는 듣기 민망한 평가를 받게 됐으니, 실로 하나님 보시기에 심히 부끄럽습니다.

때로는 하나님께서 선택한 인물 중 하나님의 참 뜻을 헤아리지 못한 채, 교만하여 하나님의 방법대로 일하지 않고 스스로 판단하여 비참한 최후를 자초하는 이들도 있습니다. 그 예로 사울왕과 일부 사사들이 있습니다.

반면 하나님을 신뢰하고 끝까지 믿음으로 나아갔던 다니엘과 세 친구, 그리고 자신의 가족과 민족, 이웃나라 사람들까지 처절한 가뭄을 이겨내게 했던 요셉 등도 있습니다. 다윗은 일찍이 머리에 기름부음을 받았지만, 많은 시련과 아픔을 경험하면서 오로지 한 분이신 여호와를 의지하며 경외하므로 하나님께서 기뻐하시는 왕이 되었고, 지금까지 이스라엘 역사상 가장 으뜸 가는 왕으로 추앙받고 있습니다. 또 믿음의 조상인 아브라함은 100세에 얻은, 가장 아끼고 사랑하는 자식까지 제물로 바치는 놀라운 믿음을 증명함으로써 '믿음의 조상'이란 칭호를 얻게 됐습니다.

하나님께서 사람들을 선택하시는 기준은, 인간들이 보는 시선과 전혀 다릅니다. 이스라엘이나 우리 대한민국의 공통점은 장자를 선호하고 장자에 대한 혜택이 다른 형제들보다 우위에 있습니다. 하지만 하나님께서 사용하시는 일꾼은 장자도 아니요, 겉으로 드러난 풍채가 좋은 사람도 아닙니다, 요셉은 12형제 중 11번째요, 다윗은 8형제 중 막내였습니다. 야곱도 장자가 아닌 둘째입니다.

특히 조직에서 자신의 말을 들어주지 않는다고 옳은 결심에서 이탈하여, 힘 있는 권력자들에게 합세해 오히려 그들과 함께 핍박을 일삼는 신앙인들은 너무 한심합니다. 사도 바울은 예수를 믿지 않고 핍박하던 자였지만, 주님을 만난 후 철저한 회개를 통해 거듭나 마지막 생애까지 주님을 위해 순교를 선택한, 오늘날 우리에게 아름다운 믿음의 본을 물려준 위대한 인물이 아니겠습니까?

우리 뒤에는 놀라운 하나님의 든든한 '빽'이 있는데, 무엇이 두렵습니까? 이렇게 말들은 많이 하지만, 실상은 겁과 두려움 속에 오히려 권력자 앞에서 춤을 추는 거짓 신앙인들이 얼마나 많습니까? '왜 하필 당신이 이 일을 감당하려 하느냐'며 비아냥거리기도 합니다. 그러면 위기에 빠진 나라를 위해 독립운동은 누가 합니까? 독립운동가들의 희생이 없었다면, 찬란한 광복의 영광과 기쁨을 누릴 수 있었겠습니까?

하나님의 일도 마찬가지입니다. 내가 희생하지 않고 노력하지 않으면 결코 얻어지는 것이 없음을 깨달아야 합니다. 나 자신이 대의를 위해 조금이라도 수고에 동참한다면, 하나님의 몸된 교회를 위해 나선다면, 그 가치는 하늘나라에 상급으로 기록될 것입니다.

교회 안에 잘못된 관행, 잘못된 암투와 권력을 타파하기 위해, 그리고 믿음의 본질을 지켜내기 위해 작은 수고로부터 모든 어려운 난관을 감내하며 헤쳐 나가야 하는 것입니다.

오늘날 대한민국은 신앙인들이 바로서지 못한다면, 그 미래가 불투명합니다. 그리고 교회가 교회로서의 사명을 감당치 못한다면, 이 사회는 암울하게 변할 수밖에 없습니다.

신앙인이라면 먼저 나 자신이 겸손해야 합니다. 그리고 주님만 높여야 합니다. 내가 일을 한다고 생각하고, 내가 해결하려고 한다면, 주님께서는 당신을 모른다고 할 것입니다. 그러므로 당신이 일할 때 늘 문제만 발생하게 됨을 잊어서는 안 될 것입니다.

조금 어렵고 힘이 부친다 해서 조직을 이탈하며 배신하는 행위는 가룟 유다보다 못한 제자가 되는 것임을 명심 또 명심해야 하겠습니다. 힘들고 고통스런 날들이 나를 힘들게 할지라도 반드시 하나님의 뜻이 이루어지는 그날이 임할 것임을 굳게 믿고 기다리면서, 몸과 마음으로 함께해야 합니다. 그 동역자들과 승전가를 부르며, 더 높이 나부끼는 십자가 깃발의 함성이 온 사방에 메아리쳐 울려지는 그 날을 기대합니다.

하나님께서는 늘 사람을 통해 일하시는 분임을 확실히 믿고, 나 자신부터 부르심 입은 사람임을 인지하고 기도하며, 묵묵히 끝까지 참고 기다리면서 열매를 맺으며 살아가는 신앙인들이 되었으면 좋겠습니다.

한국교회 지도자들, 권위의식에서 벗어나야

"청함을 받은 사람들이 높은 자리 택함을 보시고 그들에게 비유로 말씀하여 이르시되 네가 누구에게나 혼인잔치에 청함을 받았을 때에 높은 자리에 앉지 말라 그렇지 않으면 너보다 더 높은 사람이 청함을 받은 경우에 너와 그를 청한 자가 와서 너더러 이 사람에게 자리를 내주라 하리니 그 때에 네가 부끄러워 끝자리로 가게 되리라(눅 14:7-9)".

안식일 논쟁에서 예수님은 한 마디의 반문으로 적대자들의 공박을 무력화시키셨습니다. '잔칫집 비유'는 성도가 갖춰야 할 참된 겸손의 원리를 교훈합니다. 또 복음(천국)의 초청을 거부한 유대인들의 불신앙과 믿음으로 그것을 받아들인 자들(이방인)에 대한 축복을 비교하여, 나눔과 배려가 없는 권위주의 의식에 대해 일침을 놓는 말씀입니다.

권위(權威)란 '다른 사람을 통솔하여 이끄는 힘'이라고 합니다. 성경에 나타나는 '권위'라는 말은 능력, 보통 자신이 맡고 있는 지위나 직책 때문에 어떤 일을 할 수 있는 권리 등을 의미합니다. 이 말은 어떤 일을 하는데 필요한 물리적인 힘이 아니라, 정당함과 공정함을 지칭합니다. 성경에서 하나님은 최종적인 권위를 가지신 분이자 모든 권위의 근원이신 분으로 묘사되고 있습니다. 그러므로 천사나 인간이 가진 권위들은 모두 하나님께 종속된 것들입니다.

하나님의 권위는 온 세상을 변함없이 영원히 다스리시는 그 분 통치의 한 측면입니다. 창조주이시며 심판관이시고 구원자이신 하나님께서는 최고의 절대적인 권위를 가지고 계시며, 그러한 권위를 바탕으로 권능을 행사 하시는 분이십니다.

신약성경에서는 주님이시며 메시아이신 예수님께서 하나님이 자신이라는 사실을 분명하게 밝히고 있는데, 이는 예수님의 권위가 당신 자신에게 기초를 두고 있는 궁극적인 권위임을 뜻하는 것입니다.

권위의식(權威意識)이란, 자신이 다른 사람을 통솔하거나 이끄는 힘을 가지고 있다는 인식이나 판단을 말합니다. 권위의식과 달리, 권위는 어떤 일에 대해 우월한 능력을 타인에게 인정받아 스스로의 판단을 멀리하고 타인이 자신의 주권을 위임하는 것이 권위입니다.

하지만 타인의 인정과 상관없이 스스로 권위를 주장하면, 권위주의가 되고 스스로 권위를 이용하여 타인을 겁박하면 권위적인 사람이 되는 것입니다. 이렇게 볼 때, 권위 있는 사람은 타인의 변화를 이끌어 낸다면 권위적인 사람은 타인의 변화만을 강요합니다.

권위 있는 사람은 민주적이면, 권위적인 사람은 독재적입니다. 그러므로 목사는 권위적이 아닌 권위 있는 사람이 되어야 합니다. 마치 자신이 권위를 소유한자인 양 스스로 생각하는 것, 자신만이 권위를 지니고 행사할 수 있다고, 늘 마음으로 품고 있다는 것입니다. 권위의식에 마냥 젖어들면 자연히 교만해질 수 밖에 없으며 이는 아주 위험한 생각입니다.

교회 안에서의 조직들을 생각해 봅시다. 모세는 많은 이스라엘 민족들을 이집트로부터 출애굽하면서 벌어지는 수많은 사건들을 홀로 담당함으로 빚어지는 안타까움을, 곁에서 바라본 장인인 이드로의 기가 막힌 아이디어 에는 모세의 지치고 고달픈 업무를 도와주었으며, 효율적인 업무를 함으로서 물질은 물론 시간 절약으로 많은 사건들을 처리하였음을 볼 수 있습니다.

내가 아니면 할 수 없다는 고정관념을 깨고, 함께 동참할 수 있도록 많은 업무를 분할하여 주어진 사명을 완수 할 수 있도록 하는 것 또한 권위적인 것을 타파할 수 있는 것입니다.

그리고 장로와 안수집사, 권사 등 평신도 조직들은 업무를 효율적으로 하기 위해 만들어진 사명들인데, 마치 장로가 되면 천하를 다 얻은 것처럼 갑자기 목에 힘이 들어가고 행동이 부자연스러운 모습들을 종종 목격합니다.

모세의 장인 이드로의 제안처럼 장로나 안수집사, 권사의 직무는 교회 안에서 직분을 나눠 편리하게 할 수 있도록, 더 많은 시간과 물질 그리고 성도들을 위해 봉사하라는 것인데, 오히려 권력을 휘두르는 분들이 있어 참으로 안타깝고 보기가 심히 민망할 따름입니다.

예수님께서 이 땅에 오셔서 하신 일들을 조금도 모르는 분들이 어떻게 그러한 중직의 일을 감당할 수 있는 자들인지, 마치 장로와 집사, 권사가 카스트

제도 같은 계급을 만들어, 사명의 본질이 왜곡되었음을 안타깝게 생각합니다.

권위는 자신을 낮추며 겸손하고 순종하는 자에게 찾아오는 것입니다. 자신을 높이고 늘 상석에 앉으려 하는 사람들은 권위가 아닌, 권위의식이 투철한 사람입니다. 교회 안에서, 그리고 노회, 총회에서 갖은 감투를 다 차지하려 하며 주님의 정신과는 전혀 맞지 않는 지도자들의 모습이 심히 민망할 따름입니다.

권위는 공평하고 공명정대하며, 남을 불쌍히 여기는 긍휼의 정신과 사랑이 가슴에 늘 충만한 사람들에게 어울리는 말이기도 합니다. 그러나 권위의식의 소유자는 자신이 갑질을 하고 있다는 사실조차 전혀 인지하지 못하기 때문에 발생하는 것입니다.

특히 유교 문화에 깊이 뿌리박힌 우리나라 어른들은 아직도 그 문화에서 헤어나오지 못한 채, 젊은이들이 하는 모습들을 보면서 이해는커녕 혀를 차기도 합니다. 유교 문화가 다 나쁘다는 것은 아닙니다. 부모를 공경하는 것과 웃어른들을 올바르게 섬기는 예의 문화는 참으로 본받아야 하겠지만, 권위의식만은 절대 본받아서는 안 될 것입니다.

목사는 말씀으로 선포하며 가르치는 사명자입니다. 그 본분을 차츰 잃어가며, 마치 자신이 주님을 대신한 권력자로 둔갑하여 성도들의 눈과 마음을 흐리게 합니다. 그리고 자신에게 맹종하도록 강요합니다. 자신과 뜻이 맞지 않으면 이단 취급을 하며, 나쁜 사람으로 취급해 버립니다. 주님께서는 분명 상석에 앉지 말라고 하셨는데 말입니다. 그 말씀이 무슨 뜻이겠습니까?

목사는 목사로서 풍기는 향기가 있어야 합니다. 정신과 사상, 그리고 생활 속에서 목사의 내음이 전달돼야 합니다. 목사의 가치관은 성도들에게 큰 영향을 미치기 때문에 매우 조심스러운 언행이 이루어져야 하는 것입니다.

특히 말 한마디에 책임을 지고, 함부로 이웃에 대한 판단을 해서도 안 될 것입니다. 어떤 목사는 금방 자신이 말을 내뱉고서는 언제 했느냐고 거짓말을 '식은 죽 먹듯' 하는 분들로 있어 참으로 개탄스럽습니다.

교회 안에서는 화평 속에서 서로 소통하며 미래를 위해 모든 것을 열어놓아야 합니다. 나 자신만을 고집해서는 절대로 안 될 것입니다. 비록 사회적으로 흔히 볼 수 있는 대기업의 횡포, 정치가들까지 가지 않더라도 우리나라 안의 교회들마다 갑질 문화, 권위주의는 여전히 활개치고 있습니다.

문화의 전수가 이루어지고 교회 안에서조차 이런 낡은 유교문화를 타파하지 못한다면 교회 복음 사업에는 미래를 볼 수가 없으며. 교회 안에 지도자들은 성도들에 대한 갑질 문화에 빠지지 않도록 함께 노력해야 할 것입니다.

그러므로 권위적이나 권위의식을 타파하는 길은, 오직 나를 내려놓고 묵묵히 말씀에 순종하며, 따뜻한 시선으로 이웃을 바라보는 신앙인만이 참 권위를 인지하는 성도가 아닐까요?

불법을 행하는 정치 목사 장로들

"그 때에 내가 그들에게 밝히 말하되 내가 너희를 도무지 알지 못하니 불법을 행하는 자들아 내게서 떠나가라 하리라(마 7:23)".

하나님의 말씀과는 어긋난 교훈과 도적으로, 우리는 불건전한 생활이나 행위 등을 일삼는 거짓 선지자들을 분별할 수 있어야 합니다. 그러므로 하나님의 뜻대로 행하지 않는 것이 불법이며, 겉으로 진리를 말하면서도 거짓을 행한다면 어떤 의미에서 그 역시 거짓 선지자입니다. 그러므로 각자 자기 이웃뿐 아니라 자신의 내면을 거울로 볼 수 있는지 살펴야 할 것입니다.

목사와 장로는 마땅히 존경을 받아야 합니다. 그럴만한 이유가 있다면, 그들이 추구하는 삶이 바로 이타적이고 이웃에게 베풀며, 나누고 사랑하며 용서하는 봉사자이기 때문입니다. 그들이 가르치고 배우고 익힌 삶의 가치가 그 기준이며, 이미 몸에 배어 있는 하나님을 믿는 신앙인으로서 예수와 같은 삶을 사는 것에 무게를 두는 신앙인들일 것입니다.

하지만, 기독교 장로나 목사들 중에는 신앙을 갖지 않은 이들보다 못한 경우도 있습니다. 일반 성도들이나 불신앙적인 사람들보다 더 금전을 밝히고, 성(性)을 탐하며, 어린 소년 소녀들을 이용하고, 연약한 남녀노소를 괴롭히는 경우도 허다합니다. 진실로 이는 세상의 종말을 재촉하는 신호탄이 아닐까 싶습니다.

다른 이들보다 좀 부유하다 해서 노회나 총회에 영향력을 행사하여, 자신의 잘못된 것은 싹 포장해버리고 자신의 목적을 달성하기 위해 갖은 수단을 동원하기도 합니다. 노회와 총회에는 독식하다시피 참석하며, 교회 안의 잘못된 법이나 성도들을 위해 개선해야 할 부분에 대해서는 함구하면서, 노회와 총회 총대로는 늘 빠짐없이 참석하여 인맥을 넓혀 나갑니다. 그렇게 자신의 존재감을 과시하여 더 큰 영향력을 행사하는 가라지들이 있어, 기독교의 명예를 실추시키고 있으니 참으로 안타까운 일입니다.

지교회의 최상급 기구인 총회는 어느 교단이건 문제 없는 곳이 없습니다. 어리석은 인간들이 하나님 이름을 앞세워 온갖 못된 생각만을 하다 보니, 당회로부터 노회와 총회가 부패와 비리의 온상이 되어버리고 말았습니다. 겉으로는 마음을 비우고 회개를 외치지만, 속으로 모리배 뺨치는 음모와 술수를 부리는 이른바 '정치 목사, 정치 장로'들은 교단에서 퇴출시켜야 마땅할 것입니다.

어느 조직이든 조직의 지도자들이나 책임자들은 봉사자로서의 사명의식을 가져야 함에도 불구하고, 오히려 권력자나 지배자이고 싶어하는 욕심 때문에 조직이 썩어갑니다. 매년 총회 선거 때마다 늘 달고 다니는 금권선거, 타락선거의 오명은 이제 몸서리치도록 듣기 싫습니다. 해마다 부 총회장이 되기 위해 세상의 방식대로 선거를 한다면, 차라리 세상 정치가로 방향을 바꾸는 것이 좋지 않을까 싶기도 합니다. 아니 세상 정치에서도 이제 '금권선거'는 할 수 없지 않습니까?

각 교회에서 올라오는 진정서나 질의서는 분명 문제가 발생하여 상급 기관에 의뢰를 하는 것임에도, 총회 석상에서 확인 절차도 없이 회무를 대충 처리하는 것을 보면, 이 역시 힘 있는 자들에 의해 순진한 양떼들은 그저 바라만 보고 당할 뿐입니다. 그들은 포식자들에 의해 늘 두려움을 안고 살아갑니다.

상급기관은 주님께서 행하셨던 공명정대한 방법으로 모든 회무를 처리해야 합니다. 하급기관인 지교회의 어려움을 자신의 어려움 같이 껴안고 품음으로써 문제를 해결해 주려는 강한 의지가 있어야 합니다. 총회는 지교회에 대한 아낌없는 지원과 노력으로 신뢰를 획득해야 하지 않을까요?

물론 상급기관에서도 고충이 있을 것입니다. 하지만 잘못된 관행이나 사고, 법률이 있다면 과감히 수정·보완하는 소신 있는 지도자들이 되어야 하겠습니다. 이를 무시한 채 한쪽 권력의 편에서 일을 한다면, 그 지도자들은 스스로 물러나야 할 것입니다.

세상은 4차산업 시대가 되어 발빠르게 모든 것이 활발히 변화하는데, 우리 기독교는 아직도 잠에서 깨어나지 못하고 옛 구습에서 헤어나오지 못한 채 안일과 무능의 역사만 되풀이하고 있으니, 참으로 안타까울 뿐입니다. 선거 때만 되면 개혁을 하겠다고 외치지만, 막상 당선되고 나면 잔칫집에나 넘나들며 수장으로 대우만 받으려 하는 현실이 개탄스럽습니다. 주님께서 지신 십자가의 의미를 모르는 지도자들 같기도 합니다.

오직 예수 그리스도만 바라보며 살겠다고 다짐한 우리 신앙의 선조들이, 신앙 때문에 자신의 모든 재산과 명예를 박탈당하고 심지어 가문으로부터도 쫓겨나는 수모를 겪다 마침내 자신의 목숨까지도 내어놓은 그 숭고한 정신을, 우리는 순교의 정신이라고 하기도 합니다.

과거와 달리 물리적 박해가 없는 오늘날을 살아가는 우리 신앙인에게도, 이러한 순교의 영성이 절실히 필요합니다. 그 이유는 오늘날 신앙으로부터 멀어지게 하는 수많은 요소들이 현대적 의미의 박해 요소가 되어 우리를 시험하고 있기 때문입니다.

이처럼 오늘날에도 우리를 유혹하는 다양한 현대적 의미의 박해들에 의연하게 대처하고, 무엇보다 신앙을 우선으로 내세우며 살아갈 수 있을 때, 우리는 피를 흘리지는 않았지만 현대적 의미의 '순교자'라 할 수 있을 것입니다.

어떤 목회자는 교회 안에서 아무런 박해와 고난이 없음에도, 순교라는 말을 함부로 내뱉습니다. 오직 자신의 뜻대로 되지 않을 때, 양들이 자신을 멀리할 때, 거짓으로 '순교'를 외치고 있으니 참으로 안타까울 뿐입니다.

정말 목숨을 내어놓는 순교는 무엇으로도 표현할 수 없는 고귀한 것입니다. 단순한 순간의 선택으로 될 일도 아닙니다. 주님을 향한 끊임없는 노력과 굳건한 믿음이 희망으로 삶 속에 함께하지 않으면 불가능한 것입니다. 그렇기 때문에 순교자들을 위대하다고 말하는 것입니다. 모든 것을 주님께 의탁하고, 주님을 위해 살면서 목숨까지 기꺼이 내어놓았던 순교자들을 생각하면, 그래서 그들의 삶 전체가 더욱 존경스러워집니다.

특히 오늘의 신앙을 살아가는 우리들의 모습을 되돌아보면, 부끄러울 뿐입니다. 우리는 '순교자들의 피로 세워진 교회'라고 말은 많이 하지만, 실상 주님의 사랑을 실천하고 살아가는 후손들이 맞는지 돌아볼 필요가 있겠습니다.

온전히 신앙이 내 삶에 녹아들어 있는지, 주님과 만나려 얼마나 애쓰며 살고 있는지, 얼마나 용기 있게 용서하고 사랑하려 하는지를 말입니다.

삶의 순교는 자신을 버리고 비워내는 데서부터 시작하는 것임을 알아야 합니다. 진정한 순교의 정신은 나를 비워내고 낮추며, 나의 생각과 가슴을 오롯이 주님을 향한 사랑으로 변화시켜야 하는 것입니다. 박해 없는 아름다운 은혜의 시대에, 돈과 부귀영화, 명예와 권력들을 향해 질주하는 목사와 장로들은, 이제 모든 것을 내려놓고 하나님이 가장 사랑하는 양떼들을 위해 몸 바쳐 순교해야 할 것입니다.

또 다시 양떼들을 괴롭히거나 자신의 잇속을 위해 일한다면, 마땅히 교단에서 퇴출되어야 할 것임을 명심 또 명심하시기 바랍니다. 특히 교단에 속한 모든 목사 장로, 그리고 평신도들은 아파하는 세상을 위해 오늘 하루도 순교하는 마음과 정신과 이웃을 긍휼히 여기는 마음으로, 그들에게 다가가 주님의 따스한 사랑의 품을 그들에게 돌려주어야 하겠습니다.

가룟 유다도 은전 30은 돌려줬는데

흔히 성도들은 누군가 못된 짓을 하거나 자기 뜻에 거슬리면, "마치 가룟 유다 같은 사람"이라고 합니다. 하지만 오늘날 교회 안에서는 가룟 유다보다 더한 범죄를 저지르고도 깨닫지 못하는 분들이 마치 천사처럼 말하기도 합니다. 이를 바라보면, 십자가에서 마지막으로 우릴 향해 기도하시던 주님의 음성이 들려오는 것 같습니다. "아버지여, 저들을 사하여 주옵소서! 자기들이 하는 것을 알지 못하니이다."

'유다'라는 이름은 '찬송하다'는 의미를 지니고 있고, 이름 앞에 붙은 '가룟'에 대해서는 일반적으로 '출신지'라고 보는 것 같습니다. 열두 제자 중 다른 제자들은 몰랐지만, 사도 요한은 유다가 돈궤를 맡아 일할 때 도적질을 하고 있었음을 알고 있었을 것으로 추정됩니다. 물론 예수님도 아셨겠지만 아무 말씀도 하지 않으셨으며, 그런 유다의 치부를 드러내지 않으시고 덮어 주셨습니다. 그런데도 유다는 상황 판단을 하지 못한 채 여전히 돈에 눈이 멀어, 은 삼십에 예수님을 넘겨 주는 뼈아픈 최대의 범죄를 저지르고 말았습니다.

때마침 대제사장, 장로, 바리새인들이 어떻게 하면 예수를 잡아 죽일까 고심하며 기회를 엿보던 중, 기가 막힌 타이밍으로 가룟 유다가 등장하여 그들의 욕구를 충족시키고 문제를 해결해 준 것입니다. 유다는 돈과 권력과 욕망에 눈이 어두워 자신의 스승인 예수님을 배신한 것입니다. 이는 오늘날 교회 안 성도들도 쉽게 사탄의 도구로 이용될 수 있다는 사실을 일깨워 주는 놀라운 사건입니다.

특히 가룟 유다는 돈궤를 맡을 정도로 주님의 신임을 한 몸에 받은 제자였습니다. 그는 어부 출신 등의 다른 제자들보다 교육을 더 받은 인물로, 열두 제자들 중 가장 똑똑한 인물이었에 틀림없는 것 같습니다. 그는 그렇게 하나님께 인정받은 자였지만, 사탄에게 틈새를 허용함으로 뼈아픈 비극을 초래하고 말았습니다. 가룟 유다의 죽음은 실로 신앙의 정절을 지키지 못한 대표적 사례로 볼 수 있습니다.

누구에게나 가룟 유다처럼 될 가능성은 존재합니다. 지금도 주님을 믿노라 하면서 온갖 추악한 모습으로 주님의 영광을 가리는 분들이 많습니다. 하지만, 그래도 가룟 유다에게는 인간적인 양심은 있었습니다. 스승을 팔아넘긴 것을 후회하며 자살을 선택했습니다. 다른 제자들도 많은 죄를 짓고 실수하였지만, 자살을 선택하지는 않았습니다. 바로 그 차이인 것입니다.

그러나 가룟 유다가 자살을 선택하지 않고 하나님께 참회를 했더라면 과연 어떻게 되었을까요? 비록 그는 잘못을 후회했지만, 회개의 방법이 다른 제자들과 달랐습니다. 인간 사회에서 흔히 사용되는 자살을 시도했기 때문에, 멸망의 길을 가게 된 것입니다. 지난날 교회에 다니던 재벌과 유명 연예인들의 자살 사건들도 모두 잘못된 믿음이 낳은 안타까운 사건들이었습니다.

가룟 유다는 왜 스승인 예수님을 은 삼십에 팔아 넘겼을까요? 유다의 '실패한 삶'은 자신의 생각을 바꾸려 하지 않은 채, 끝까지 주님이 자신의 기대와 욕망을 채워 주기를 간절히 열망했기 때문입니다. 주님께서 하시는 일을 보면 볼수록, 자신의 기대가 허물어져 가고 있음을 깨달았던 것입니다. 주님의 모든 말씀들이 고난과 죽음을 향해 가면서 세속적 인기와 힘을 잃어가, 유다 자신이 꿈꾸고 갈망하는 왕국의 회복은 차츰 멀어져 갔습니다. 그는 회의를 느꼈고, 절망과 함께 스승에 대한 배신감에 극도로 마음이 불안해졌고, 이는 분노로 이어져 결국 사탄의 유혹에 넘어가 버린 것입니다.

우리도 한때 사명감에 불타 뜨거운 열정으로 온갖 어려움을 감내하며 주님의 일에 동참했지만, 그 열정이 식어버린 채 직분을 맡고 있지는 않는지요? 현재 나의 위치는 어디에 있는지요? 교회에 한 발만 걸치고 나오는 외발잡이 성도는 아닌지요? 나의 정체성이 무엇인지 한번 점검해 보아야 할 것입니다.

특히 집사나 권사, 장로, 목사에 이르기까지, 교회 밖에서 물끄러미 안을 구경만 하고 있는 것은 아닌지 돌아봅시다. 먼저 자신의 위치를 파악하고, 교회 밖에서 길을 잃은 채 주위를 맴돌고 있다면 안으로 들어와 자신의 자리를 찾아야 할 것입니다.

그리고 그리스도인으로서 기본에 충실해야 합니다. 교회 공동체의 일원으로서 공의를 굽게 한다든지 편견을 가져서는 안 될 것이며, 주님 앞에서 모두가 형제자매임을 기억합시다.

예수님께서는 우리가 찾기 전 우리를 찾으시는 줄 아셔야 합니다. 만약 교만으로 주님과 맞서려고 한다면, 결국 주님으로부터 멀어질 것입니다. 우리는 하나님의 무한하신 사랑과 은혜 가운데 기쁨과 겸손함으로 그분의 부르심에 응답해야 합니다. 그 때 비로소 주님께서는 우릴 향해 손을 내미십니다.

가롯 유다는 실패의 사람입니다. 우리도 가롯 유다와 같은 삶을 살 수 있습니다. 자신은 아니라고 하지만, 물질과 권력, 교회 안에서 누릴 수 있는 것을 다 누리며 신앙생활을 한다면, 오히려 가롯 유다보다 못한 사람일 수도 있습니다. 주님께서 세상에 오셔서 이뤄내신 그 일들을 하나하나 묵상하며 실천해 나가는 지혜가 필요합니다.

가롯 유다는 바리새인들에게 받은 은을 되돌려 주었습니다. 하지만 오늘날 교회 안에서는 되돌려 주는 신앙인들이 드뭅니다. 그 되돌려 줌이란 무엇일까요. 성도의 가슴에 상처를 주었을 때, 그리고 교회에서 중대한 과실이나 범죄행위를 했을 때 진정한 사과를 하는 그것이 바로 되돌려 주는 것입니다. 누군가 용서를 구하면, 모두 힘찬 박수로 포용하는 성도들이 되어야 합니다.

그리고 성도들에게 절대로 편견을 가져선 안 됩니다. 항상 정의롭고 평등하게 질서를 유지하는 것이 주님의 뜻이며, 그리스도께서 일깨워 주시는 것입니다. 그러므로 교회 안에서는 이웃을 배려하고, 실수를 용서하며, 서로를 위해 중보기도하며, 함께 나누는 행복한 예배를 드리는 공동체를 주님께서 원하고 계십니다. 더구나 자기 목적을 달성하기 위해 예수님을 수단으로 삼는 일도 없어야 합니다. 내 이웃이 아니라, 바로 내가 가롯 유다인 것도 함께 아셨으면 좋겠습니다.

따뜻한 신앙인들

해마다 겪는 일이지만, 연말이나 연초가 되면 신앙인들이나 비신앙인들이나 모두 한결같은 마음으로 "지난 일은 잊고 새해에는 복을 많이 받아라", "건강해라", "돈을 많이 벌어라" 등의 덕담을 건네며, 원하는 모든 일들이 실타래 풀리듯 잘 풀리라고들 합니다. 해마다 이맘때면 마치 모두 천사가 된 것 같기도 합니다.

물론 입술로 하는 말은 '경비'가 지출되지 않으므로, 쉽게 말을 토해내는 경향이 있습니다. 아마 돈을 들여서 하라고 하면, 상황은 분명 달라질 것입니다. 특히 요즘 같은 세상에는 카카오톡이나 문자로 그냥 쏘아댑니다. 보내는 그 마음에 진심이 담겼다면 문제는 다르겠지만, 너무 남발하는 것도 문제가 아닐까 싶습니다.

그리 오래되지 않은 시대만 해도 크리스마스 카드나 연하장을 보내기도 했습니다. 그러나 요즘에는 편리한 시대가 되어, 그런 것들도 서서히 자취를 감추고 있습니다. 참 안타까운 모습입니다.

이와 같은 따뜻한 정성들이 사라지고, 오직 이기주의와 편의주의에 따라 선택하면서 이웃 간의 정(情)마저 식어갑니다. 그때 그 시절에는 비록 가난하게 살았었만, 따뜻한 마음과 정이 있어 참으로 아름다웠습니다.

여기서 '따뜻하다'는 것은, 쾌적한 느낌이 들 만큼 온도가 알맞게 높다는 뜻입니다. 영어로는 ①warm ②hot ③heartwarming ④tender 등으로 쓰입니다.

따뜻한 겨울이란, 연 12월부터 이듬해 2월까지 3개월 동안 겨울철 평균기온이 최근 30년간의 평균기온보다 0.5도 이상 높은 상태를 이르는 말입니다.

'따뜻'이라는 단어의 의미와 어원도 살펴봅시다. 한국어의 '조상어'인 세소토어를 참조해 보면, 세소토어 'thata(따타)'는 어렵다(to be difficult hard)는 뜻이라고 합니다. 한국어의 '따뜻'은 세소토어(thata+thuse)에서 유래한 것으로서, 어려움을 돕는 일, 즉 '온정'을 의미합니다. '따뜻함'이란 결국 남의 어려움을 돕고자 하는 온정을 의미하는 것입니다.

그러나 우리 신앙인들은 온정의 의미를 잊고, 입술로는 뭐든지 다 하고 있습니다. 주님께서는 '믿음'과 더불어 '행함'을 강조하셨지만, '믿음과 행함' 어느 한 가지도 실천하는 신앙인들이 드문 것이 현실입니다. 이러한 사실 앞에, 십자가의 공로는 어디로 숨었을까, 안타까운 심정뿐입니다.

이 땅에 성실하고 정직한 신앙인들이 점점 줄어들고 있다는 점은 더욱 마음 아픈 사실입니다. 살을 에는 사나운 폭풍의 한파가 휘몰아쳐도, 3일은 추웠다가 4일째에는 다소 따뜻해진 날씨를 선물해 주시는 하나님의 은총을 배워야 하겠습니다.

우리 이웃 모두는 하나님께서 주신 축복을 함께 누려야 할 의무가 있습니다. 하지만 이 땅에서는 자신만을 위한 이기심과 편견과 욕심으로 가득한 나머지, 이웃을 향한 시선이 점점 희미해져감을 봅니다.

자신의 출세, 자신의 가족을 위한 일과 자신의 명예와 부를 위해서라면 열과 성의를 다하지만, 입술로는 '형제 자매'라고 고백하는 교회 안의 이웃에는 전혀 관심이 없습니다. 더구나 아예 눈을 가로막아 이웃을 향해 눈을 돌리지 못하게 하기도 합니다.

새로운 한 해가 시작되었습니다. 평소 잘 있는 하늘에 떠 있는 해는 괄시하더니, 새해에 떠오르는 해를 보려고 또 한 번 한바탕 난리가 났었습니다. 해마다 떠오르는 첫날 해를 보면서 소망하며 다짐해 보지만, 매년 습관적으로 할 뿐이라는 것을 며칠만 지나도 깨닫곤 하지요. 차라리 뜨는 해를 보러 가는 경비를 일부라도 이웃에게 나눈다면, 얼마나 가치 있는 해를 함께 맞을 수 있을까요.

주변의 이웃들은 외면한 채, 떠오르는 해를 보러 가는 신앙인들이 많다는 생각하다 보면, 떠오르는 해 대신 분노가 떠오르는 것은 왜일까요? 베풀고 나누는 시선은 우리 신앙인들이 누려야 할 의무인 것을 왜 모르고 있을까요.

주님께서는 우리 한 사람 한 사람을 "사랑한다"고 말씀하시는데, 주님 주시는 사랑을 받고도 외면하고 있다면, 주님의 음성을 제대로 듣지 못한 신앙인들 아닐까요?

주님께서는 우리 같은 불쌍한 인간들을 구원하시기 위해, 우리의 오랜 기다림을 위해, 그리고 우리를 만나주시기 위해, 천하고 천한 냄새나는 마굿간으로 내려오셔서 지금 우리 신앙인들을 향해 말씀하고 계십니다. 그리고 기다리고 계십니다. "나를 믿는다면, 따뜻한 신앙인들이 되어달라"고요.

거친 세상에서 살아가는 우리의 뒷모습을 바라보시는 주님의 마음을 기억합시다. 가슴 메어질 듯한 그 음성으로 나를 부르시는 주님. "사랑한다. 너를 사랑한다. 부족하고 가난해도, 그리고 아파 신음할 때도 내가 너를 사랑하며 원한다." 이처럼 여전히 십자가의 고통 속에 묵묵히 우리의 뒷모습을 지켜보고 계심을 알아야 합니다.

그 십자가의 고통을 통한 용서와 화해, 그것은 너희도 가서 이웃을 따뜻하게 하라는 주님의 명령이 아닐까요?

모든 것을 내려놓으시고, 오직 우리를 위해 고통의 형틀을 마다하지 않으신 주님의 따뜻한 입김을 느껴보세요. 그리고, 우리 주위의 많은 이웃들도 그 따뜻함을 기다리고 있다는 사실을 기억하세요.

그러므로 구원의 열매는 선한 행동입니다. "교회 나오라"고, "새벽기도회에 나오라"고만 권유할 것이 아닙니다. 예배드리는 참 목적은 주님을 향한 믿음 아니겠습니까. 그 믿음의 결실은 곧 아름다운 우리의 삶일 것입니다. 그 삶이란 곧 신실함과 정직, 그리고 나눔과 이웃을 향한 시선임을 알아야 하겠습니다.

해마다 바뀌는 해만 찾아다니지 말고, 오늘도 주님을 향해 열정적인 믿음을 갖고, 아파하는 세상을 위해 주님의 따뜻한 이웃이 되어야 하겠습니다. 그것이 복음이요, 주님의 따뜻한 손길인 것입니다.

오늘날 교회 안에서 자신의 부를 자랑하며 권력과 온갖 명예를 탐하며 소리내는 거짓 지도자들이 있다면, 하루 속히 자신을 인정하고 교만 없는 회개와 더불어 이웃을 향해 따뜻한 시선으로 다가가는 따뜻한 신앙인들이 되었으면 좋겠습니다.

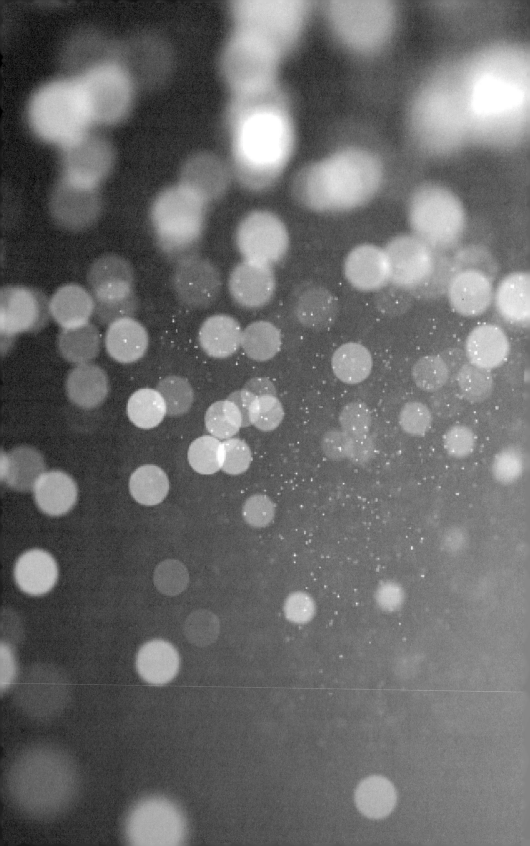

부록

[독자 마당] 안전 불감증 해결책은? 이효준·부산 북구

2017년 12월 21일 수십 명의 사상자가 발생한 충북 제천시 스포츠 센터 화재는 2015년 1월에 발생한 경기도 의정부에서 발생한 화재사건을 떠올리는 판박이다. 그 중심에는 드라이비트가 화재를 키웠다는 것이다. 그리고 도로에 주차한 차들 때문에 진화 작업에 시간이 많이 소요됐다고 책임을 회피한다.

늘 사고가 난 후에야 잘잘못을 따지는 모습들이 실로 가관이다. 연합뉴스에 따르면 두 사고가 모두 외벽이 없는 1층은 주차장으로 사용하는 필로티 구조의 건물에서 발생 했다고 한다. 주차장에서 주차한 차량과 오토바이에서 시작된 불길이 삽시간에 위층으로 번지며 인명피해를 더 키웠다고 한다.

불길이 순식간에 번지며, 2-3층 사우나와 4-8층 헬스장과 레스토랑에 있던 시민까지 그 피해를 입었다. 드라이비트의 단점은 화재에 취약하다는 점, 장점은 비용이 적게 든다는 것이다. 관계 기관에서는 드라이비트의 단점을 알고 있었을 텐데, 이를 허가한 것도 문제다.

그리고 가장 중요 한 것은 화재 발생의 골든타임이다. 여기서 필자가 제안을 하겠다. 용접을 해야 하는 곳에는 반드시 2인 1조가 되어 작업을 할 수 있도록 하는 것이다, 그리고 용접 시 사전에 지역 소방당국에 일단 시간과 장소를 알리는 것이다. 여기서 2인 1조라는 것은 한 사람이 용접 작업을 감행할 시, 한 사람은 소화기를 작업자와 가장 가까운 곳에 비치를 하고, 불똥이 튀길 때, 바로 소화기를 쏘는 것이다.

가장 쉽고 기초적인 것은 즉시 소화기를 사용하는 것이다. 그리고 용접 시, 근처에 불똥이 튀어 화재가 발생할 수 있는 유류 및 자동차를 이동 시키는 점을 잊지 말아야 한다. 이런 시스템을 운영하면 절대로 대형사고가 발생 할 수가 없다. 2인 1조로 작업 하는 것을 법제화를 하도록 하는 방법이다. 그리고 만약의 사태를 대비하여 소방당국에 이를 알리며 작업이 끝났을 때에는 끝났다고 소방당국에 보고를 하며, 작업 시 근처에 불똥으로 인하여 화재가 발생할 수 있는 유류나 자동차를 사전에 이동토록 함께 법제화를 하는 방법이다.

사고가 터지면 늘 남 탓만 할 것이 아니라, 이렇게 안전을 위해 사전에 점검하고 확인하는 것만이 사고를 예방 할 수 있는 것임을 정부와 국민 모두는 알아야 할 것이다. 특히 이번 화재 참사는 작업자 곁에 소화기 쏘는 사람만 있었더라면, 충분히 사고를 예방 할 수 있었음을 깨달아야 한다.

조선일보 2017.12.29 03:00

[독자 마당] 마을버스 넣기가 그렇게 힘드나 이효준·부산 북구

부산 구포시장~경혜여고 간 1km 도로에 마을버스를 운행해 달라고 수없이 건의했다. 국민신문고에도 하소연했지만 묵묵부답이다. 마을버스 회사와 협의 중이라는 말뿐이더니, 업자 말만 듣고 적자 운운하며 손을 놓았다. 이 도로는 경사가 급하다. 가족이나 친지가 산다면 이럴 수 있을까. 타 지역과의 불균형도 심하다. 구의원·시의원·구청장·국회의원 모두 뭘 하는지 모르겠다. 선거 때면 국민을 위해 일한다면서 당선되면 나 몰라라 한다. 이 지역 장애인과 노인들의 호소가 들리지 않는가. 4월 총선을 앞두고 업적을 늘어놓은 홍보물들이 배달되고 있다. 말만 앞세우지 말고 매일 매일의 고통부터 해결해 달라.

조선일보 2016.01.15 03:00

[경향 마당] 공직자 되려면 법부터 지키자 이효준·부산 북구 시랑로

약 35년 전 필자가 항공회사에 근무할 때 있었던 일이다. 입사 동기생 부인이 내게 부탁을 했다. 친척 오빠 자녀를 우리 집 주소로 옮겨 주었으면 한다는 것이었다. 알고 보니 그분은 군 선배로서 참 좋은 분이었다.

부탁을 하는 분과 주소 옮기기를 원하는 분 모두 나와 절친한 사이였다. 하지만 나는 거절했다. 법을 위반하는 것 아니냐고 되물었다. 법을 위반하는 것이지만 애들 학교 문제로 그러니 전입을 허락해 달라고 거듭 부탁했다.

차마 거절하기가 쉽지는 않았지만 냉정을 찾고 거절했다. 부탁하는 분의 안면을 봐서라도 해주어야 했지만, 나는 원칙을 존중하는 터라 과감하게 거절했다. 하지만 내심 마음은 심히 무겁고 괴로웠다.

지금 생각해 보면 '그때 그 부탁을 들어 줄걸' 하며 후회가 되기도 한다. 정직하게 한 일이지만 그분들을 생각할 때마다 가슴 한구석이 편치 못하다. 대통령 다음으로 막중한 사명을 감당해야 할 국무총리가 위장전입을 한 사실이 드러났는데도 국회의원들이 무난히 임명동의안을 통과시키는 것을 보면서 더욱 그런 생각이 들었다. 하물며 일개 회사원도 법을 지키려고 노력을 하는데, 모든 사람은 법 앞에 평등해야 한다는 말을 수시로 하는 국회의원들은 정말로 그 말을 무겁게 여기고 있는지 묻고 싶다.

공직자는 한 점 부끄러움이 없어야 한다. 청문회 때마다 오르내리는 위장전입, 논문 표절, 병역 문제, 학력 위조, 부동산 투기, 세금 탈루와 성추행을 저지른 사람은 공직의 꿈을 접어야 한다. 이런 문제들은 실수로 저지른 것이 아니라, 자신의 이익을 위해 계획적으로 저지른 것이므로 이런 일을 저지른 사람은 마땅히 처음부터 공직에 대한 생각을 접어야 한다. 청문회 때마다 늘 이런 식으로 통과할 바에는 차라리 위장전입이라는 법 위반 조항을 없애는 것이 오히려 낫지 않을까 싶다.

경향신문 입력: 2017.06.06 20:44:01 수정: 2017.06.06 20:47:20

[독자 칼럼] 어느 참스승에 대한 생각 이효준·부산 북구 시랑로

지난 15일은 스승의 날이었다.

필자의 어린 시절과 지금 세대의 교권과 스승에 대한 사고가 많이 다른 것 같다. 스승에 대한 존경과 공경은 오랜 세월이 흘러도 변함없어야 하는데 아쉽다. 하지만 우리 교육 현장에는 열과 성의를 다해 스승의 사명을 묵묵히 실천하는 분이 많다.

배움터 지킴이로 활동하는 필자가 아침마다 교통지도 봉사를 하면서 만나는 교사가 있다. 부산 모 중학교에 근무하는 이 교사는 매일 오전 6시 50분부터 8시까지 학교 정문에서 250m에 이르는 거리를 빗자루를 들고 청소한다.

그는 등교하는 제자들과 일일이 인사를 나누고 학생들의 안전사고 예방을 위해 항상 주위를 살핀다. 그의 모습을 보면 감동이 밀려온다. 그가 청소하는 길은 인근 3개 중·고등학교 학생과 교직원이 등교하는 길이다. 약 2천 명의 인원이 등교하기 때문에 매우 혼잡하고 자칫 안전사고 위험이 발생할 수 있는 지역이다.

필자는 2년 전부터 이 교사가 청소하는 모습을 봐 왔다. 그와 대화를 나눴더니 10여 년째 등굣길을 청소하며 학생 안전지도를 해 왔다고 한다. 학생들이 교통사고를 당하지 않게 최선을 다해 돌보는 모습이 마음을 훈훈하게 했다.

한파가 몰아쳤던 겨울 어느 날, 그는 교통지도에 나선 필자를 위해 미리 준비한 목도리를 감아줬다. 타인을 배려하는 그의 자애로운 모습이 강렬한 기억으로 남아 있다.

갈수록 스승에 대한 공경심도 옅어지고 있는 요즘, 그는 귀감이 되는 멋진 교사다.

부산일보 게재 2016-05-23 (30면)

[2011년4월호] 자랑스러운 북구인: 이효준 북구장애인협회 기획실장

=10년을 한결 같이 '밥퍼' 봉사
=난청 장애 아랑곳 않고 '사랑의 특공대' 이끌어
=올해 장애인의 날에 부산시장 표창 받아

매주 목요일 오전 11시 서면 부전역 앞에서는 무료급식봉사단체인 '사랑의 특공대'의 맹활약이 펼쳐진다. 매번 200명 가량에게 점심식사를 대접하다보면 시간이 어떻게 가는 지 모를 정도로 바쁘기만 하다.

사랑의 특공대 대장인 이효준 씨(61·덕천2동)은 "밥을 푸기 시작한 게 마치 엊그제 같은데 벌써 10년이 됐다"며 웃는다.

2001년 부전역 근처의 직장에 다닐 때 봉사활동을 하던 상사를 대신해 나왔다가 특공대에 합류하게 돼 지금껏 '밥퍼'봉사를 하고 있다는 것이다. 대원은 초등학교 동창생들과 자원봉사자 등 15명이다. 그는 거리의 악사이기도 하다. 음악이 있는 식사는 장소의 초라함을 보상할 수 있겠다 싶어서 10년 전부터 배운 클라리넷과 하모니카를 때때로 연주한다.

길에서 중증장애인이나 시각장애인을 만나면 목적지까지 바래다주는 그이지만 알고 보면 그도 장애인이다. 항공회사에 20여년 몸담고 있다가 비행기 소음으로 인한 난청 장애를 입은 것이다.

북구장애인협회 기획실장의 직함도 갖고 있는 그는 동료 장애인들을 위한 활동에도 열성이다. 중증장애인 지원활동과 협회의 행사에 적극적으로 참여하고 있으며 교통사고 예방캠페인에도 앞장선다.

박인봉 북구장애인협회 회장은 "이 분만큼 부지런하고 성실한 사람은 보기 드물다"면서 "장애인 복지 증진을 위한 아이디어도 자주 내고 어디서든 분위기 메이커 역할을 하고 있다"고 칭찬을 아끼지 않는다.

그는 구청과 협회가 함께 추진하는 장애인 일자리 창출사업인 폐휴대폰 수거사업에 2009년 10월부터 참여하여 1만3천여개를 수거하는 실적을 올리기도 했다.

공부보다 봉사가 좋았다는 그는 청소년 적십자상을 수상한 적이 있으며 지난해에는 지역 국회의원 표창을 받았다. 지난 4월 20일에는 장애인이 날 기념행사에서는 부산시장 표창을 받는 영예를 안았다.

그는 말한다. "봉사는 곧 나의 생활이다. 봉사활동에는 즐거움만 있다"고.

김미정 | 명예기자

따뜻한 신앙인들

Copyright ⓒ 크리스천투데이 2018

초판발행 | 2018년 4월 5일

지은이 | 이효준
펴낸이 | 이종원
펴낸곳 | 크리스천투데이

등록 | 제2017-000149호
주소 | 서울특별시 종로구 창경궁로 305
전화 | 02-598-4564
팩스 | 02-6008-4204

편집 | 이대웅
디자인 | 우미선·정미선
표지 일러스트 | 김신의

ISBN 979-11-962405-2-3 (03230)
책값은 뒤표지에 있습니다.

이 도서의 국립중앙도서관 출판예정도서목록(CIP)은 서지정보유통지원시스템
홈페이지(http://seoji.nl.go.kr)와 국가자료공동목록시스템(http://www.nl.go.kr/
kolisnet)에서 이용하실 수 있습니다. (CIP제어번호 : CIP2018010778)